GOLDMANN

Buch

Simply Red – eine der berühmtesten Popbands unserer Tage. Ihr charismatischer Leadsänger und Songwriter ist das Herz der Gruppe: Mick Hucknall. Er zählt zu den ganz Großen in der internationalen Musikszene. Und seine Biographie liest sich wie ein Märchen: Ein schlaksiger und unscheinbarer Junge aus den Hinterhöfen Manchesters – dem heimlichen Mekka der englischen Popmusik – wird zum gefeierten Superstar. Dabei waren seine Anfänge von Rückschlägen begleitet. Bei seinen ersten Auftritten wird Micks Band ausgepfiffen, die ersten Platten sind katastrophale Flops. Aber Mick Hucknall ist dickköpfig und glaubt an seine außergewöhnliche Begabung. Darum kämpft er, bis er es geschafft hat – und wird einer der erfolgreichsten Sänger und Songschreiber in der Geschichte der Popmusik.

Autoren

Robin McGibbon und sein Sohn Rob haben sich als Autoren von Büchern über Rock- und Popstars bereits einen Namen gemacht. Ihr Buch über *New Kids on the Block* wurde ebenso zum Bestseller wie das über die Supergruppe *Take That*. Robin und Rob McGibbon leben in London.

Von Rob McGibbon außerdem im Goldmann Taschenbuch:

Take That. Die Geschichte einer Supergruppe (42784)
New Kids on the Block (41121)

Robin & Rob McGibbon

Simply Red

Die Erfolgsstory von Mick Hucknall und seiner Supergruppe

Deutsch von Minea Bauer

GOLDMANN VERLAG

Die englische Originalausgabe erschien unter dem Titel
»Simply Mick. Mick Hucknall of Simply Red. The Inside Story«
bei Weidenfeld & Nicholson, London

Bildnachweis:
Die Abbildungen auf den Bildtafeln 1 bis 4 oben
(zwischen den Seiten 96/97) sind aus Privatbesitz.
Alle anderen Fotos stammen von Richard Watts,
wenn keine andere Quelle angegeben wurde.

Umwelthinweis:
Alle bedruckten Materialien dieses Taschenbuches
sind chlorfrei und umweltschonend.

Der Goldmann Verlag
ist ein Unternehmen der Verlagsgruppe Bertelsmann

Genehmigte Ausgabe Januar 1996

Umschlaggestaltung: Design Team München
Umschlagmotiv: InterTopics/Thomas, Hamburg (54416)
Druck: Presse-Druck Augsburg
Verlagsnummer: 43481
T. T. · Herstellung: Sebastian Strohmaier
Made in Germany
ISBN 3-442-43481-5

1 3 5 7 9 10 8 6 4 2

PROLOG

Er sah in das Gesicht einer ganz außergewöhnlich schönen Irin: Unter einem flammend-roten Haarschopf funkelten ihn leuchtend grüne Augen an. Doch nicht das Gesicht dieser jungen Frau war Reg Hucknall an jenem warmen Julitag mitten in Manchester zuerst aufgefallen; es waren ihre tollen, langen Beine, die unter ihrem kurzen Hula-Hoop-Rock zu sehen waren. Im heißen Sommer des Jahres 1959 war ganz England im Hula-Hoop-Fieber. Die modischen Röcke mit den engen Taillen und steifen Petticoats standen jungen Mädchen mit schön geformten Beinen ganz besonders gut. Das galt auch für jenes hochgewachsene Mädchen, das da auf Stiletto-Absätzen auf Reg zukam; er war wie hypnotisiert. Sonst waren ihm ja die Beine einer Frau gar nicht so wichtig: Reg war eher an »aufregenden Kurven« interessiert. Aber diese Beine beeindruckten ihn mächtig, und so beschloß Reg, dem Mädchen deswegen ein Kompliment zu machen. Das war nicht besonders originell, hatte aber Erfolg. Denn sie wußte zwar genau, wie ihr Aussehen und ihre gute Figur auf Männer wirkten, aber sie war jung und ziemlich kokett; die Bewunderung eines älteren Mannes schmeichelte ihr. Also ließ sie sich von Reg zu einem Drink in eines der vielbesuchten Pubs der Stadt einladen.

Reg konnte sein Glück kaum fassen. Er war vierundzwanzig Jahre alt, hatte rot-blondes Haar und arbeitete als Friseur. Er hatte nahe Denton ein Zimmer gemietet. Seine Vermieterin machte gerade mit ihren beiden Töchtern in Spanien Urlaub. Da Reg die ganze Wohnung für sich alleine hatte, und nichts mit sich anzufangen wußte, war er in die Stadt gegangen, um Gesellschaft zu suchen. Wobei er nie gehofft hätte, eine so tolle Frau aufzugabeln...

Die Geschichte ließ sich gut an. Dem Mädchen gefielen Regs direkte Art und sein Humor. Und als er sie fragte, ob sie ihn wiedersehen wollte, sagte sie nicht nein. Auf der Heimfahrt nach Denton rauchte Reg im Bus zufrieden eine Zigarette. Er hatte eine einmalige

Chance bekommen und genutzt. Das Mädchen war prima. Sie war schön, intelligent und schien genau zu wissen, was sie vom Leben wollte. Und sie war verdammt sexy. Reg stammte ursprünglich aus Barrow-in-Furness und war erst 1957 nach Manchester gekommen, nachdem er vier Jahre in der Royal Air Force gedient hatte. Seitdem arbeitete er in Stockport in einem Friseursalon und war ziemlich einsam. Er hatte kaum Freunde gefunden und hoffte nun, daß dieses Mädchen seinem Leben eine positive Wendung geben könnte.

Wie hätte Reg ahnen sollen, daß sich aus dieser Zufallsbekanntschaft eine Beziehung entwickeln sollte, die ihm – nachdem es mit der Leidenschaft einmal vorbei war – nur Leid und Kopfzerbrechen bereiten würde?

Sollten die Eltern des Mädchens in den darauffolgenden Monaten überhaupt etwas von der Liebe ihrer Tochter zu einem immerhin sieben Jahre älteren Mann gewußt haben, so konnten sie daran sowieso nichts ändern: Sie wohnten dreißig Kilometer entfernt und standen mit ihrer Tochter, wenn überhaupt, nur in telefonischer Verbindung.

Offensichtlich war Maureen Gibbons mit ihren siebzehn Jahren bereits überaus leidenschaftlich, zielstrebig und willensstark. Sie machte immer nur das, was sie wollte.

1

Maureen wurde mitten im Krieg, und zwar am 9. Januar 1941, geboren. Sie wuchs in Penketh, nahe bei Warrington in Lancashire, auf. Dieses Dorf wurde auch scherzhaft »Klein-Amerika« genannt, denn gleich daneben lag ein Stützpunkt der US Air Force. Maureens Vater Michael war ein etwas träger, wenig ehrgeiziger Mechaniker aus Irland. Ihre Mutter Florence besaß dagegen eine dominante und starke Persönlichkeit und bestimmte mit eisernem Willen und absoluter Entschlossenheit ihr Leben. Florence erzog Maureen und ihre anderen vier Töchter dazu, ebenfalls so unabhängig und stark zu sein wie sie und sich nur den eigenen Wünschen zu beugen.

Mit fünfzehn mißbrauchte Maureen diese Freiheit. Sie blieb abends lange aus und gehorchte ihren Eltern nicht mehr. In solchen Nächten sperrte sie ihr hilfloser Vater zur Strafe einfach aus. Doch Florence blieb jedesmal wach und ließ ihre Tochter heimlich ins Haus. Die Mutter gibt heute offen zu, daß das Mädchen damals »eine Plage« war und »nicht mehr kontrolliert werden konnte«.

Mit sechzehn nahm Maureen einen Job in einer Anwaltskanzlei in Warrington an. Wenige Monate später kam sie eines Abends mit einem selbstzufriedenen Gesicht nach Hause und eröffnete ihrer Mutter frech: »Ich habe von meinem Boss erfahren, daß ich mit sechzehn das Recht habe, auszuziehen.«

Sie verließ ihr Elternhaus ungefähr ein Jahr später und ging nach Manchester. Dort zog sie an den Rand des Stadtzentrums, in die Wohnung eines Onkels, den sie dazu hatte überreden können, sie aufzunehmen, und begann als Sekretärin zu arbeiten. Maureen war wie ihr Vater nicht besonders daran interessiert, beruflich Karriere zu machen. Sie wollte das Leben genießen, und Warrington war ihr dazu nicht gut genug. Sie war gerade erst siebzehn, aber ihre Eltern waren in gewisser Weise hilflos: Maureen tat, was sie wollte – so wie sie es gelernt hatte.

Im darauffolgenden Juli begegnete sie Reg Hucknall. Während

des unerwartet warmen Herbstes wurde die Beziehung intensiver. Maureen zog in eine eigene Mietwohnung und begann mit Reg zu schlafen. Nach zwei Monaten wurden Maureens schlimmste Befürchtungen wahr: Sie war schwanger.

Keiner der beiden dachte daran, das Baby nicht zu bekommen. So heirateten sie am 28. Oktober 1960, nur zwei Monate vor Maureens achtzehntem Geburtstag, in der Aspinal Methodist Church von Reddish. Obwohl die Braut weiß trug, war es doch eine recht stille Zeremonie. Im Anschluß fand noch eine kleine, bescheidene Feier in einem nahegelegenen Pub statt. Reg hielt es nicht für notwendig, die große Hucknall-Familie aus dem hundert Kilometer entfernten Barrow-in-Furness einzuladen. Es war sein Arbeitskollege Brian Kennedy, der den Trauzeugen machte.

Sieben Monate später, am 8. Juni 1961 brachte Maureen im St. Mary's Hospital von Manchester einen pausbäckigen Jungen zur Welt. Er hatte dasselbe hell-rote Haar wie seine Eltern. Reg schlug vor, den Jungen nach seinem Schwiegervater Michael zu nennen, mit dem sich Reg gut verstand. Maureen war entzückt. Nach Regs Vater wählten sie den zweiten Vornamen James. Am 1. Juli wurde das Baby mit diesen Namen im Standesamt von Denton eingetragen. Die junge Familie fand ihr erstes Zuhause in der oberen Hälfte eines alleinstehenden Hauses in Bredbury, acht Kilometer von Denton entfernt, das einem Ehepaar namens Beezer gehörte: Es war schrecklich. Die Wohnung bestand aus einer kleinen Diele, einem noch kleineren Schlafzimmer und einem winzigen Raum, der als Küche diente, obwohl es dort keinen Wasseranschluß gab. Nur in dem Bad, das man gemeinsam mit den Eigentümern nutzte, konnte man abspülen und sich waschen. Die Beezers verboten Maureen noch zu allem Überfluß, die Wäsche im kleinen Hinterhof zu trocknen, und sie mußte eine Nachbarin, Joy Truett, fragen, ob sie die Wäsche bei ihr aufhängen könnte.

Joy war für Maureen eine große Hilfe, vor allem, wenn das quirlige Baby Michael mal wieder nicht schlafen wollte. Oft kam Maureen dann zu Joy und bat verzweifelt um Rat. Joy, die selbst hochschwanger war, legte in solchen Fällen Michael einfach auf ihren dicken Bauch. Erstaunlicherweise rollte sich das Kind dort sofort zusammen und schlief friedlich ein.

Heute erinnert sich Joy daran: »Wir fanden es wirklich seltsam, als es zum ersten Mal passierte und haben nie verstanden, wieso es funktionierte. Jedenfalls war es eine große Erleichterung für Maureen. Sie kam dann häufiger, manchmal zwei- oder dreimal die Woche, zu jeder Tageszeit – immer, wenn Michael nicht schlafen wollte. War er dann mal eingeschlafen, saßen wir bei einem Kaffee und redeten. So lernten wir uns gut kennen.

Maureen und Reg taten mir wirklich sehr leid. Die Beezers waren ganz schön lästig und keine angenehmen Zeitgenossen. Mr. Beezer reparierte Autos, und die Einfahrt zum Haus war immer mit irgendwelchen Ersatzteilen zugestopft. Das und sein ständiges Herumhämmern machte uns alle wahnsinnig. O Gott, wie schrecklich muß es gewesen sein, im gleichen Haus zu wohnen. Ich hätte das jedenfalls nicht lange ausgehalten.«

Besonders Maureen drängte jetzt auf ein eigenes Zuhause. Wie ihre Mutter liebte sie es, ein Heim gemütlich herzurichten und war auch bereit, dafür Opfer zu bringen: Mit ihren knapp neunzehn Jahren vermißte sie vor allem einen Job und die Möglichkeit, abends auszugehen. Aber sie beklagte sich selten und schien ebenso wie Reg nichts anderes im Sinn zu haben, als auf ein eigenes Heim zu sparen.

Dem kleinen Michael merkte man diese entbehrungsreiche Zeit nicht an. Er war immer nett angezogen, trug hübsche, selbstgestrickte Wolljäckchen oder nagelneue Sachen aus dem Geschäft. »Maureen verzog Michael zwar nicht, aber er bekam, was sie sich leisten konnte«, meint dazu Joy Truett. »Sie war eine nette, vernünftige Person und als Mutter ganz in ihren Sohn vernarrt.«

Maureen konnte sich noch gut an ihre eigene Kindheit erinnern, wie sie an Winterabenden mit ihren Schwestern um den Ofen herum gesessen und aus voller Kehle Kinderlieder gesungen hatte. Maureen hatte bereits mit zwei Jahren die Texte auswendig gewußt. Nun sang sie selbst ihrem Baby vor, während sie darauf wartete, daß Reg abends von der Arbeit kam. Ein beliebter Song aus dieser Zeit paßte ganz besonders gut zu Michael: *Michael Row the Boat Ashore* von Lonnie Donegan war im September 1961 sogar in den britischen *Top Ten*. Michael hörte dieses Lied so oft von seiner Mutter, daß er sich die Worte bereits zu merken schien.

Im Frühjahr 1962 hatten Reg und Maureen genug beisammen, um die Anzahlung auf ein kleines Haus leisten zu können. Sie kauften die Hälfte eines Zweifamilienhauses in der West Park Avenue, einer engen Sackgasse mit ungefähr siebzig Häuschen in einem Neubauviertel von Denton.

Mit einundzwanzig Jahren besaß Maureen erstaunlich viel Geschmack und verwandelte das Haus in ein Heim, auf das Reg stolz sein konnte. Die Küche besaß einen Seiteneingang, und vom siebenundzwanzig Quadratmeter großen Wohnzimmer aus konnte man in einen winzigen Garten blicken. Dort stand auch ein Kohlenbunker, der die Hucknalls von ihren Nachbarn, den Shaws, trennte. Bernard und June Shaw bewohnten mit ihrem dreijährigen Sohn Gary und der neugeborenen Tochter Gaynor die andere Haushälfte. Als Maureens siebzehnjährige Schwester Marlene in Manchester zu arbeiten begann, schlug ihr Maureen vor, mit in das kleine Haus zu ziehen, um sich die langen Fahrten zur Arbeit zu sparen. Das Haus war eigentlich viel zu klein für drei Erwachsene und ein Kleinkind, aber das störte Maureen nicht weiter. Sie brauchte die Gesellschaft ihrer Schwester, weil sie nicht allein sein wollte, vor allem wenn Reg abends zum Hunderennen ins Belle Vue Stadion ging.

Doch bald schon veränderte sich Maureen, wurde launisch und rastlos. Vielleicht lag es daran, daß sie zusehen mußte, wie sich ihre Schwester morgens zur Arbeit aufmachte und abends ausgehen konnte. Jedenfalls fühlte sie sich plötzlich weder vom Haushalt noch von Michael ausgefüllt. Sie hatte das Hausfrauendasein, das belanglose Schwätzen mit den Nachbarn und die langweilige Gartenarbeit satt. Sie wollte mit Gleichaltrigen zusammen sein, mit jungen Leuten, die ebenso unbekümmert waren wie sie. Und sie wollte wieder arbeiten.

Reg gefiel das gar nicht. Er glaubte, eine Mutter müsse zu Hause bei ihrem Kind bleiben. Maureens Begründung, daß sie mehr Geld bräuchten, ließ er nicht gelten: Er war der Meinung, daß die dreißig Pfund, die er in der Woche verdiente, leicht für die Familie und seine Spielleidenschaft ausreichten. Außerdem würde von Maureens Lohn nicht viel übrigbleiben, wenn man die zusätzlichen Kosten für ein Kindermädchen und die Fahrten zur Arbeit abzog.

Doch Maureen war bereits fest entschlossen, da hätte Reg sagen können, was er wollte. Sie war nicht mehr umzustimmen und würde ihren Willen auch durchsetzen. Sie hatte keine Lust mehr, zu Hause zu sitzen – so weit vom aufregenden Stadtleben entfernt!

Es wäre Maureen wohl nie in den Sinn gekommen, einen Teilzeitjob in der näheren Umgebung zu suchen: Sie sah sich nach einem Ganztagsjob im Zentrum von Manchester um und hatte nach wenigen Wochen Glück. Obwohl sie mit Schreibmaschine-Schreiben nur ein Viertel von Regs Gehalt verdiente, war sie überglücklich. Michael wurde derweil von Nellie Spike, einer Nachbarin, in den Hort gebracht und wieder abgeholt. Sie kümmerte sich um den Jungen, bis seine Mutter von der Arbeit zurückkam. Nellie wohnte mit ihrem Mann Alfred und vier Töchtern nur rund dreihundertfünfzig Meter entfernt, auf der anderen Seite der Mill Lane. Sie mochte Michael von Anfang an und paßte gerne auf ihn auf; sie selbst hatte ja keinen eigenen Sohn.

Hätte Maureen ihre Mutterrolle akzeptiert und keinen Job angenommen, dann wären sie und Reg vielleicht zusammengeblieben. Bevor Maureen unzufrieden geworden war, war die Beziehung der beiden sogar so stabil gewesen, daß sie über ein zweites Kind nachgedacht hatten. Nun aber, mit einundzwanzig Jahren, glaubte Maureen, alles nachholen zu müssen, was sie durch ihre frühe Heirat verpaßt hatte. Sie brauchte Spaß und liebte Komplimente über ihr Aussehen und ihre gute Figur.

»Sie wollte halt auf nichts verzichten«, erinnert sich Reg. »Sie war nie zufrieden.«

Sogar Maureens Mutter gibt ihm da recht: »Es war Maureen, die den Ton angab, die sagte, ›Wir machen dies, wir machen das‹.«

Maureen liebte das Abenteuer und erlag schließlich der Versuchung: Sie wurde Reg untreu. Heimlich begann sie, einen anderen Mann zu treffen, beging aber den großen Fehler, sich eines Abends von ihm nach Hause fahren zu lassen.

Vielleicht wäre niemals etwas aufgeflogen, wenn Reg nicht zur gleichen Zeit die Zigaretten ausgegangen wären und er sich schnell aufgemacht hätte, um welche vom Automaten an der Straßenecke zu holen. Da stand vor seinem Haus plötzlich ein Wagen, in dem Maureen mit einem fremden Mann saß. Sie muß wohl so etwas wie »O Gott, mein Mann!« gesagt haben, denn das Auto fuhr schnell davon. Später bestritt Maureen in einer hitzigen Auseinandersetzung mit Reg, in jenem Auto gesessen zu haben. Reg glaubte ihr nicht. Der große Krach war da.

Die Beziehung verschlechterte sich zusehends. Kurz vor Michaels zweitem Geburtstag im Juni hielt es Maureen nicht mehr aus. Eines Morgens wartete sie ab, bis Reg zur Arbeit gegangen war. Dann rief sie ihre Mutter an, die in einem Süßwarengeschäft in Warrington als Verkäuferin arbeitete.

Maureen machte keine große Vorrede: »Ich verlasse Reg.«

Florence war ganz außer sich. Sie hatte von den Streitereien nichts gewußt. »Das wirst du nicht tun!« befahl sie ihrer Tochter. »Du kannst dein Heim und das Kind doch nicht verlassen! Du gehst zurück und stehst das durch!« Florence hatte ihrer Tochter beigebracht, daß man für alle Fehler, die man machte, auch geradestehen müsse.

Maureen nahm nie Ratschläge an, auch nicht von ihrer Mutter. Sie hatte genug von der Ehe und von Reg und mietete sich ein Zimmer in der Manchester Road, am anderen Ende von Denton. Michael nahm sie mit.

Es machte ihr nichts aus, das Haus zurückzulassen, in das sie so viel Mühe gesteckt hatte. Dafür hatte sie endlich wieder das Gefühl, frei atmen zu können.

In den nächsten sechs Monaten führte Maureen ihr eigenes Leben, ging tagsüber zur Arbeit und amüsierte sich am Abend. Reg bekam seinen Sohn nur freitags zu sehen. Dann besuchte er Maureen, um ihr Geld zu bringen. Seit der Trennung wurde Maureen von Reg finanziell unterstützt. Er gab ihr mehr, als er eigentlich mußte. So wie er aber herausfand, daß Maureen mit seinem Geld viel zu junge Babysitter, manchmal erst Dreizehnjährige, bezahlte, nur um ausgehen zu können, kürzte er die Zuwendungen.

Zwei Wochen vor Weihnachten holte Marlene Michael vom Hort ab, um auf ihn aufzupassen, bis Maureen von der Arbeit zurückkam. Als Marlene den Jungen sah, erschrak sie: Er war in einem erbärmlichen Zustand. Er hatte es offensichtlich auf der Brust, hustete ständig und wirkte wie ein verwahrlostes Waisenkind; seine alten, schmuddeligen Hosen hatten große Löcher. Marlene brachte es nicht über sich, Michael in diesem Zustand seiner Mutter zu überlassen. Er brauchte Medizin, saubere Kleidung und ein anständiges Bad. Marlene wußte nur eine Lösung: Sie brachte das Kind zu Großmutter Florence, die in Croft, acht Kilometer von Warrington entfernt, lebte.

Florence Gibbons war ebenfalls entsetzt über Michaels Zustand. Auch sie war der Ansicht, man könne ihn so niemals bei seiner Mutter lassen, obwohl sie halbtags von vierzehn bis zwanzig Uhr arbeiten mußte.

Florence dachte nicht lange nach. Sie brachte Michael ins Bett und besorgte ein Medikament für seinen Husten. Dann sorgte sie dafür, daß ihre jüngste Tochter Elaine nachmittags der Schule fernbleiben konnte, um auf Michael aufzupassen. Außerdem sollte Marlene Reg um Geld für Michaels neue Kleidung bitten.

Reg hatte gerade nichts übrig, und so besorgte Florence in einem Großeinkauf bei Marks & Spencers eine komplette Garderobe für den Jungen auf eigene Kosten. Sie kaufte Hemdchen, Hosen, Socken, Schuhe und einen wasserdichten Winteranzug. Von Maureen hörte sie nichts. Auch Reg zeigte wenig Interesse. Michael würde also zumindest über Weihnachten bleiben müssen. Aber was dann? Florence wußte nicht, wie es weitergehen sollte.

Es wurde Weihnachten. Reg kehrte über die Feiertage nach Barrow-in-Furness zu seinen Verwandten zurück. Maureen ließ sich nicht blicken. Florence hatte das Haus voller Gäste, und Michael war der umschwärmte Mittelpunkt. Er sprach nicht ein einziges Mal von seinen Eltern: Wenn er sie vermißte, ließ er es sich nicht anmerken.

Heute erinnert sich Florence gern, wenn auch mit etwas Wehmut, an jenes Weihnachtsfest: »Michael war ein properes, rundes Kerlchen mit knuddeligen Armen und dichten roten Locken. Und er war glücklich wie ein Schneekönig. Ich bin sicher, er begriff, daß seine Eltern nicht mehr miteinander auskamen. Intelligente Kinder merken so etwas, und Michael war aufgeweckt. Wir haben ihn richtig verzogen. Er dauerte uns sehr, besonders damals, als es ihm so schlecht ging. Er war ein so liebenswertes und hübsches Kind. Man konnte ihm nie böse sein. Einmal habe ich heiße Hackpasteten auf den Tisch gestellt, und wenn ich nicht hinsah, hat sich Michael welche genommen. Ich sagte: ›Michael, du verbrennst dich doch nur!‹ Erst hat er mich angegrinst und dann ganz ernst gemeint: ›Is' aber gar nich' heiß, Oma.‹ Dann hat er einfach weitergegessen. Er war einfach goldig.

Damals erkannten wir Michaels musikalisches Talent. Er hatte ein kleines schwarz-weißes Banjo und sang die Lieder, die ihm Maureen beigebracht hatte: *Michael Row the Boat Ashore* und *All Things Bright and Beautiful*.

Ich hatte keine Ahnung, wo Maureen steckte, aber ich dachte mir, daß Marlene ihr Bescheid gesagt hätte, daß er in guten Händen war. Maureen traute sich wohl nicht, bei mir anzurufen, weil ich sie so zurechtgewiesen hatte; aber es war ihr sicher lieber, daß der Junge bei uns war und nicht bei Reg. Ich war überzeugt, daß ich das Richtige tat.«

Florence war klar, daß dies nur eine vorübergehende Lösung sein konnte, auch wenn sich Michael in ihrem Haus wohl fühlte. Eine Woche nach Weihnachten entschied sie, daß Michael wenigstens bei einem Elternteil leben sollte. Maureen hatte sich noch immer nicht gemeldet, und falls Marlene wußte, wo sie steckte, verriet sie nichts. Schließlich brachten Florence und ihr Mann den kleinen Jungen am ersten Sonntag des Jahres 1963 mit dem Auto nach Denton zu Reg. Unterwegs hielten sie bei Maureens Wohnung an, um Michaels Kanarienvogel mitzunehmen. Das alte Pärchen, bei dem Maureen zur Untermiete wohnte, wollte den Vogel zuerst nicht herausrücken. Doch Florence bestand darauf, weil Michael ihn so liebte.

Als Reg die Haustür der West Park Avenue Nummer dreißig öffnete, war er ziemlich überrascht: Seine Schwiegereltern standen vor ihm – und sie hatten Michael dabei!

»Ich bringe dir Michael zurück«, sagte Florence beim Hineingehen. »Er wird in Zukunft bei dir wohnen.«

Florence erinnerte sich noch an Regs Antwort: »Wieso? Ihm ging's doch gut bei Maureen!«

»Nein, das ging es ihm nicht«, antwortete Florence. »Er war krank. Und ich mußte ihm lauter neue Kleider kaufen.«

»Er hatte doch genug anzuziehen!«

»Paß jetzt mal auf«, sagte Florence, »dieses Kind hat nicht drum gebeten, geboren zu werden. Dies hier ist sein Zuhause. Maureen hat es mit dir aufgebaut. Michael bleibt hier, das bist du ihm schuldig.«

Als Florence den Jungen auf dem Boden sitzen sah, wie er glücklich vor sich hin sang und spielte und nach seinem Vater rief, wußte sie, daß sie recht hatte. Offensichtlich dachte Reg ebenso, denn kurz darauf brachen Florence und ihr Mann nach Warrington auf und ließen Michael bei seinem Vater zurück.

In den frühen sechziger Jahren war ein alleinerziehender Vater noch die absolute Ausnahme. Die Verantwortung forderte Reg derart, daß er vierzehn Kilo verlor. Mit Nellies Hilfe kam er aber schnell zurecht. Anders als Maureen blieb er abends bei seinem Kind, weil es ihm wichtiger war. Der Alltag klappte bald prima, und Michael sprach nur selten von seiner Mutter. Reg entspannte sich und nahm wieder zu. In dieser Zeit entwickelte sich zwischen Vater und Sohn eine Beziehung, die die Grundlage für Michaels glückliche Kindheit bildete. Sie prägte auch die Wertvorstellungen, die sein späteres Leben beherrschen sollten.

Daheim verkürzte Reg neuerdings den Namen seines Sohns: Draußen nannte ihn noch jeder Michael, für den Vater hieß er jetzt Mick.

Florence war erleichtert, daß Michael bei seinem Vater lebte: »Ich war beruhigt. Im Grunde wußte Reg, daß das Kind zu ihm gehörte. Auf keinen Fall hätte ich Michael zu Maureen zurückgebracht, selbst wenn ich gewußt hätte, wo sie steckte. Das Kind hätte bald wieder so schlimm ausgesehen wie vorher. Maureen wäre zur Arbeit gegangen, und die vielen fremden Menschen wären für Michael gar nicht gut gewesen.«

Während der nächsten zwei Wochen war Florence krank; die Sorgen der letzten Zeit waren zuviel für sie gewesen. Sie mußte ständig an Michael denken. Sobald sie wieder auf den Beinen war, wollte sie zu Reg, um den Jungen zu besuchen.

Am dritten Samstag im Januar kaufte sie bei Woolworth Spielzeug ein und fuhr am nächsten Tag nach Denton. Ihre ganze Freude darüber, Michael endlich wiederzusehen, verschwand, sobald sie in Regs wütendes Gesicht blickte.

»Michael war im Krankenhaus. Er hat dauernd nach dir gerufen, aber du hast dich ja nicht blicken lassen«, warf ihr Reg vor.

»Was ist passiert?« wollte Florence wissen.

»Du hast doch gewußt, daß er ins Krankenhaus mußte.«

»Was soll ich gewußt haben? Du hast mir nichts gesagt, und mit Maureen habe ich nicht mehr gesprochen, seit sie dich verlassen hat.«

Michael hatte einen Leistenbruch gehabt und mußte operiert werden. Florence beteuert bis heute, keine Ahnung davon gehabt zu haben. Sie wußte von dem Problem, aber nichts von der anstehenden Operation. Sie hätte ihn doch sonst besucht, auch wenn sie sich nicht wohl fühlte.

Dazu Florence: »Reg hatte vor Weihnachten mit Maureen Kontakt gehabt und wußte sicher schon länger von Michaels bevorstehendem Krankenhausaufenthalt im Januar. Er hat uns nie etwas gesagt. Ich glaube ihm, daß Michael nach mir gerufen hat, er hing so an mir. Ich bin mir aber sicher, daß Reg ihn weinen ließ, nur um mir hinterher Vorwürfe machen zu können.«

Die gespannte Beziehung zwischen Reg und seiner Schwiegermutter wuchs sich zu einer Art »kaltem Krieg« aus. Sie tolerierten einander nur um des mutterlosen Kindes willen. In den kommenden

Wochen kamen Michaels Großeltern jeden Sonntag zu Besuch, beladen mit kleinen Geschenken. Sie wurden von einem ungehaltenen Reg empfangen: »Müßt ihr immer kommen, wenn ich zu Hause bin?«

Als es Frühling wurde, tauchte auch Maureen wieder auf.

Sie rief Reg an, weil sie Michael sehen wollte. Am folgenden Wochenende fuhr sie mit ihrem Sohn zu den Großeltern nach Croft. Florence hatte ihre Tochter Monate lang nicht gesehen und sich fest vorgenommen, ihr wegen ihrer Verantwortungslosigkeit und ihres Egoismus' einmal gründlich die Leviten zu lesen. Doch als Maureen dann an jenem Sonntagnachmittag vor der Tür stand, brachte ihre Mutter es nicht fertig. Florence stellte keine Fragen. Und von sich aus wollte Maureen nichts erzählen.

»Ich verurteilte sie nicht, denn ich glaube, kein Mensch darf über den anderen richten«, sagt Florence heute. »Maureen hätte mir etwas erzählt, wenn sie es gewollt hätte. Ich wurde nicht aggressiv, und sie mußte sich nicht verteidigen. Ich hieß sie einfach willkommen, und wir hatten viel Spaß mit Michael.«

Da sich die Großeltern nun wieder mit Maureen vertrugen, brauchten sie auch nicht mehr zu Reg zu fahren: Maureen brachte den Jungen fast jeden Sonntag nach Croft. Obwohl es für Michael sicher eine Belastung war, die Mutter immer nur kurz zu sehen, schien er glücklich und gesund zu sein. Doch dann bekam er wieder Lungenprobleme; als Maureen an einem Sonntag mit ihm über Nacht blieb, hustete er ohne Unterbrechung. Florence war beunruhigt. Als sich dieser Zustand bis zum folgenden Wochenende nicht gebessert hatte, wollte sie Michael zu sich nehmen. »So kann das doch nicht weitergehen«, ließ sie ihren Mann wissen. Am nächsten Tag kündigte sie im Süßwarenladen, um für das Kind genug Zeit zu haben.

Maureen war sichtlich erleichtert. Sie informierte Reg, der ebenfalls der Meinung zu sein schien, daß Michael bei den Großeltern am besten aufgehoben wäre. Da geschah jedoch etwas Seltsames, das alle Pläne der Großeltern, ihren geliebten Enkel zu sich zu nehmen, zunichte machte.

Florence erinnert sich noch sehr gut an jenen traurigen Nachmittag: »Wir fuhren mit Michael nach Denton, um seine Kleider und Spielsachen zu holen. Er freute sich schon, bei uns zu wohnen. Reg packte eifrig die Sachen zusammen. Als er alles beisammen hatte und wir schon gehen wollten, meinte er: ›Halt, ich bringe ihn bloß noch schnell zu Nellie – zum Auf-Wiedersehen-Sagen.‹

Wir warteten derweil; es dauerte eine Ewigkeit, und wir hatten langsam schon so ein dummes Gefühl. Nach einer halben Stunde kam Reg dann endlich die Straße herauf. Er trug Michael. Wir sind ihm entgegengegangen: Michael hat schrecklich geweint! Er schluchzte immer wieder: ›Papa, ich kann dich nich' allein lassen. Ich mag nich' von dir weg, Papa.‹

Es war wirklich schlimm – für uns alle. Ich nahm Michaels Händchen und tröstete ihn: ›Ist ja gut Michael. Du kannst bei deinem Papa bleiben.‹ Zu meinem Mann hab' ich gesagt: ›Komm, laß uns gehen. Wir können das Kind nicht zwingen, das geht nicht.‹ Ich hätte Michael nie wehtun können.

Als wir im Auto saßen, sagte ich: ›Wir müssen jetzt endlich einen Schlußstrich ziehen.‹ Ich meinte es ernst.«

Zwei Tage später bekam Florence einen Brief von Nellie Spike. Darin hieß es, Florence solle Michael endlich in Ruhe lassen; sie würde das Kind ganz verrückt machen. Außerdem sei sie eine miserable Mutter. Florence war erschüttert.

»Ich war aufgelöst und wütend«, erzählt sie. »Als Maureen davon erfuhr, war sie ganz außer sich.«

»Insgeheim denke ich, daß Reg und Maureen zusammengeblieben wären, wenn Nell nicht ihre Hilfe angeboten hätte. Die Probleme begannen, als Maureen mit dem Arbeiten anfing. Ohne Nell hätte sie das gar nicht gekonnt. Nell hat nur geholfen, weil sie Michael wollte. Ich habe nie herausgefunden, was hinter diesem schrecklichen Brief steckte, bin aber sicher, Nell hat meine Adresse von Reg bekommen; ich hatte sie nie getroffen, und sie wußte nicht, wo ich wohnte. Und als Michael damals so schrecklich geweint hat, war Reg feixend dabeigestanden und hat nichts gesagt. Irgend etwas ist bei Nell gesagt worden, da bin ich mir sicher.«

Da Reg Florences Hilfe zurückgewiesen hatte, mußte er sein Leben und das seines Sohnes neu ordnen. Zunächst einmal mußte Marlene das Haus verlassen. Er mochte sie zwar, wollte die Nachbarn aber nicht auf dumme Gedanken bringen, er ginge, nachdem ihn seine Frau verlassen hatte, mit deren Schwester ins Bett. Danach antwortete er auf das Inserat einer Haushälterin in der Lokalzeitung.

Zuletzt zerriß er noch alle Fotos, die ihn gemeinsam mit Maureen zeigten. Den Trauring spülte er in die Toilette.

Er war über den Gang der Dinge verbittert und wollte ganz von vorn anfangen und dem Kind ein verantwortungsbewußter Vater sein – so gut er konnte.

Die Haushälterin machte sich nützlich. Sie hieß Beryl, war nicht einmal zwanzig Jahre alt und ein unverheiratetes Cockneymädchen. Sie hatte selbst ein Baby und sah hinreißend aus.

Reg lächelt, wenn er sich heute an ihre sexy Figur erinnert: »Maureens Eltern mußten mich für einen ganz schönen Hallodri halten. Ich hatte anscheinend nicht lange gebraucht, um mir eine ›Neue‹ zu angeln. Auf der Straße schnitten mich die Nachbarn. Jeder glaubte, daß da was lief. Das stimmte aber nicht.«

Durch Beryl und ihren Sohn Marcus wurde das Leben im Haus nach all den bitteren Spannungen wieder harmonisch. Leider kehrte Beryl bereits nach drei Monaten nach London zurück. Sie kündigte, um zum Vater ihres Kindes zu ziehen. Reg war enttäuscht, auch für Michael: »Wir waren eine glückliche kleine Familie gewesen. Michael liebte Beryls Baby. Schade, daß es so schnell vorbei war.«

Reg mußte aber unbedingt jemanden für den Jungen finden, weil er fast elf Stunden am Tag arbeitete. Zu seiner Erleichterung bot sich wieder Nellie an, Michael in den Kindergarten zu bringen und bis zum Abend auf ihn aufzupassen.

Dies war eine glückliche Lösung für Michael. Er hatte eine Ersatzmutter bekommen, die ihm die nötige Zeit widmete. Zudem sollte sich dieses Arrangement entscheidend auf seine Zukunft auswirken.

Florence Gibbons dagegen hatte ihren geliebten Enkelsohn für immer verloren. Alles, was ihr blieb, war ein Weihnachtsfoto von Michael, das sie in ihrem Wohnzimmer aufhängte. Das Foto verblaßte mit den Jahren und erinnerte Florence immer daran, was sie verloren hatte und was hätte sein können.

2

Der Sommer des Jahres 1963 wurde zu einem Meilenstein in der Musikgeschichte. Aus Liverpool kam der revolutionäre *Mersey Beat,* der alle jungen Leute in Großbritannien in totale Begeisterung versetzte, die oft in Massenhysterie ausartete: Das Land wurde von der *Beatlemania* erfaßt. Der neue Sound beeinflußte die Musik der ganzen Welt – und Michaels Zukunft. Im Haus von Nellie und Alf Spike war Michael von vier Töchtern umgeben, die ihn mit ihrer Freude an der Popmusik ansteckten. In der Woche vor Michaels drittem Geburtstag am 8. Juni waren vier Bands aus dem englischen Norden in den Hitparaden: *The Beatles, Gerry And The Pacemakers, Billy J. Kramer And the Dakotas* und *Freddie And The Dreamers*. Die Mädchen der Spikes kannten deren Songs alle auswendig und hatten großen Spaß daran, Michael die Texte beizubringen. Er konnte sich die Lieder für sein Alter schon erstaunlich gut merken. Michaels Stimme faszinierte die Mädchen: Sie war wunderbar melodisch. Sobald die Mädchen den Jungen lobten und ermutigten, fing er an zu singen; er war überhaupt nicht schüchtern. Anders als bei seinem Vater daheim, war bei den Spikes in Manor Close den ganzen Tag über etwas los: Es war laut, lebendig, und man lachte – wie in einer normalen Familie eben. Michael genoß die Wärme und Aufmerksamkeit, die ihm dort zuteil wurde.

Margaret Kenyon, Nellies Schwester, erinnert sich: »Er war für die Mädchen wie ein kleiner Bruder. Alles drehte sich immer um ihn. Er war brav und umgänglich – aber keinen Augenblick ruhig; er summte immer vor sich hin oder wippte zur Musik mit. Er lebte in seiner eigenen Welt.«

Jack Taylor, ein Nachbar von nebenan, erinnert sich noch gut an Michael: »Nellie liebte ihn wie ein eigenes Kind. Sie hatte sich immer einen Sohn gewünscht. Jeder, der es nicht besser wußte, hielt Michael auch für *ihren* Sohn. Sie und zwei ihrer Töchter hatten ebenfalls rotes Haar; Michael sah aus, als gehörte er in die Spike-Familie.«

Wenn Nellie beschäftigt war, sorgte die älteste Tochter für Michael; sie knuddelte ihn und nahm ihn überall hin mit. Als sie heiratete und wegzog, übernahm eine andere Tochter ihre Aufgabe. So war immer eine liebevolle »Mutter« für ihn da.

Michaels dritter Geburtstag fiel auf einen Samstag. Da Reg seinen arbeitsreichsten Tag hatte, gab Nellie für Michael eine Party. Von allen Geschenken gefiel ihm eine Plastikgitarre am besten, die Nellie bei Woolworth's gekauft hatte. Michael liebte ebenso wie Nellies Töchter die *Beatles:* Wenn er sie im Fernsehen ihren Nummer-eins-Hit *From Me To You* singen hörte, trällerte er mit und klimperte dazu auf der Gitarre. Er trennte sich nie von ihr und nahm sie sogar mit in den The Gardener's Arms – einem Pub, der May Hammond, einer Bekannten von Nellie gehörte. Hier hatte Michael seine ersten »öffentlichen« Auftritte.

May setzte ihn dabei immer auf die Theke. Dann unterhielt er Angestellte und Gäste mit Liedern, die er von Nellies Töchtern gelernt hatte. »Er saß schon da wie ein richtiger Profi«, erzählt Mays Tochter Freda. »Er kannte die neuen Hits auswendig und hatte überhaupt keine Hemmungen. Wir staunten alle nicht schlecht über ihn!«

Im darauffolgenden Juli nahm Reg seinen Sohn mit nach Barrow-in-Furness – in der Nähe des Lake Districts –, um ihn erstmals dem Rest der Hucknall Familie vorzustellen.

Reg wurde als eines von elf Kindern an einem Freitag, den 6. Dezember 1935, im Devonshire Road Council Estate in Reynolds, einem hochgelegenen Teil der Stadt, geboren. Sein Zwillingsbruder Ronald starb nur vier Tage nach der Geburt.

Die Jahre vor dem Ausbruch des Zweiten Weltkriegs waren schwer für Regs Eltern, aber nicht so schlimm wie die zwei Jahrzehnte nach dem ersten großen Krieg. Sechs von Regs Geschwistern wuchsen noch in einem elenden, düsteren Wohnblock in Walney Island auf. Geld war so knapp, daß der älteste Bruder Jack bis zu seinem sechsundzwanzigsten Lebensjahr die Lohntüte ungeöffnet zu Hause abgeben mußte. Mit dreiundachtzig erinnert er sich heute, wie er damals in der Kälte stand und um Essen bei den Arbeitern bettelte, die von der Vickers Werft über den Fluß Yard nach Hause gingen.

Reg zeigte Michael seinem Bruder George und dessen Frau Barbara, die ein Haus in der Salthouse Road gekauft hatten. Die beiden hatten acht Kinder, und Michael wurde von ihnen sofort ins Herz geschlossen. Während der nächsten sechzehn Jahre sollte er in diesem dreistöckigen Haus mit Terrasse, das nicht weit von den Docks lag, seine Sommerferien verbringen.

Maureen kannte dieses Haus. Reg war mit ihr kurz vor der Hochzeit dort gewesen. Brenda, die älteste von Michaels Cousinen, war damals dreizehn gewesen und fand, Maureen hätte wie ein Modell ausgesehen:

»Sie war sehr groß und schlank und hatte unglaublich lange Fingernägel. Sie war fein angezogen und machte einen guten Eindruck.

Sie wirkte wie eine Karrierefrau, die viel vom Leben verlangt und noch etwas erleben will. Sie war anders als wir, behandelte uns aber nicht von oben herab. Sie schien ganz in Ordnung zu sein, obwohl ich sie nur einmal gesehen hab'. Denn nach der Hochzeit kam sie nie wieder zu uns.«

Maureen genoß unterdessen ihre Freiheit. Im Sommer 1963 nahm sie eine neue Stellung an und zog mit Marlene nach Whalley Range, einem eleganten Apartmentviertel mit vielen jungen Leuten nahe am Stadtkern.

Sie wohnten im obersten Stockwerk eines dreistöckigen Gebäudes. Für die Wohnung darunter interessierte sich ein schicker Mechaniker aus Österreich, Imre Kozarits. Maureen war sofort in ihn verknallt. Weil der Besitzer keine Zeit hatte, führte Maureen Imre herum. Er war sechzehn Jahre älter als sie, aber das machte ihr nichts. Zuerst wollte Imre die Wohnung nicht nehmen, da die Mieter darunter ziemlich laut waren und er nachts arbeiten mußte, aber Maureen bot ihm an, dafür zu sorgen, daß diese Mieter auszogen – was ihr auch gelang. Und schließlich zog der gemütliche, leicht zu überredende Mann dann in die Wohnung ein.

Imre plauderte oft mit Maureen, während er sich einrichtete, und lud sie nach einer Woche zum Abendessen ein. Eine Woche später ging er mit ihr zum Golfspielen.

»Sie war nett, aber ich glaubte, sie hätte einen Freund und wäre an mir nicht ernsthaft interessiert«, erinnert sich Imre. »Zwei, drei Wochen lang zahlte ich ihre Miete, da sie im Rückstand war. Wir gingen noch mehrmals aus. Dann schlug mir ein Freund vor, mit ihm nach Kanada auszuwandern, und ich sagte zu.

Als ich einen oder zwei Tage später nach Hause kam, fand ich Maureen in Tränen aufgelöst vor. Ich tröstete sie; sie tat mir leid. Am nächsten Tag erzählte sie mir, sie hätte für *uns* eine neue Wohnung gefunden. Ich war perplex: Wir waren doch nur ein paarmal ausgegangen und nicht einmal ein Liebespaar. Außerdem wollte ich doch nach Kanada...

Ich sah mir die Wohnung dann interessehalber an, nur aus Neugierde – da gestand mir Maureen, sie hätte unserem alten Vermieter bereits gekündigt. Ich war schon immer viel zu nachgiebig; ich ließ Kanada tatsächlich sausen und zog mit Maureen zusammen. Es war die katastrophalste Entscheidung meines Lebens!«

Die neue Wohnung in der Keppel Road, die Maureen ausgewählt hatte, war für einen Nachtarbeiter völlig ungeeignet; zwei Stockwerke unterhalb glaubten drei Brüder fest an eine Zukunft im Musikgeschäft und lärmten Tag und Nacht: Sie hießen Gibb und wurden später als *The Bee Gees* berühmt. Imre war ausgesprochen verärgert über die Situation.

Eines Abends erfuhr er dann von Maureen, daß sie verheiratet war und sogar einen Sohn hatte.

Imre war sprachlos. Und wütend. Er wäre nie mit Maureen zusammengezogen, wenn er von alldem gewußt hätte. Er befahl Maureen, zu Mann und Kind zurückzukehren und ihre Ehe wieder in Ordnung zu bringen. Doch Maureen machte Imre mehr als deutlich, daß ihre Ehe für sie gestorben sei; damit war dieses Thema für sie ein für alle Mal erledigt.

»Ich habe mich nicht getraut, noch weiter zu fragen«, erzählt Imre weiter. »Maureen wurde wahnsinnig schnell sauer und flippte bei der kleinsten Gelegenheit aus. Man konnte mit ihr nicht vernünftig reden. Aber ich war unglücklich, weil ich fürchtete, schuld daran zu sein, daß ihre Ehe endgültig auseinanderbrach.«

Imre fand nach einigen Wochen, es wäre das Beste für alle, wenn er ginge. Maureen sagte ihm unter Tränen, daß er das nicht tun könne.

»Wieso nicht?« wollte Imre wissen.

»Weil ich schwanger bin«, antwortete Maureen.

Zuverlässig und verantwortungsbewußt wie er war, beschloß Imre sofort, bei Maureen zu bleiben. Einige Monate später mußte Imre jedoch feststellen, daß Maureen ihn eiskalt angelogen hatte: Sie erwartete gar kein Baby, hatte es nur behauptet, damit er sie nicht verließ.

Vom chaotischen Liebesleben seiner Mutter unbehelligt, lebte Michael glücklich in einer Welt mit festen Tagesrhythmen und Beziehungen. Jeden Morgen um acht Uhr schob ihn sein Vater im Kinderwagen zu »Tante« Nellie. Um neun brachten ihn dann Nellie oder eine ihrer Töchter mit dem Bus zur Tagesstätte, in der er bis halb vier Uhr nachmittags blieb.

Im Hort mochten alle den kleinen Jungen. Er trug immer hübsche Sachen und war gut erzogen. Sein Vater schnitt ihm regelmäßig die roten Locken. Michael war auf eine schelmische Art frech, aber sein Gesangstalent machte ihn zum Liebling der Kinderschwestern.

Seine Begabung wurde entdeckt, nachdem ihm eine Lernschwester eine kleine Holzgitarre gebastelt hatte. Michael interessierte sich fortan für kein anderes Spielzeug mehr: Er gab die kleine grüne Gitarre nicht mehr aus der Hand.

Irene Richards, die dem Kindergarten damals vorstand, hat nie vergessen, wie sehr sie und ihre Kolleginnen von Michael beeindruckt waren. »Wir kannten Hunderte von Kindern, Michael aber fiel auf, weil er immer ›Gitarre spielte‹. Das Instrument hatte keine Saiten, deshalb hat Michael den Klang einfach imitiert. Er ging in den Raum zu den ganz kleinen Kindern und gab vor, ein Popstar zu sein: Er schlug mit den Füßen den Takt und verdrehte die Augen, während er sang und ›spielte‹. Er hatte offensichtlich viele Musikshows im Fernsehen gesehen und dabei die Texte aufgeschnappt. Die anderen Kinder starrten ihn immer wie gebannt an und versuchten, es ihm nachzutun. Es gelang ihnen nie; Michael war einzigartig.

Es brauchte viel Überredungskraft, um Michael aus seiner Fantasiewelt herauszuholen und dazu zu bringen, seine Gitarre wegzulegen – wenn zum Beispiel eine Geschichte vorgelesen werden sollte. Er fügte sich dann nur widerstrebend. Mit seiner Gitarre hätte er sich den ganzen Tag beschäftigen können und wäre dabei glücklich gewesen.

Er war ausgesprochen liebenswert und bestimmt keine Heulsuse; aber wenn er wegen irgend etwas ausgeschimpft wurde, regte er sich furchtbar auf und begann schrecklich zu weinen. Dann kullerten dicke Tränen über sein Gesicht, das immer ganz verschmiert war, weil er sich die Augen mit den schmutzigen Händen rieb.«

Maureen glaubte an eine Zukunft mit Imre und wollte ihm ihren Sohn vorstellen. Hin und wieder sprach sie noch mit Reg, wenn auch nur kurz, wenn sie Michael samstags mit zu ihren Eltern nahm. Reg pflegte sie dann im Zentrum von Manchester zu treffen und ihr das Kind zu übergeben. Er bestand jedesmal darauf, daß der Junge zu einer vernünftigen Zeit wieder zu Hause sein mußte.

Maureen stellte Imre Michael in der Diele ihrer gemeinsamen Wohnung vor. Michael konnte sich den Namen *Imre* nicht merken und sagte einfach Jim. Wenig später alberten die beiden schon herum. Michael beeindruckte Imre mit seinem Popmusik-Wissen.

Imre erinnert sich: »Cartoons interessierten Michael nicht. Sobald aber die Pop-Sendung *6.05 Special* anfing, saß er vor mir auf dem Boden und starrte auf den Bildschirm.

Ich fragte ihn: ›Willst du das sehen?‹

Er antwortete: ›Ja, das schaue ich mir immer an.‹ Er hat sich bis zum Ende der Sendung kaum gerührt. Er kannte die Namen der Stars, der Gruppen, die Songtitel. Wenn ihm etwas besonders gut gefiel, drehte er sich zu mir um und meinte: ›Das gefällt mir‹, oder: ›Den mag ich.‹ Er sang sogar mit. Er benahm sich wie ein kleiner Erwachsener. Bei einer Gelegenheit drehte er sich um und sagte: ›Die *Beatles* sind auch dabei.‹ Ich tat, als ob ich staunte: ›Ja wirklich, Michael?‹

Mick antwortete ganz ernst: ›Ja, und *Gerry And The Pacemakers* sind auch dabei.‹

›Hör mal, Michael‹, gab ich zurück, ›ich sehe auch zu, ich bin ganz dabei.‹ Daraufhin sah er mich abschätzend an und schüttelte den Kopf. ›Nein, du bist doch da nicht dabei!‹ Ich bog mich vor Lachen!«

Imre mochte Michaels Offenheit, sein Zutrauen und seine Selbstsicherheit und freute sich jedesmal, wenn der Junge zu ihm kam. Er badete das Kind, ließ sich von seinem Zuhause erzählen und schmunzelte über Michaels leidenschaftliche Begeisterung für die Musik.

»Michael war wie besessen«, meint Imre. »Ich sagte Maureen, daß ihm irgend jemand all die Popsongs beibringen mußte.«

Maureen ließ es sich nicht anmerken, ob es ihr leid tat, daß sie Michael nur so selten sah. Imre gibt zu, daß Maureen sehr hart und gefühllos sein konnte.

Imre bedauerte den kleinen Jungen, der ohne Mutter aufwachsen mußte und dessen Vater zur Arbeit ging. Aus diesem Grund schlug er vor, Michael aufzunehmen.

»Ich glaubte, daß Maureen schwanger war, und dachte mir, daß ein Kind mehr oder weniger keinen großen Unterschied machen würde. Maureen lehnte es aber kategorisch ab; sie hatte keine Geduld mit Kindern. Da war Michael bei seinem Vater und den ›Tanten‹ besser aufgehoben.

Michael hatte uns ungefähr viermal besucht, als Reg Maureen eine Szene machte, weil sie den Jungen angeblich zwischen zwei Familien hin- und herriß. Schließlich sah sie ihn gar nicht mehr. Als ich wissen wollte, warum sie ihn nicht einmal mehr zu seinen Großeltern brachte, meinte sie schulterzuckend, sie wolle die Dinge auf sich beruhen lassen.

Ich war irritiert, daß ihr Michael so egal war, und machte mir Sorgen, was sie wohl für unser Kind empfinden würde. Ich versuchte, mit ihr darüber zu sprechen, um sie zu verstehen; sie ging aber immer gleich in die Luft und sagte, ich solle mich um meinen eigenen Kram kümmern. Es war unmöglich, mit ihr über dieses Thema zu diskutieren.«

Es war gerade erst ein Jahr her, daß Maureen Reg verlassen hatte. Weihnachten stand vor der Tür, und Maureen entschied, daß sie ihr Kind nie wieder sehen wollte.

Sie trat aus dem Leben ihres kleinen Sohnes, um ihr eigenes Glück zu suchen. Sie glaubte, daß sie nun nichts mehr mit Michael verband. Doch das stimmte nicht. Ihr Sohn hatte sehr viel von ihr geerbt: ihre Kraft und ihre Entschlossenheit – und ihren Willen, sich um jeden Preis alles zu holen, was sie haben wollte.

Auch Reg gibt zu, daß es ironischerweise gerade Maureens harte, unnachgiebige Charakterzüge waren, die Michael Kraft und Ehrgeiz verliehen, um später in einer der härtesten Branchen in der Welt Erfolg zu haben.

Maureen hinterließ aber auch eine große Leere, die Michael eines Tages zu einem ergreifenden, melancholischen Song über seine Mutter inspirieren sollte: *Holding Back The Years*. Durch dieses Lied sollten sich seine Karriereträume erfüllen; mit diesem Song würde auch seine Mutter wieder in sein Leben treten.

3

In diesem Jahr konnte Michael die Weihnachtsfeier im Kindergarten gar nicht erwarten: Er sollte vorsingen. Als es endlich soweit war, marschierte er ganz selbstsicher über den polierten Fußboden der Halle auf die Zuschauer zu und stellte sich mit seiner Spielzeuggitarre vor sie hin. Dann legte er los, klimperte auf dem Instrument und sang, was das Zeug hielt, wobei er theatralisch mit den Augen rollte. Er war in seinem Element. Die Eltern und Kinder waren hingerissen; sie riefen ihm zu und applaudierten. Michael glühte vor Freude.

Irene Richards wurde an diesem Abend von Dr. Alan Simpson begleitet, der Michaels Auftritt so kommentierte: »Ich glaube, der wird einmal ein Popstar, wenn er groß ist.«

Michael hatte nicht nur Talent, er besaß Starqualitäten – das wurde an diesem Nachmittag deutlich: Er konnte bereits als Kind sein Publikum fesseln und überzeugen. Seine ausgezeichnete Sopranstimme benutzte er auf ganz außergewöhnliche Weise. Hemmungen kannte er nicht, schließlich wurde er von Nellies Töchtern immer nur gelobt, wenn er vorsang. Diese Furchtlosigkeit, sein bemerkenswertes Nachahmungstalent und der kindliche Charme verliehen Michael das Allerwichtigste, was ein Künstler besitzen muß, um erfolgreich zu sein: Charisma! Michaels Ausstrahlung wirkte auf die Pubbesucher und Kinder im Hort gleichermaßen. Und er genoß die Anerkennung, die er bei seinen »Auftritten« fand.

Es überrascht wenig, daß Michael kaum drei Jahre später bereits seinen ersten mehr oder weniger »professionellen« Auftritt hatte: Nach der Trauung einer Tochter von Nellie gab es ein großes Fest mit der Familie und Freunden. Eine Band war engagiert worden und spielte gerade eine Reihe von Pop- und Rocksongs. Die Spikes wollten aber nur einen hören – und Michael ließ sich nicht lange bitten!

Den meisten Erwachsenen wäre eine derartige Selbstdarstellung unangenehm gewesen. Für Michael war es der größte Spaß. Als man ihn gefragt hatte, stürmte er vor Begeisterung beinahe die Bühne. Seine geliebte Woolworthgitarre hatte er »für alle Fälle« mitgebracht – man konnte ja nie wissen. Er war eine wandelnde Jukebox und hätte fast jeden aktuellen Song aus den Sechzigern auf Lager gehabt. Der Leadsänger der Band fragte ihn, was sie spielen sollten. Michael antwortete ins Mikrofon: *»I Want To Hold Your Hand.«* Dieser Beatles-Song aus dem Jahr 1963 war eine von Michaels Lieblingsnummern. Er verehrte die *Beatles*. Schon mit vier hatte er den Film *A Hard Day's Night* im Kino sehen dürfen. Er konnte ihre Lieder sogar auf den Schallplatten an der jeweiligen Rillenbreite erkennen.

Auf der Party wurde es jetzt still. Die Band spielte die Einleitung des Popklassikers. Dann erfüllte Michaels goldene Stimme den Raum. Im Gegensatz zu den Spikes, die dieses Schauspiel schon gewohnt waren, staunten die Gäste; so etwas hatten sie noch nicht erlebt. Sie nickten sich anerkennend zu, denn das Talent des Jungen war offensichtlich. Unter tosendem Applaus und Bravorufen beendete Michael seine Vorstellung. Sein Gesicht leuchtete vor Erregung, als er sich vor allen verbeugte. Nellies Familie war ganz stolz.

Wenn Reg irgendwelche Beziehungen zum Musikgeschäft gehabt hätte, wäre es für Michael sicherlich leicht gewesen, schon früh Karriere zu machen. Junge Popstars aus dem englischen Nordwesten dominierten die Charts. Mit professioneller Unterstützung hätte man mit einem charismatischen Sechsjährigen, der eine gute Stimme und überwältigende Ausstrahlung besaß, viel Geld verdienen können. Aber Reg Hucknall wäre niemals auf einen derartigen Gedanken gekommen. Ihm war das musikalische Talent seines Sohnes überhaupt nicht bewußt. Er hätte seinen Sohn auch nie in ein solch launisches Geschäft wie die Plattenindustrie gedrängt. Michael sollte lieber eine solide Ausbildung bekommen, damit seine Zukunft gesichert war. Michael hätte die Aussicht, für seinen Gesang den Applaus der Massen zu ernten, bestimmt schon damals gefallen.

Drei Monate nach seinem vierten Geburtstag im September 1964 kam Michael in die St. Lawrence Grundschule. Auch dort wurde schnell deutlich, wie gerne er im Rampenlicht stand. Das Schulgebäude war hundertelf Jahre alt und primitiv ausgestattet: Die Aula diente zugleich als Speisesaal und wurde durch bewegliche Trennwände in vier Klassenzimmer unterteilt. Die Toiletten waren außerhalb, jenseits des Spielplatzes und voller Küchenschaben. Die Lehrer aber waren keinesfalls altmodisch, sondern jung und aufgeschlossen. Michael kam mit seinem ersten Lehrer, Jean Breeze, der ihm das Lesen beibrachte, sofort gut aus. Michael war nicht ängstlich, wenn er in der Klasse laut vorlesen mußte. Nach einigen Monaten meldete er sich sogar stets freiwillig, sehr zur Erleichterung seiner Mitschüler, die bei weitem nicht so unbefangen waren.

Auch Jean erinnert sich an Michael als einen hübschen, einnehmenden Jungen, der im Gegensatz zu vielen anderen Schülern überhaupt nicht verschlossen war. Er war frech, aber nie gemein. Er machte auch keinen verstörten Eindruck, weil er nur bei einem Elternteil aufwuchs.

»Für mich war er ein ganz normaler kleiner Junge, der mit allem gut zurecht kam. Er war nicht empfindlich und hätte sich auch sehr gut wehren können, wenn er von den anderen herumgeschubst worden wäre. Das ist aber nie passiert.«

Michael gehörte zu den Intelligentesten in der Klasse und lernte schnell schreiben. Er hatte nur eine kleine Marotte, über die sich seine nächste Lehrerin, Marjorie Grantham amüsierte. Er schrieb nämlich jeden Buchstaben, der in seinem Vornamen vorkam, prinzipiell groß, auch in anderem Zusammenhang und selbst in der Wortmitte. Er ließ sich einfach nicht davon abbringen. Er schrieb zum Beispiel: ICH MöCHtE EInMAL SängEr wErdEn. Marjorie fand nie heraus, wie er darauf gekommen war. Michaels Vater scherzt noch heute darüber: »Schon als Kind hatte er halt nur sich selbst und seinen Namen im Kopf!«

Ein Jahr später traf Reg ein Arrangement mit seiner Nachbarin June Shaw. Er vertraute ihr Michael für die Zeit nach der Schule an. Sie war liebevoll und warmherzig und konnte das Geld gut brauchen, das ihr Reg für Essen und Aufsicht gab. June hatte eine vierjährige Tochter und einen Sohn – Gary, der achtzehn Monate älter als Michael war. Die Lösung war optimal: Michael und Gary verstanden sich gut und gingen gemeinsam von der Schule heim. Reg, der Michael morgens zur Schule brachte, war sich sicher, daß sein Sohn in guten Händen war.

Michael war gerne bei den Shaws, die ihn wie einen der ihren behandelten. Er hatte zwar auch zu Nellies Familie gehört, aber ihre Töchter waren wesentlich älter als er gewesen. Er brauchte Gleichaltrige, mit denen er spielen konnte. Davon gab es in West Park Avenue genug. Dort wohnten meist junge Familien, deren Kinder gerade erst in die Grundschule gingen. Michael hatte immer jemanden zum Spielen, Jungen und Mädchen. Sie alle trafen sich meist am Ende der Sackgasse, dort, wo die Straße in einem weiten Halbrund endete.

Die Kinder nannten ihren Treffpunkt den »Kreis«. Dort begegnete Michael seiner ersten »großen Liebe«, Jane Spencer. Sie war ebenso alt wie Michael und ging mit ihm in dieselbe Schule. Michael war von dem Mädchen so hingerissen, daß er sie heiraten wollte. Jane sagte »ja«, und beide spielten heimlich eine Trauungszeremonie im Garten eines Freundes durch. Aber die »Ehe« hielt nicht lange. Jane zog schon bald mit anderen Kindern herum und ärgerte Michael wegen seines roten Haares, seiner Sommersprossen und seiner abstehenden Ohren. Michael zahlte es ihr heim, so oft sich die Gelegenheit bot. Jane erzählt: »An eine Sache erinnere ich mich ganz besonders gut. Es ging um meine Sandalen, die ich tragen mußte, aber nicht ausstehen konnte. Michael wußte das und verspottete mich. Er nannte sie immer ›olle Jesuslatschen‹. Ich kapierte zwar nicht ganz, was er damit meinte, aber es klang irgendwie gemein. Danach wollte ich die Schuhe überhaupt nicht mehr anziehen. Meine Mutter ärgerte sich, weil die Schuhe noch ganz neu waren. Aber trotzdem mochte ich Michael, obwohl er manchmal recht ernst war und sich ein bißchen von uns anderen Kindern fernhielt.«

Der Grund dafür konnte gewesen sein, daß Michael lieber sang als Verstecken spielte. Einige seiner Spielkameraden hörten ihm auch sehr gerne zu. Bill Griffiths war der Vater von Michaels Freund Johnny und wohnte den Hucknalls gegenüber. Eines Sommerabends im Jahre 1966 beobachtete er von seinem Fenster aus, wie Michael auf seiner Gartenmauer stand und einigen Freunden, die im Schneidersitz auf dem Boden saßen, vorsang.

Mr. Griffiths erinnert sich, als wäre alles erst gestern gewesen: »Michael stolzierte auf meiner Gartenmauer herum und sang die neuesten Popsongs aus dem Radio. Die Kinder waren fasziniert, und ich muß zugeben, ich auch. Am Ende klatschten alle, und Michael verbeugte sich brav. Sein Selbstvertrauen war wirklich bemerkenswert.«

In der Schule gehörte Michael stets zu den Besten, aber er begann, immer mehr anzustellen.

Eine ehemalige Klassenkameradin, Julie McCann gibt offen zu: »Manchmal war er ein richtiger Blödmann. Na ja, er hat nie was Schlimmes ausgeheckt, aber er machte ständig irgendwelche Dummheiten. Ich glaube, er wollte nur die Aufmerksamkeit auf sich lenken.«

Ein Jahr später trieb Michael es etwas zu weit. Einige Jungs hielten seine unbefangene Art für eingebildet und arrogant. Michael war nicht mehr nur der Klassenclown. Mittlerweile legte er es auch in den Pausen darauf an, aufzufallen. Sein Klassenkamerad Frank Worthington beschreibt ihn so: »Er war total extrovertiert und kannte einfach keine Grenze. Er wußte nie, wann der Spaß aufhörte.

Er war kein Schläger, mußte aber immer und um jeden Preis recht haben. Was andere dachten, interessierte ihn nicht. Lieber wechselte er das Thema, bevor er zugab, einen Fehler gemacht zu haben. Viele mochten ihn deswegen nicht, weil er so laut war. Weil er aber so groß für sein Alter war, konnte man sich mit ihm nicht gut anlegen. Die, die ihn nicht mochten, ignorierten ihn einfach.

Zugegeben, Michael gehörte zu den Besten in der Klasse. Er saß in der vordersten Reihe und wußte meistens als erster die Antwort, während wir anderen noch nachdachten. Selbst in der Pause benutzte er lange, komplizierte Ausdrücke, wenn er mit uns redete. Wir sahen uns dann an und dachten: ›Von was redet der überhaupt?‹ Michael konnte uns diese Worte jedesmal erklären, wenn wir nachfragten.«

Michael und Gary waren wie Brüder – und stritten sich auch wie Geschwister. An einem Tag waren sie noch ein Herz und eine Seele und unternahmen alles gemeinsam, am nächsten sprachen sie kein Wort mehr miteinander. Gary erinnert sich gern an seine Freundschaft mit Michael. Gary war eher ein ruhiges, sanftes Kind, lernte aber bald die temperamentvolle, manchmal sogar gefühllose Seite seines Freundes kennen. Durch sie sollte Michael auch später noch viele Freunde und Bekannte vor den Kopf stoßen.

»Wir stritten meistens nur über irgend etwas Belangloses«, berichtet Gary. »Michael schmollte trotzdem lange. Er konnte sehr nachtragend sein. Er machte mir klar, wie wütend er war, indem er nicht mehr mit mir spielte, sondern mit anderen Kindern. Er versuchte mir wehzutun.

Einmal haben wir Monopoly gespielt, und als ich mal kurz rausgegangen bin, hab' ich noch gesehen, daß er sich heimlich einige Fünfhunderternoten stibitzt hat. Ich hatte ihn beim Schummeln erwischt! Er aber stritt alles ab und spielte den Beleidigten. Lange Zeit behandelte er mich einfach wie Luft. Aber immer dann, wenn ich schon glaubte, er würde nie mehr mit mir sprechen, war er plötzlich wieder der Alte – als wenn überhaupt nichts vorgefallen wäre.«

Eines Tages kämpften die beiden sogar mit bloßen Fäusten um die Vorherrschaft in der Straßenclique. Johnny Griffiths, der zwei Jahre älter war als Michael, erinnert sich an jene ernste Rauferei, bei der ungefähr zehn andere Jungs dabeistanden und die beiden anfeuerten. Als es richtig wüst wurde, ging die Studentin dazwischen, die von den Shaws für die Sommerferien engagiert worden war, um auf die Kinder aufzupassen. Sie rief: »Hey, ich mache gerade Würstchen mit Kartoffelbrei! Wie viele Würstchen wollt ihr denn?« Michael und Gary hielten kurz inne und antworteten: »Zwei bitte!« Dann machten sie weiter. Weil Gary älter und größer war, behielt er schließlich die Oberhand und wurde von Johnny zum Sieger ernannt. Eine Niederlage war für Michael schwer zu verdauen. Er verschwand schnell im Haus der Shaws und hatte enorm schlechte

Laune, als Gary nach Hause kam. Michael grübelte bereits darüber nach, wie er sich rächen könnte.

Trotzdem spricht Gary nicht schlecht von seinem früheren Freund, auch wenn er damals oft das Gefühl hatte, Michael versuche, ihn und seine Schwester Gaynor herumzukommandieren.

»Obwohl ich der Ältere war, schaffte Michael es immer, mich dazu zu bringen, Dinge zu tun, zu denen ich eigentlich gar keine Lust hatte«, gesteht Gary. Schon mit acht wußte Michael ganz genau, was er wollte. »Ich und meine Schwester lebten einfach so in den Tag hinein, wie Kinder eben so sind. Michael dagegen war zielstrebig und schien alles ganz bewußt zu tun.

Ich hab' mich von Michael immer viel zu leicht überreden lassen und es meist erst gemerkt, wenn es schon zu spät war. Ein Beispiel: Wir hatten beide diese tollen *Action-Man*-Spielzeugfiguren und tauschten oft deren Anzüge aus. Ich bekam dann zu Weihnachten eine Skiausrüstung für meine Figuren, darunter eine schöne rote Anorakjacke – mit Pelzbesatz und britischer Fahne auf der Brustseite. Michael wußte, daß ich gerne seinen Taucheranzug gehabt hätte und brachte mich dazu, ihm die neue Jacke für seinen alten Anzug zu überlassen. Ich hab' bald gemerkt, daß er mich übers Ohr gehauen hat: Der Anzug war nicht mehr zu gebrauchen, er war schon viel zu kaputt. Mein Vater hat mich für meine Dummheit ganz schön zusammengestaucht. Michael klang immer so überzeugend, daß ich es nicht merkte, wenn er mich reinlegte.

Mit dem Fahrrad war es ganz ähnlich: Da ich ein besseres Fahrrad als Michael besaß, wollte er mir meines abkaufen. Wir einigten uns darauf, daß er mir das Rad innerhalb einer Woche von seinem Taschengeld bezahlen würde. Als ich nach Wochen immer noch kein Geld von ihm bekommen hatte, hab' ich mir das Rad einfach wieder zurückgeholt; Michael schmollte und behandelte mich lange wie Luft.«

Michael konnte aber auch anders sein. Er gab zum Beispiel einer alten Dame, für die er und Gary etwas hätten erledigen sollen, das Geld zurück, das sie ihnen gegeben hatte, weil sie den Auftrag nicht richtig zu Ende gebracht hatten.

Gary berichtet: »Wir boten unseren Nachbarn an, Hecken zu schneiden oder Autos zu waschen. Eine Frau gab uns fünfzig Pences, damit wir ihren Garten aufräumten. Wir waren längst noch nicht fertig, als wir gingen, aber ich habe das Geld behalten. Michael ist jedoch zurückgegangen, um das Geld zurückzugeben. Er hatte auch seine guten Seiten.«

Reg brachte es trotz seiner schwierigen Lage immer fertig, Michael zu Weihnachten oder zum Geburtstag die neuesten Spielsachen zu schenken. Und June sorgte dafür, daß dem Jungen an solchen besonderen Tagen die nötige Aufmerksamkeit zuteil wurde.

Leider ist June 1991 gestorben. Ihre Nachbarin Pat Clayton erinnert sich aber, daß sie jeden 8. Juni eine Party für Michael organisierte: »Sie machte aus seinem Geburtstag jedesmal einen ganz besonderen Tag – mit Eiscreme, Luftballons und Spielen. Er freute sich stets so darauf, daß er von der Schule nach Hause rannte. Mit seinen Freunden wartete er dann aufgeregt und ungeduldig, bis das Fest losging. Die meisten Mütter seiner Freunde schenkten ihm auch etwas. Wir fühlten uns alle ein bißchen mitverantwortlich für ihn, weil er doch keine Mutter hatte. Einmal hab' ich ihm einen kleinen, gelben Hubschrauber geschenkt, den man mit einem Gummiband zum Fliegen bringen konnte. Er spielte die nächsten Tage ständig damit. Das Ding flog überall herum und landete in sämtlichen Vorgärten der Umgebung – ich hätte es ahnen müssen!«

Der Fürsorge der Nachbarin ist es mit zu verdanken, daß Michaels Kindheit relativ normal verlief. Hin und wieder war es jedoch nicht zu vermeiden, daß in der Schule seine besondere Familiensituation auffiel; zum Beispiel an Weihnachten, wenn die anderen Kinder am letzten Nachmittag vor den Ferien nach Hause gingen, um sich für die abschließende Feier fein anzuziehen. Michael mußte seine Kleider immer in die Schule mitbringen und sich dort umziehen, weil bei ihm zu Hause niemand auf ihn wartete. Die meisten Klassenkameraden wußten, daß Michael ohne Mutter aufwuchs, sprachen aber nicht darüber. Die ehemalige Mitschülerin Wendy Maddocks gesteht: »Er tat uns leid. Es schien ihn aber nicht weiter zu bekümmern, daß es bei ihm daheim ›anders‹ war.«

Michael hatte eine harte Schale, hinter der er seine wahren Gefühle verbarg. Am Muttertag, als die Kinder in der Schule für ihre Mütter Karten basteln sollten, schlug der einfühlsame Lehrer Michael vor, doch dem Vater eine Karte zu schenken. Alle Grundschullehrer, die sich an Michael erinnern, beschreiben ihn als ein starkes, unabhängiges Kind, das nicht den Eindruck machte, als ob ihm etwas fehle oder als ob es unter den ungewöhnlichen Umständen zu leiden hätte.

Hätte sich Michael rebellisch oder destruktiv verhalten, wäre das jedem verständlich gewesen. Aber er war während seiner frühen Schulzeit ein völlig normales und allgemein beliebtes Kind, das sich auch bis auf das letzte Grundschuljahr gut benahm.

Nach der Schule aber spielte Michael gerne Streiche. Er legte sich beispielsweise gern mitten auf die West Park Avenue, um dort auf Autos zu warten. Pat Clayton gibt zu, daß er ihr damit jedesmal schreckliche Angst einjagte.

»Meine Kinder kamen häufig hereingestürzt und berichteten, Michael hätte sich schon wieder auf die Straße gelegt. Ich wußte, daß es nur eine ›Mutprobe‹ sein sollte – sie hätte aber leicht ins Auge gehen können.«

Pat sollte in gewisser Weise recht behalten; Michael wurde tatsächlich eines Tages von einem Auto erfaßt, weil er ohne nach links oder rechts zu schauen über die Straße gelaufen war.

Es geschah nachmittags: Michael kam aus der Schule und sah auf der anderen Straßenseite Nellie oder eine ihrer Töchter stehen; er rannte einfach los – genau in einen herankommenden Wagen hinein. Obwohl er nichts gebrochen hatte, mußte er eine Nacht im Krankenhaus verbringen. Am nächsten Tag durfte er nach Hause.

»Kein Wunder, daß es ihn mal erwischt hat«, meint Gary. »Michael gehört zu denen, die es immer besonders eilig hatten.«

Michael ärgerte Garys jüngere Schwester Gaynor ganz besonders gern. Einmal unterbrachen sie ihr Dartspiel, um Gaynor ein Glas Wasser anzubieten. Sie trank, wunderte sich aber, daß im Glas seltsame Stückchen herumschwammen. Sie verzog das Gesicht und fragte angewidert, was denn mit dem Wasser los sei. Michael wäre fast geplatzt vor Lachen: Gaynor hatte das Glas ausgetrunken, in dem Michaels Vater über Nacht seine dritten Zähne aufbewahrt hatte.

Michael kletterte auch gern auf einen Laternenmast, um Gaynor beim Baden in der Küche zu beobachten. Er brachte sie damit stets zum Weinen. Seine Portion beim Nachmittagstee hatte er immer schneller als die anderen verdrückt, um sich mit Gaynors Fahrrad aus dem Staub zu machen. Gaynor erinnert sich: »Ich war verdammt wütend auf ihn und hab' ihn dann immer überall gesucht. Er hat mir mein Rad fast jeden Tag weggenommen, und meine Mutter hat nichts dagegen unternommen. Sie hat ihm einfach alles durchgehen lassen.«

Gaynors Vater Bernard Shaw war ebenso nachsichtig mit Michael. An einem Sommertag des Jahres 1968 wurde seine Geduld allerdings arg strapaziert, als er seine eigenen Kinder und Michael mit auf eine Busfahrt in den Zoo von Chester nahm. Auf der Fahrt war alles noch in Ordnung; Michael saß brav da und sang vor sich hin. Im Zoo angekommen, war er jedoch nicht mehr zu halten. Während Bernards Kinder gehorchten und bei ihrem Vater blieben, lief Michael andauernd davon oder kletterte und sprang irgendwo herum. Das Maß war voll, als Bernard ihn dabei erwischte, wie er mit Steinen nach einem Orang-Utan warf.

Gary erinnert sich, wie sehr sich sein Vater wegen Michael schämte: »Er stand wie angewurzelt da und wußte nicht, was er tun sollte. Schließlich schrie er Michael an, er solle sofort aufhören, nach dem Tier zu werfen. Auf der Heimfahrt hat Paps geschworen, Michael nie wieder mitzunehmen.«

Johnny Griffiths Mutter Nessie hat ebenfalls allen Grund, sich an Michaels Schandtaten zu erinnern. Michael hatte sich eines Tages in ihrem Vorgarten versteckt und schoß mit einer Erbsenpistole auf die vorbeigehenden Mädchen. Dabei traf er Johnnys Schwester Mary so hart, daß sie schreiend nach Hause rannte. Als Nessie herauskam, um sich Michael vorzuknüpfen, war der natürlich schon längst über alle Berge. Aber selbst wenn er von Nessie in flagranti erwischt worden wäre, hätte er wahrscheinlich den Unschuldigen gespielt.

Pat Clayton erzählt: »Michael war ziemlich ausgekocht. Wir ließen die Kinder ja meistens ihre Probleme selbst austragen, aber manchmal mußten wir einfach dazwischengehen, wenn sie es zu bunt trieben. Michael hat sich für gewöhnlich verzogen, wenn wir Strafen austeilten. Mit einem Grinsen wartete er ab, bis sich der Sturm gelegt hatte, um danach mit den anderen weiterzuspielen. Er war schon ein kleiner Teufel, aber wir mochten ihn trotzdem.«

Eigentlich ist es normal für ein Kind, Unsinn auszuhecken. Michaels Eskapaden hatten jedoch meist einen ganz bestimmten Grund: Es war für ihn schon mit sechs Jahren typisch, sich schnell zu langweilen. John Burgess, ein Schulkamerad aus der Moorfield Avenue, erinnert sich: »Wir alle spielten gerne mit unseren *Action-Man*-Figuren. Michael verlor immer als erster das Interesse. Wir wollten weiterspielen, doch er hatte schon was anderes im Kopf. Er war sowieso etwas eigen und wirkte so unbekümmert. Ihm machte fast nichts angst; Probleme ließ er einfach von sich abprallen. Irgendwie schien er geistig reifer zu sein als wir anderen. Ich vermute, er hat sich schon als Kind über vieles Gedanken gemacht.«

Auch Johns Mutter hatte immer den Eindruck, wenn sie die Buben beim Spielen beobachtete, daß Michael nie hundertprozentig bei der Sache war. »Es ist schwer zu beschreiben«, erklärte sie. »Er wirkte irgendwie abwesend. Ich meine nicht, daß er außen vor war, er ging nur nicht wie die anderen völlig im Spiel auf. Ich habe ihn immer für einen Individualisten gehalten.«

Michael liebte die Gruppe, solange er in ihrem Mittelpunkt stand. War das nicht der Fall, langweilte er sich.

Patricia Dewhurst, die ebenfalls in der Moorfield Avenue wohnte, fiel auf, wie Michael die Aufmerksamkeit der anderen Kinder auf sich zog: »Ich weiß noch genau, wie er mit seinem Fahrrad dastand und alle um ihn herum standen und zuhörten, was er erzählte. Er stach heraus, weil er größer war als die anderen Jungs und dieses auffällige rote Haar hatte. Ich fragte mich, wie er es schaffte, immer im Mittelpunkt zu stehen. Er war ein frecher kleiner Kerl. Einmal grinste er mich im Vorbeigehen an und rief mir vorlaut zu: ›Na, wie läuft's denn so?‹ Ich war völlig perplex – so ein unverschämter Frechdachs. Aber er war nicht bösartig, sondern nur ein liebenswerter Schuft.«

Mittlerweile war Michael zum wohlbekannten musikalischen »Alleinunterhalter« der gesamten West Park Avenue geworden: Ein gutes Dutzend Mädchen und Buben spielten mit Plastikrohren seine Begleitband, während er auf einer Vorgartenmauer den großen Sänger mimte. »Wenn er fertig war, hat er sich mit großer Gebärde verbeugt, und wir haben geklatscht«, berichtet Johnny.

Im Gegensatz zu seiner dominanten und bisweilen rücksichtslosen Art konnte Michael natürlich auch Mitgefühl und Verständnis empfinden – aber nur für diejenigen, die große Probleme hatten oder denen es wirklich schlecht ging.

Pat Claytons Sohn Nigel beispielsweise war etwas zurückgeblieben und wurde von den Kindern in der Straße erbarmungslos gehänselt. Er durfte nie mitspielen und bekam regelmäßig die Schuld zugeschoben, wenn die Kinder etwas angestellt hatten. Schimpfte ein Nachbar, weil man ihm einen Fußball in den Garten geschossen hatte, riefen alle sofort: »Nigel war's, Nigel war's.«

Nigel schien das nichts auszumachen. Michael aber konnte es nicht ertragen, untätig zuzusehen. Etwas in ihm wollte diese Ungerechtigkeit nicht akzeptieren. So trat er für den drei Jahre Jüngeren ein. Wenn ihn die anderen wieder nicht mitspielen lassen wollten, legte er Nigel den Arm um die Schulter und tröstete ihn: »Laß doch die Blödmänner, wir zwei sind Kumpel!« Dann las er Nigel aus einem Buch über Züge vor, oder sie spielten gemeinsam mit Nigels großer Eisenbahnanlage. Manchmal nahm er Nigel auch mit zum Bahnhof, um dort die echten Lokomotiven zu bewundern.

Michael bewahrte auch den kleinen Johnny Gosling davor, zum Gespött der Schule zu werden. Johnny hatte sich auf der Toilette die Genitalien im Reißverschluß seiner Hose eingeklemmt und blutete stark. Johnny schämte sich zu sehr, um Hilfe zu holen. Ein älterer Junge befreite ihn schließlich, während Michael vor der Tür Wache hielt und aufpaßte, daß niemand hereinkam.

Michaels Klassenkameradin Iselle Gregg lernte seine einfühlsame Seite kennen, nachdem ihr Vater drei Tage vor dem Weihnachtsfest 1970 auf tragische Weise ums Leben gekommen war. Die Lehrer hatten ihren Mitschülern eingebläut, sich nichts anmerken zu lassen, wenn Iselle im Januar wieder in die Schule käme. So taten die meisten, als wenn nichts geschehen wäre, oder reagierten übertrieben freundlich. Michael zeigte jedoch ehrliches Mitgefühl. Iselle erinnert sich: »Wir mußten zusammen Schulmilch und die Kreide austeilen. Anstatt zu schweigen, sagte er zu mir: ›Ich habe nur noch meinen Papa, Iselle. Aber es ist ganz okay, wenn nur noch einer da ist. Du wirst sehen, es wird schon gehen.‹ Es war eine ganz schreckliche Zeit für mich – ich fühlte mich so elend. Michaels Worte haben mich wirklich getröstet. Er konnte sich als einziger vorstellen, was ich durchmachte. Ab da hatten wir etwas gemeinsam, das uns verband.«

Sollte Michael mit zehn Jahren darüber nachgegrübelt haben, warum ihn seine Mutter verlassen hatte, dann hat er es gut verborgen. Michael fragte nie nach seiner Mutter, und Reg erwähnte sie nicht. Die einzigen Verwandten, die Michael kannte, waren die Hucknalls aus Barrow, die er jedes Jahr in den Juliferien zwei Wochen lang besuchte. Auch dort wurde niemals über Maureen gesprochen.

Es war, als hätte es sie nie gegeben.

4

Für Maureen veränderte sich viel während der acht Jahre, nachdem sie ihre Familie in der West Park Avenue auf der Suche nach einem aufregenden Leben verlassen hatte.

Sie wollte unbedingt von Imre ein Kind bekommen, schließlich hatte sie ihm im November 1963 weisgemacht, im zweiten Monat schwanger zu sein. Im folgenden August war es dann endlich soweit; sie bekam einen Sohn, der Ricky getauft wurde.

Reg willigte in die Scheidung ein, ohne etwas von Rickys Geburt zu ahnen. Maureen rief alle paar Wochen im Friseurgeschäft an, um Reg auf einen festen Scheidungstermin zu drängen. Reg hielt sie bewußt hin: »*Ich* hab's ja nicht eilig, wieder zu heiraten.«

1967 kam es dann endlich zur Scheidung. Als Grund wollte Reg »mutwilliges Verlassen durch die Mutter« angeben und sich die Kosten des Verfahrens mit Maureen teilen.

Reg schildert die darauffolgenden Ereignisse so: »Von der Behörde sollte Maureen durch einen Beamten zu den Scheidungsgründen befragt werden. Ich stellte mir so eine Art Detektiv vor – à la Humphrey Bogart. Ich gab Maureen also Bescheid, daß zwischen zehn Uhr und dreizehn Uhr jemand bei ihr vorbeikommen würde. Aber da stand doch dann tatsächlich eine Frau vor ihrer Tür – und Maureen hatte mit ihrem neuen Baby auf dem Arm geöffnet.

Die Beamtin fragte: ›Ist das Ihr Kind?‹

›Äh... ja natürlich‹, antwortete Maureen.

Das sah ja nun gar nicht nach ›rücksichtslosem Verlassen des Kindes‹ aus, und so mußte ich einen neuen Grund finden. Ich gab Ehebruch an und verwies auf Imre Kozarits.

Später schrieb mir Maureens Mutter einen ziemlich bösen Brief, weil ich mich angeblich nicht an die Abmachung, die Kosten gemeinsam zu tragen, gehalten hätte. Dabei war alles nur ein riesiges Mißverständnis gewesen. Ich hatte Maureen vorgewarnt, daß sie Besuch bekommen würde. Ich hätte sie nie für so dumm gehalten, sich mit einem Kind sehen zu lassen. Ich glaube, sie hatte einen Mann erwartet, und dachte, die Frau vor ihrer Tür käme wegen etwas anderem.«

Maureen und Imre heirateten 1967. Noch im gleichen Jahr bekamen sie ein zweites Kind – ihre Tochter Lyndsay. Als das Baby ein Jahr alt war, nahm Maureen erneut Reißaus: Sie verließ den neuen Bungalow in Leigh, Cheshire, und nahm Lyndsay mit. Ricky ließ sie zurück.

Imre war froh, Maureen los zu sein. »Es war der größte Fehler meines Lebens, sie überhaupt geheiratet zu haben«, gesteht er. »Ich habe sie nie richtig geliebt. Ich wünschte, ich hätte sie niemals getroffen. Als sie mir sagte, sie würde gehen, war ich nicht im geringsten erschüttert, sondern fragte nur, was mit den Kindern geschehen sollte. Sie meinte: ›Ich nehme das Mädchen, du den Jungen.‹

›Du kannst doch nicht ein Kind mitnehmen und das andere dalassen‹, gab ich zurück. ›Die beiden sind doch keine Tiere! Sie sind Bruder und Schwester und sollten gemeinsam aufwachsen.‹ Ich warf ihr vor, daß sie eigentlich nie Kinder hätte bekommen dürfen – sie wäre keine gute Mutter.

Als ich an einem Samstagmorgen mit Ricky in den Park ging, verschwand Maureen mit Lyndsay. Ich wußte, daß sie gehen würde, glaubte aber nicht, daß sie unsere Tochter wirklich mitnehmen würde. Ich war schrecklich aufgebracht.«

Eine Woche später gelang es Imre, Maureen in Bolton aufzuspüren. Sie lebte wieder mit einem Mann zusammen. Dann verschwand sie erneut. Imre hörte nichts mehr von ihr, bis sie sich eines Tages aus Somerset meldete und ihm eröffnete, wenn er wolle, könne er Lyndsay jetzt auch haben.

Imre erzählt: »Sie wollte sich mit mir in der Polizeiwache von Birmingham treffen. Ich kam mit einem Bekannten. Maureen wurde von ihrem neuen Freund hingefahren. Der blieb im Auto sitzen, während sie Lyndsay in einem Kinderwagen heranschob. Maureen wirkte völlig gelassen, als wenn gar nichts Besonderes los wäre. Mein Bekannter fragte sie, was sie eigentlich für eine Mutter wäre. Sie machte sich nicht einmal die Mühe zu antworten, drehte sich nur um und ging.

Ich war froh, daß sie weg war. Solange ich mit ihr zusammenlebte, habe ich mich nie wohlgefühlt. Sie dachte immer nur ans Geld und an sich selbst. Ich hab' es nie erlebt, daß sie sich mal über jemand anderen Sorgen gemacht hätte. Sie war hart und rücksichtslos. Wenn ich mit ihr nicht mehr streiten wollte, ist sie regelrecht explodiert. Einmal hat sie sogar angefangen, vor Wut mit dem Kopf gegen die Tür zu rennen. Ich empfahl ihr, sie solle doch die Wand nehmen – die wäre noch härter. Da hat sie einen ihrer hochhackigen Schuhe genommen und auf mich eingeschlagen. Ich saß gerade auf einem Stuhl, und das Blut lief mir über das Gesicht.

Maureen hat zwar mein Leben ruiniert, mir aber wenigstens die beiden Kinder gelassen. Ich habe sie gern aufgezogen und bin sehr stolz auf die beiden!«

Maureen hatte zum zweiten Mal ihre Familie verlassen, um noch einmal neu anzufangen; an Michael dachte sie überhaupt nicht mehr. Sie machte keine Anstalten, ihn wiederzusehen. Sie schickte ihm nicht einmal eine Geburtstagskarte.

Ihre Mutter Florence erzählt: »Sie verschwand einfach, um ihr eigenes Leben zu leben, wie immer. Michael interessierte sie nicht. So sehr ich und mein Mann uns wünschten, den Jungen zu sehen, hatten wir doch keine Ahnung, wie es ihm erging und was er gerade machte.«

Weil Michael zu früh in die Schule gekommen war, mußte er die Grundschule von St. Lawrence noch ein Jahr länger besuchen. Das bedeutete, daß er viele verantwortungsvolle Aufgaben und die Aufsicht über die Klasse bekam. Er kannte aber den gesamten Stoff bereits vom Vorjahr und begann sich zu langweilen. Das wurde zum Problem. Er wurde frech und begann die Klasse durch sein Schwätzen zu stören. Ehemalige Mitschüler berichten, daß er häufig in der Ecke stehen mußte oder mit Nachsitzen bestraft wurde.

Nur in den Musikstunden machte Michael niemals Ärger. Die meisten Kinder langweilten sich im Unterricht der etwas affektierten Joyce Duxbury, weil sie die Klasse immer wieder die gleichen öden Hymnen und albernen Lieder singen ließ. Das störte Michael überhaupt nicht, er war trotzdem immer ganz bei der Sache. Oft stand er mit fünf oder sechs anderen interessierten Kindern vor der Klasse und schlug die Zimbel oder die Triangel. Er durfte zudem die Klasse beim Singen mit dem Taktstock führen, während Joyce Duxbury auf dem Klavier spielte.

Im anschließenden Herbst übernahm Barbara Jones die Musikstunden. Mehr als allen anderen ist es ihr zu verdanken, daß Michaels stimmliches Talent schon früh gefördert wurde. Sie erkannte schnell seine ausgezeichnete Sopranstimme, mit der er vollkommen sicher den Ton halten konnte. Das war ideal für den Schulchor. Sie lobte Michael, so oft es ging, um ihn anzuspornen.

»Ich habe immer zwei Klassen für die wöchentliche Musikstunde der BBC vorbereitet, und Michael war einer der engagiertesten Schüler«, berichtet Barbara. »Wie die anderen Jungs mit guten Stimmen war er ein bißchen eingebildet, aber das hat die Übungsstunden nie gestört. Er hat sich immer bemüht zu lernen. Es war wirklich eine Freude, ihm zuzuhören.«

Michael genoß die Aufmerksamkeit der anderen, wenn er neben Barbara Jones am Piano stand und vorsang. Später durfte er sogar solo bei Schulversammlungen Kirchenlieder vortragen. Er ging darin völlig auf. Er kannte kein Lampenfieber – im Gegenteil, er freute sich auf seine Auftritte, weil er wußte, wie gut er war.

Zweimal in der Woche mußten ein Junge und ein Mädchen vor der morgendlichen Schulversammlung Verse aus der Bibel vorlesen. Auch hier gehörte Michael zu den Freiwilligen. Ihm wurde diese Aufgabe oft übertragen, weil er unbefangen war. Diane Chapman mußte häufig gemeinsam mit Michael vortragen und erinnert sich: »Wir zwei durften die Klasse verlassen, um den Text zu üben, den wir am nächsten Morgen vorlesen sollten. Wir gingen in die Garderobe und lasen uns die Verse ungefähr zwanzig Minuten lang durch. Dann gingen wir zurück und trugen sie der Klasse probeweise vor. Ich hatte jedesmal Todesangst, vor die ganze Schule treten zu müssen, aber Michael war niemals nervös. Ich habe immer irgendeinen blöden Fehler gemacht. Er las stets perfekt.«

Mit elf begann sich Michael für Mädchen zu interessieren. Er entdeckte bald, daß er mit seiner Stimme den anderen Jungs gegenüber im Vorteil war. Die Mädchen liebten diese Stimme und standen nicht selten in der Pause um ihn herum, um zuzuhören, wenn er Beatles-Songs oder Lieder aus den Charts zum besten gab. Eine seiner Lieblingsnummern war *Knock Three Times* von *Dawn,* die an seinem Geburtstag auf Platz eins gewesen war.

Eines der Mädchen, die sich stets um Michael drängten und hofften, seine Freundin zu werden, war Lynn Gooding. »Er war verdammt beliebt«, erinnert sie sich. »Er war der Typ, den man unbedingt zum Freund haben wollte. Alle Mädchen wollten mit ihm zusammensein, weil er singen konnte, gut aussah und einem mit ihm nie langweilig wurde. Er war immer top angezogen; manchmal trug er sogar einen grünen Anzug mit Krawatte!

Er summte immer vor sich hin, und wenn wir ihn baten, uns vorzusingen, machte er das sofort. Er konnte die kompletten Songs auswendig, und bevor er einen zu Ende gesungen hatte, stand schon eine ganze Traube um ihn herum. Wir hielten ihn für brillant. Er hielt sich selbst für etwas ganz Besonderes. Im Pausenhof numerierte er die Mädchen, die um ihn herumstanden: ›Du bist meine Freundin Nummer eins, du Nummer zwei und du Nummer drei.‹ Es gab Zeiten, da hatte er fünf Freundinnen!«

Zu diesen gehörte Wendy Maddocks; sie vergötterte Michaels Stimme und beneidete ihn um seine tollen Plastiksandalen von Woolworth. Eines Tages bekam sie von ihm in der Mittagspause einen langen Kuß; später sagte ihr Michael, daß er sie liebe.

Wendy erzählt: »Ich war so glücklich, daß ich seine Freundin sein durfte. Er hatte den Kuß bestimmt geplant, weil er abwartete, bis wir allein waren. Er hat seine Lippen ganz fest und lang auf meine gedrückt. Ich war so überrascht, daß ich hinterher überhaupt nichts sagen konnte.«

Auf Wendys Mutter machte Michael großen Eindruck; sie bemerkte seine langen, schlanken Finger. »Lange Finger bedeuten meistens großes Talent«, erklärte sie ihrer Tochter. »Dieser Junge ist bestimmt begabt!«

Nach der Grundschule folgten für Michael fünf extrem schwierige Jahre, in denen seine Probleme so groß wurden, daß er sogar sein Talent vernachlässigte. Nur drei Jungen schafften am Ende der Grundschule die Aufnahme in das Gymnasium, einer von ihnen war Michael. Er kam in die Audenshaw Grammar School, fünfzehn Busminuten von Denton entfernt. Reg Hucknall war nur begrenzt ehrgeizig, bestand aber auf der bestmöglichen Ausbildung für seinen Sohn. Er war stolz, daß sich Michaels Fleiß ausgezahlt hatte.

Zuerst gefiel es Michael auf der neuen Schule. Doch bald schon empfand er zuerst Enttäuschung und schließlich Widerwillen, der mit der Zeit in offene Rebellion umschlug. Dadurch sollte sich Michaels Leben entscheidend verändern.

In seiner früheren Schule war Michael der unangefochtene Liebling aller gewesen – umschwärmt von Mädchen, die sein rotes Haar und sein verschmitztes Grinsen bezauberten. In Audenshaw dagegen herrschte strikte Disziplin, die rücksichtslos mit dem Rohrstock eingebleut wurde. Außerdem wurde Michael für eine Gruppe Halbstarker zur Zielscheibe gehässigen Spotts; sie machten sich über sein Haar und sein Aussehen lustig.

Der Junge, der behütet und gehätschelt aufgewachsen war, mußte nun lernen, sich in einer fremden, sogar feindlich gesonnenen Umgebung durchzusetzen.

5

Sein rotes Haar fiel ihnen gleich am ersten Schultag im September 1971 auf: Es war gewellt, lang und so dicht, daß es wie eine Wollmütze hoch stand. Michaels Aussehen wirkte geradezu wie eine Einladung auf die älteren Schüler: Da kam einer mit bleicher Haut, extrem viel Sommersprossen und diesem komischen Haar daher! Sie wußten, sie würden noch viel Spaß mit diesem Neuen haben.

Seit der Gründung der Schule im Jahr 1932 gehörte es zur Tradition, zu Beginn des neuen Schuljahres die Neuankömmlinge gehörig aufzuziehen. Die Kleinsten wurden von den Älteren nur verächtlich »Unkraut« genannt und dementsprechend behandelt. Nicht selten arteten die »Scherze« jedoch in Grausamkeiten aus, vor allem dann, wenn aus dem üblichen Aufnahmeritus, den alle über sich ergehen lassen mußten, die methodische Quälerei eines ausgewählten Opfers wurde. Wem dies passierte, hatte nicht selten das ganze Jahr und länger unter den anderen zu leiden. Es kam auch vor, daß Jungs vor die aufsichthabenden ältesten Schüler geschleift und von diesen verprügelt wurden. Für einige konnte die Schule zum Alptraum werden.

Michael zog durch sein auffälliges Äußeres schon vom ersten Augenblick an, als er mit dem kleinen Haufen Neuanfänger verloren im Schulhof herumstand, die Aufmerksamkeit auf sich. Die älteren Schüler kannten ihn überhaupt nicht, aber das war ihnen egal. Sie wußten nur, daß sie das Aussehen dieses neuen Schülers nicht mochten. Er »verdiente« eine ganz besondere »Behandlung«.

Michaels erste Freunde an der Schule, Gary Hulston und Frank Ollerenshaw berichten, daß er ganz besonders viel Ärger hatte, weil er so aus der Masse herausstach. Die »Vertrauensschüler«, wie jene älteren Schüler genannt wurden, die bei den jüngeren für Ordnung sorgen sollten, hatten es sofort auf Michael abgesehen. »Dagegen konnte man nichts machen«, erzählt Gary. »Man konnte es nur ertragen und versuchen, es ihnen im geeigneten Augenblick heimzuzahlen.«

Gary und Frank gaben Michael den Kurznamen Mick – der Name blieb ihm bis heute. Von den anderen Schülern bekam Michael eine Menge Schimpfnamen angehängt, die fast immer in Zusammenhang mit seinen Haaren standen.

Für Mick wurde die Schule allmählich zu etwas Bedrohlichem. Das mächtige Gebäude wirkte mit seinem eisenvergitterten Pausenhof wie ein Gefängnis. Mit einem Schlag hatte sich Micks Leben völlig verändert. Er war nicht mehr der Älteste und Beliebteste. Niemand kümmerte sich um ihn oder bewunderte seine schöne Stimme.

Nicht nur die Schüler machten Michael in Audenshaw zu schaffen, sondern auch die Lehrer. Mick hatte keine Angst vor ihnen, aber ihm widerstrebte ihre altmodische, überkorrekte Art. Ihnen war nicht daran gelegen, die besonderen Talente eines Schülers zu fördern. Sie verlangten vor allem Respekt und harten Arbeitseinsatz. Zudem war Mick jetzt von akademisch begabteren Jungen umgeben, die ihn wahrscheinlich eingeschüchtert haben. Solche Schüler strebten auf die Universität oder nach hochbezahlten Jobs. Mick strengte sich an, aber es half nichts; er verlor zusehends den Mut. Am Ende des zweiten Gymnasialjahres hatte er sich verändert: Er war unzugänglich und verschlossen geworden und fragte sich verzweifelt, ob es für ihn überhaupt noch eine vernünftige Zukunft geben könnte.

Mit dreizehn begann sich Micks Körper zu verändern. Dadurch wurde für ihn das Leben in der Schule noch unerträglicher. Seine Arme und Beine wuchsen schneller als der übrige Körper; zudem bekam er einen kleinen Bauch. Diese recht unsportliche Figur amüsierte besonders die Mitschüler, die mehr Muskeln als Hirn besaßen. Einer von ihnen, Mark Fisher, zeichnete bevorzugt Micks schlaksige Figur mit Spitzbauch und langen Orang-Utan-Armen auf seinen Schreibblock. Dem Gesicht gab er viele rote Punkte, eine kleine Stupsnase, winzige Augen und ein lächerliches, rotes Haarwirrwarr obenauf. Die Zeichnung ging dann durch alle Bankreihen, begleitet von der Frage: »Ratet mal, wer das ist?« Wenn Mick diese Gehässigkeit während des Unterrichts nicht mitbekommen hatte, hielt ihm Mark die Zeichnung garantiert nach der Stunde unter die Nase und stichelte: »Hundertprozentig getroffen, findest du nicht auch?«

Mark Fisher, der heute im Schrotthandel arbeitet, gibt zu, daß er und seine Rugby-Kumpel sich nur für die komische Seite von Micks Aussehen interessierten. »Er bot schon einen seltsamen Anblick in

Shorts und Sporthemd. Sein Körper war irgendwie zu kurz. Nichts paßte ihm richtig. Erstaunlicherweise haben ihn meine Zeichnungen überhaupt nicht gestört. Er fand sie nur komisch und wunderte sich, warum ich soviel Theater um sie machte. Er sagte mir immer: ›Du bist doch verrückt.‹ «

Andere Schulkameraden widersprechen Mark. Adrian Whittleworth, der mit Mick die ersten zwei Jahre eng befreundet war, berichtet: »Mick haßte Marks Sticheleien; und er haßte diese gemeinen Zeichnungen. Einmal hat sich Fisher sogar eines von Micks Büchern geschnappt und so eine schreckliche Figur auf den Umschlag gezeichnet. Ich habe gesehen, daß Mick gerade noch die Tränen zurückhalten konnte. Nicht nur Fisher, sondern die gesamte Rugby-Clique hat versucht, Mick psychisch fertig zu machen – da waren zum Beispiel Geoff Crossley, Jed West und Steve Halkyard dabei.«

Es war nicht Micks Stil, sich zu prügeln. So kam er auch nicht auf den Gedanken, Mark Fisher zu schlagen. Mick benutzte lieber Worte, um sich zu verteidigen. Mit seiner großen Schlagfertigkeit hielt er sich viele Angreifer vom Leib. Schon als Dreizehnjähriger konnte er andere mit vernichtenden, spitzen Bemerkungen gezielt verletzen.

Zu Micks Leidwesen gab es in dieser Zeit eine neue Werbung im Fernsehen, in der ein Bauchredner mit seiner rothaarigen Puppe auftrat. Mick bekam prompt einen neuen Spitznamen: »Puppenschädel«. Eigentlich stammte die Idee zu diesem Spitznamen von einem Kameraden und war als Scherz gedacht gewesen. Die Vertrauensschüler schnappten die Sache jedoch auf und trieben den Scherz wesentlich weiter. Sie bastelten eine Puppe, ähnlich der aus der Werbung, setzten ihr eine Perücke auf und erhängten sie an der Schulkrawatte, die sie der Puppe um den Hals gebunden hatten. Sie bekam den Namen »Hucknall« und wurde im Fenster des Versammlungsraums der Vertrauensschüler, das sich zum Gang hin öffnete, aufgehängt; jeder konnte sie sehen. Mick wurde von vorbeigehenden Mitschülern nicht selten mit »Wie geht's denn, Puppenschädel« begrüßt.

An einem Samstagnachmittag begann Mick – vielleicht weil er ständig nur einstecken mußte – Ärger zu suchen. Ein solches Verhalten war eigentlich nicht typisch für ihn. Er streunte mit einem Freund durch die Clarendon Road von Haughton Green, als beide auf eine

Gruppe von zehnjährigen Buben trafen, die auf einem Feld Fußball spielten. Mick fragte, ob er mitspielen dürfe, weil er sich langweilte. Ken Laing, dem der Ball gehörte, lehnte ab, weil er Mick und seinen Freund für zu alt hielt. Daraufhin schnappte sich Mick den Ball mit Gewalt, begann zu dribbeln und warf ihn schließlich seinem Freund zu. Ken riß Mick wütend zu Boden, der Ball rollte davon. Mick lag gedemütigt am Boden. »Nein, du spielst nicht mit«, brüllte ihn Ken an. Plötzlich sprang Mick auf und schlug Ken ins Gesicht.

»Ich bin heulend zu meiner Mutter gerannt«, erinnert sich Ken. »Sie kam aus dem Haus und schrie Mick an: ›Du Mistkerl, verschwinde!‹ Mick und sein Freund machten sich dann, so schnell sie konnten, aus dem Staub.«

In dieser Zeit traf Mick einen Jungen, der in den folgenden zwei Jahren sein enger Freund werden und sein Leben entscheidend beeinflussen sollte. Er hieß Paul Sutcliffe und ging zusammen mit Gary Shaw auf die Two Trees School. Für Außenstehende schienen Mick und Paul nichts gemeinsam zu haben. Paul war achtzehn Monate älter, sehr gesellig und lebenshungrig – ganz im Gegensatz zu Mick, der schüchtern geworden war und sein Selbstvertrauen verloren hatte. Trotzdem trafen sich die beiden häufig, nachdem sie sich durch Gary kennengelernt hatten. Mick schaute abends oft bei Paul vorbei, um sich Schallplatten anzuhören, vor allem von den *Rolling Stones*. Deren Album *Sticky Fingers* enthielt den Song *Sister Morphine,* den Mick besonders mochte.

Paul erzählt: »Wir haben uns die Platte immer und immer angehört, bis wir die Texte auswendig konnten; dann haben wir uns die Songs gegenseitig vorgesungen. Wenn einer einen Fehler machte, mußten wir wieder von vorne anfangen. Ich tat so, als ob ich Schlagzeug spielte und klopfte mit Stöcken auf Bücher; dabei versuchte ich den Takt zu halten: Ich war sehr unbefangen und machte Mick Jagger nach: Ich stolzierte in dieser gockelhaften Art vor dem Fenster hin und her und wirbelte die Vorhänge herum. Mick ging nicht so hemmungslos aus sich heraus und sang bloß. Er konnte das sehr gut, aber darauf habe ich eigentlich nicht so geachtet; mir war meine Stimme wichtiger. Wir haben oft bis neun Uhr abends Musik gehört.«

Mick, der morgens Milch ausfuhr, begann mit dreizehn zusätzlich Zeitungen auszutragen. Seine Auftraggeber, die Zeitungshändler

Derek und Audrey Jones, waren so beeindruckt von Micks Intelligenz und Einsatzbereitschaft, daß er bald auch kassieren durfte. Dazu mußte er jeden Freitag von sechzig Abonnenten die ausstehenden Rechnungen eintreiben und die Einnahmen hinterher schriftlich abrechnen. Es war ein verantwortungsvoller Job, den Mick sehr ernst nahm.

Mick gefiel diese Arbeit nicht nur, weil er gut verdiente: Da war auch noch ein vierzehnjähriges Mädchen mit Namen Barbara Lees, die einen Teilzeitjob beim Zeitungshändler hatte. Mick fand sie umwerfend, war aber zu schüchtern, um zu fragen, ob sie mit ihm ausgehen würde. Barbara wußte, daß sie Mick gefiel – er wurde immer rot, wenn sie mit ihm sprach. Jeden Freitagabend, wenn er das eingesammelte Geld abgab und sich seinen Trinkgeldanteil einsteckte, traf er sie, brachte aber nichts außer einem verschämten »Hallo« heraus und verschwand dann wieder.

Das Büro der Zeitungshändler befand sich mit einem Dutzend anderer kleiner Geschäfte an der Ecke Two Trees Lane/Moorfield Avenue. Ein Imbißstand, der dort *fish and chips* verkaufte, war stets von Schulkindern umlagert, die sich dort auch abends trafen. Mick schloß sich einer solchen Gruppe halbherzig an; er wurde nie so richtig akzeptiert.

Bernadette Fleming gehörte damals zu dieser Gang und erinnert sich an Mick als einen Einzelgänger, der immer nur auftauchte, wenn er nichts Besseres zu tun hatte.

»An einem Abend war er dabei, am nächsten ließ er sich nicht blikken. Er hielt sich immer im Hintergrund und sagte kaum was. Er konnte einem leid tun. Ich glaube, er mochte uns eigentlich nicht besonders, weil wir uns so schrecklich aufführten. Als wir einmal gemeinsam vom Schlittschuhlaufen mit dem Bus nach Hause gefahren sind, haben wir angefangen zu rauchen und alberne Lieder zu singen. Mick hat sich so geschämt, daß er sich weiter nach vorne setzte und so tat, als würde er uns nicht kennen. Nein, er gehörte nicht wirklich zu uns; wir haben ihn nur geduldet.«

Wie in der Schule wurde Mick auch in der Clique häufig geärgert. Vor allem die Mädchen hatten ihren Spaß daran, ihn aufzuziehen. Es gab hinter den Häusern am Waldrand einen großen Tunnel, in dem es besonders an Winterabenden stockdunkel war. Es war eine Art Mutprobe, sich in die undurchdringliche Finsternis zu wagen und hindurchzulaufen. Die Mädchen rannten voran, und Mick, der Langsamste, bildete das Schlußlicht. Alle wußten, wie sehr sich Mick fürchtete, und begannen am anderen Ende des Tunnels wie von der Tarantel gestochen zu schreien, als sei ihnen im Dunkeln etwas ganz Fürchterliches begegnet. Als Mick völlig panisch von dem Geschrei aus dem Tunnel stürzte, erwarteten ihn die anderen schon und krümmten sich vor Lachen über sein Entsetzen. »Er hatte sich so erschrocken, daß er ganz blind vor Angst war«, erzählt Bernadette. »Wir fanden das ausgesprochen komisch.«

Es sprach sich schnell herum, wenn die Eltern eines Gangmitglieds über Nacht ausbleiben wollten. Sofort wurde eine Party in der sturmfreien Bude angesetzt. Das offizielle Motto dieser Feten war »Saufen auf Vorrat«, und der Apfelwein, den Mick bei solchen Gelegenheiten trank, half ihm, seine Hemmungen loszuwerden und wieder den großen Popstar zu spielen.

Die Musik war auf diesen Partys immer ein Streitpunkt. Die Mädchen mochten den *Motown-Sound,* während die Jungs auf *Heavy-Metal*-Bands, wie *Hawkwind, Tangerine Dream* oder *Black Sabbath* standen. Wenn sich die Jungs durchgesetzt hatten, drehten sie die Lautstärke voll auf, tobten herum und machten ihre Rockhelden nach. »Ich erinnere mich, daß Mick sogar einen Besen als ›Gitarre‹ hernahm und sich wie der Leadsänger einer Rockband aufführte«, erzählt Bernadette. »Er schüttelte wild seinen Kopf, und wir sahen ihm zu. Er genoß unsere Aufmerksamkeit.«

Mit dreizehn Jahren galt Mick unter seinen Kameraden als nicht besonders schön. Die Pubertät hatte den einst so hübschen Jungen verändert: Er hatte Pickel bekommen, und sein Körper wirkte unförmig. Mark Fisher übertrieb zwar mit seinen lächerlichen Zeichnungen maßlos, aber den Mädchen gefiel Micks Aussehen gewiß nicht. Er schien nichts zu besitzen, was für sie anziehend gewesen wäre. Wer weiß, welchen Erfolg Mick gehabt hätte, wenn er Bernadette und ihren Freundinnen so selbstbewußt vorgesungen hätte wie früher den Mädchen in der Grundschule. Doch er war mittlerweile im Stimmbruch und durch die Anforderungen in der Schule und die Pubertät völlig verunsichert. So blieb nur noch ein ruhiger, schüchterner Junge mit rotem Haar und Sommersprossen übrig, der die Mädchen mit nichts beeindrucken konnte. »Irgendwie haben wir die meisten Jungs ganz akzeptabel gefunden, aber über Mick haben wir in dieser Hinsicht nicht einmal nachgedacht«, gesteht Bernadette.

Micks Situation verbesserte sich auch nicht, als er sich einer noch wilderen Gang anschloß, die sich ebenfalls in der Moorfield Avenue herumtrieb. Zum harten Kern der Gruppe gehörten Elaine Adshead, Christine Watmough, Anne Bailey, Steve Ditchfield und Kevin Robertson. Mit Zigaretten und Apfelwein ausgerüstet, machte sich die Gang gern auf den Weg zum Gebäude der ehemaligen St. Lawrence Grundschule, in dem mittlerweile ein Judoclub und ein Mädchenkorps untergebracht waren. Auf dem Weg dorthin klingelten die Freunde wahllos an Haustüren, um dann schnell davonzulaufen. Im alten Hof der Schule rauchten und tranken sie oder versuchten, dem Club oder den Korpsmädchen heimlich das Licht abzudrehen.

Als dort eines Nachmittags ein Rentnerfest stattfand, zerbrach Elaine mutwillig ein Fenster. Sofort kamen einige der rüstigen Alten heraus, um sich den Übeltäter vorzuknöpfen. Elaine und die anderen rannten los, aber Mick kam nicht schnell genug über den Zaun und war bald von einer Schar aufgebrachter, älterer Damen umzingelt. Sie drohten ihm mit ihren Spazierstöcken und schimpften auf ihn ein. Mick kam zwar ohne Schläge davon, mußte sich aber eine Strafpredigt anhören, die sich gewaschen hatte.

Von allem, was mit Liebe und Sex zu tun hatte, waren Mick und seine Kameraden natürlich ganz besonders fasziniert, und ihre Spiele hatten meist irgendwie mit diesen Themen zu tun. Bei einem dieser Spiele ging es ums Küssen, und Mick bemerkte, daß er bei den Mädchen nicht besonders beliebt war. Als Christine mit Mick an die Reihe kam, empfand sie das fast als Strafe.

»Ich wollte Mick keinen Kuß geben«, gibt Christine heute zu. »Er war von allen der Häßlichste, nichts an ihm war attraktiv. Wir hielten ihn außerdem für ein bißchen doof. Ich erinnere mich, daß er während unseres langen Kusses den Mund immer geschlossen hielt. Ich war selbst noch so jung und hatte keine Ahnung, was man dabei richtig oder falsch machen konnte. Ich werde jedoch niemals vergessen, wie freigebig Mick war. Wenn wir kein Geld mehr für Glimmstengel hatten, hat er uns welches ausgelegt.«

Christine und Elaine akzeptierten Mick als einen Kumpel und unternahmen viel mit ihm. Sie gingen gern gemeinsam zu den Feldern um Brinnington nahe bei Stockport hinüber, um dort auf einer privaten Wiese zwei Pferde zu füttern. Die Koppel lag gut versteckt und war vom Haus des Besitzers nicht einzusehen. So konnten sie heimlich auch ein bißchen reiten.

»Wir haben so getan, als gehörten die Tiere uns, und waren überzeugt, man würde sie vernachlässigen«, erzählt Christine. »Mick nahm immer Karotten mit. Unterwegs kauften wir oft noch Brot. Manchmal brachten wir auch ganze Eimer Kartoffelschalen mit. Wir wechselten uns beim Reiten ab und lachten, wenn einer runterfiel. Das größere Pferd war etwas wild, trat nach uns und warf uns oft ab.«

Die Wälder jenseits der Mill Lane waren ein Lieblingsspielplatz der Kinder von Haughton Green. Mick und Paul Sutcliffe gingen dort oft spazieren. Paul hielt es nie lange daheim aus, er mußte immer etwas unternehmen. Er brachte Mick vieles bei und lockte ihn etwas aus seinem Schneckenhaus heraus. Gemeinsam zündeten sie Lagerfeuer an, schwangen sich an Seilen über den kleinen Kanal oder kletterten über die Zäune der Wiesen. Es bestand immer die Gefahr, von aufgebrachten Bauern entdeckt oder gar mit Schrotflinten gejagt zu werden; doch die beiden Jungen genossen dieses prickelnde Gefühl der Angst.

Oft saßen sie auch nur zusammen in Pauls Garten. Mick verbrachte dort Stunden und sah fasziniert zu, wie Pauls technisch begabter Bruder Fahrräder umbaute oder aus Schrott neue zusammensetzte.

»In dieser Zeit war Mick scheu und ängstlich. Er schien immer herumzugrübeln«, berichtet Paul. »Ich glaube wirklich, daß ich ihm damals sehr geholfen habe, aus sich herauszugehen. Manche Stars konnte er unglaublich gut nachahmen, zum Beispiel Michael Crawford, Harold Wilson, Eddie Waring, Brian Clough und Clive James; aber er tat es nur, wenn ich ihn dazu drängte. Ich mußte ihn zu seinen kleinen ›Shows‹ ermutigen, Fremden hätte er sie niemals gezeigt.

Ich war damals ganz verrückt nach Fußball, und Mick kam immer mit, wenn ich zum Spielen in die Mill Lane ging. Um ehrlich zu sein, Mick war ein miserabler Spieler, und bei unseren Mannschaftsaufstellungen wurde er immer als letzter ausgewählt. Es schien ihm nichts auszumachen. Er hatte sich an das Gefühl gewöhnt, nutzlos zu sein.«

Mick sah zu Paul auf, obwohl der die Aufnahme ins Gymnasium nicht geschafft hatte. Das störte Mick nicht. Er ließ sich von ihm sogar zu Dingen überreden, die ihm unangenehm waren: Mick hatte beispielsweise das Rauchen nie gereizt, aber eines Tages wollte es

Paul unbedingt probieren. Hinter einem Gartenverschlag bot Paul Mick dann an, auch einen kräftigen Zug zu nehmen.

Paul muß lachen, wenn er sich heute daran erinnert: »Mick wollte vom Rauchen eigentlich nichts wissen, aber ich konnte ihn zu allem überreden. Also gab er nach und zog an der Zigarette, inhalierte aber nicht. ›Jetzt aber richtig‹, forderte ich ihn auf. Natürlich hat er sich danach fast die Lunge herausgehustet. Ich fand das urkomisch und bat ihn, es zu wiederholen, als wir mit den anderen zusammen waren. Er tat uns den Gefallen, was uns natürlich amüsierte.«

Es gab noch einen Jungen, der für Mick in dieser Zeit wichtig wurde. Er hieß Steve Howarth, war fünfzehn und hing ebenfalls an der Moorfield Avenue herum. Alle nannten ihn Lil, für Liliput, ein Spitzname, den Steve von seinem älteren Bruder Derek bekommen hatte, als er noch klein war.

Im Gegensatz zu Paul war Lil ein aggressiver Angreifertyp, der Mick zeigte, wie gut man sich mit ein wenig Selbstvertrauen durchsetzen konnte. Lil ging mit Lynn Gooding, einem intelligenten, schönen Mädchen, das zusammen mit zwei anderen aus der Mädchenklasse von St. Lawrence im selben Jahr wie Mick aufs Gymnasium gekommen war. Die Jungen flogen auf sie. Sie gefiel auch Mick, der sich aber niemals getraut hätte, ihr Avancen zu machen. So konnte er nur dabeistehen und zusehen; er beneidete Lil. Lynn und ihre Freundin Venetia hatten in einem Stall am Ende der Town Lane zwei Pferde unterstehen. Mick und Lil besuchten sie dort oft. Manchmal kampierten die vier Freunde auch nachts in den Wäldern in einem alten Zelt. Mick und Venetia waren – im Vergleich mit ihren beiden auch sexuell erfahreneren Freunden – noch ziemlich unreif.

»Na ja, wir waren schon zwei häßliche Entlein«, gibt Venetia heute zu. »Mick und ich waren zusammen, weil uns sonst niemand wollte. Während sich Lynn und Lil ständig verdrückten, saßen wir zwei da und sprachen kaum ein Wort miteinander. Wir waren zu schüchtern, als daß zwischen uns beiden etwas passiert wäre. Aber ich mochte Mick, weil er der einzige Bub war, der sich nicht darüber lustig machte, daß ich noch keinen Busen hatte. Ich trug noch keinen BH wie die anderen Mädchen und schämte mich deswegen so, daß ich manchmal meine Jacke gar nicht ausziehen mochte. Mick hat mich so akzeptiert, wie ich war, das fand ich schön. Er war viel ruhiger und sensibler als die anderen Jungs und benutzte keine unanständigen Worte. Er war ständig mit sich selbst beschäftigt.«

Die vier Freunde bildeten zusammen mit Paul Sutcliffe und ein paar anderen Jugendlichen aus der Moorfield-Gegend während der nächsten Monate eine Clique. Sie rauchten auf einem nahegelegenen Friedhof, gingen Pommes essen und dienstags in die Disco von Haughton Green. Davor ließen sie entweder eine Flasche Apfelwein oder Sherry in der Gruppe herumgehen.

Der Alkohol half Mick, lockerer und unbefangener zu werden. Mick war Gary Glitter-Fan und wenn der DJ *Leader Of The Gang* spielte, war er wie verwandelt. Er benahm sich dann wieder so unbekümmert wie damals als Sechsjähriger und tobte als Gary Glitter über die Tanzfläche, während ihm die anderen Platz machten, mitsangen und vor Begeisterung klatschten.

Es war nicht nur der Applaus der anderen – vor allem der der Mädchen –, was Mick an jenen Dienstagabenden so genoß. Es war das Gefühl, etwas zu haben, worin er wirklich gut war. Er war nicht mehr der häßliche Außenseiter, sondern stand im Mittelpunkt. Er wurde akzeptiert. Keiner beachtete mehr seine Pickel oder sein Aussehen; alle waren nur noch von seinem Nachahmungstalent fasziniert.

Mick gewann allmählich wieder an Selbstvertrauen. Schließlich, nach wochenlangem Zögern, überwand er sich und fragte Barbara Lees, ob sie ihn in die Disco begleiten würde – sie gab ihm einen Korb. Sie mochte Mick zwar, wollte aber mit keinem rothaarigen Jungen ausgehen.

»Ich stand überhaupt nicht auf Mick«, erzählt Barbara. »Er war so beschämt, als ich seine Einladung ablehnte. Sein Gesicht lief knallrot an, und er verschwand, so schnell er konnte. Ich fühlte mich schrecklich. Ich war ja selbst noch so unsicher und versuchte ab dieser Zeit, immer schon weg zu sein, bevor Mick in den Laden kam. Ehrlich gesagt, ging ich nur nicht wegen seiner roten Haare mit ihm aus. Zudem hielt ich ihn für etwas eigenartig. Er zog sich seltsam an und war immer allein.«

Mick wußte, daß sein rotes Haar die Mädchen abschreckte. Andererseits war er sogar stolz auf sein Haar: Es machte ihn zu etwas Besonderem. In einem stillen Augenblick gestand er Lil: »Ich bin mir ganz sicher, daß ich eines Tages eine finden werde, die ganz wild auf mein rotes Haar ist.«

Mick wollte nun unbedingt mit Lynn gehen. Er sah seine Chance gekommen, als sie mit Lil Schluß gemacht hatte. »Mick wollte immer wissen, ob Lynn mitkommen würde, wenn wir ausgingen«, erzählt Lil. »Sie traf sich zwar mit anderen Jungs, aber Mick hing immer in ihrer Nähe herum.

Als wir an einem Samstag in Ashton einkaufen waren, besorgte ihr Mick ein Gary Glitter-Album. Als sich unsere Gang abends wieder auf dem Friedhof vor St. Lawrence traf, brauchte Mick Stunden, bis er sich überwinden konnte, ihr sein Geschenk zu geben. Sie freute sich und ist mit ihm auch ein paarmal ausgegangen, soviel ich weiß. Aber Mick hatte sich von diesen Verabredungen sicherlich mehr erhofft.«

Kurz vor Weihnachten 1973 ging Mick auf eine Party, zu der auch Lynn eingeladen war. Der Abend sollte zu einer schrecklichen Enttäuschung für ihn werden.

Paul Sutcliffe erinnert sich gut: »An diesem Abend tat Lynn so, als ob sie Mick nicht kennen würde. Er saß neben ihr und versuchte mit ihr zu sprechen, aber sie reagierte nicht. Mick gab nicht auf und fragte sie mehrmals, ob sie mit ihm tanzen wolle. Schließlich bat sie ihre Freunde, ihr Mick vom Hals zu halten.

Nach einiger Zeit merkte ich, daß Mick fehlte. Ich fand ihn allein in einem Zimmer. Er saß in einer Ecke und weinte fürchterlich. Ich wußte, was los war, und versuchte ihn wieder aufzumuntern. ›Komm schon, es gibt noch andere Weiber. Wir holen uns jetzt was zu trinken.‹ Wir suchten uns ein Zimmer, wo wir allein waren, legten uns eine *Who*-Platte auf, drehten sie voll auf und hörten sie uns mehrmals hintereinander an. Die Musik hat Mick sofort wieder aufgemuntert, und wir tanzten herum. Er schien sich wieder beruhigt zu haben.

Nach kurzer Zeit war er jedoch wieder verschwunden. Jemand hatte ihn vor die Tür gehen sehen, und ich folgte ihm. Ich wollte zuerst nicht glauben, was ich da sah: Er hatte sich mitten auf die Straße gelegt! Ich fragte ihn, was zum Teufel er eigentlich vorhätte. Er sagte nur: ›Ich will sterben. Ich warte auf einen Bus, der mich überfährt.‹

›Steh auf, du blöder Hund‹, sagte ich ganz ruhig, und zum Glück gehorchte er auch, und wir gingen wieder rein. Er hatte wahrscheinlich die Nase voll, daß er wegen seines Aussehens immer nur zurückgewiesen wurde.«

Lynn erinnert sich heute nur schwach an Mick. Sie weiß noch, daß er auf jener Party weinte, aber sie kann sich nicht mehr daran erinnern, mit ihm ausgegangen zu sein. »Mick tat mir leid«, erzählt sie. »Er war richtig lieb, als er jünger war, und man mußte ihn einfach mögen. Aber das änderte sich, als er älter wurde.«

Für Micks Veränderung waren vor allem die Zustände am Gymnasium verantwortlich. Als er in die vierte Gymnasialklasse kam, war er in die unterste Leistungsgruppe gerutscht. Er schrieb nur noch Vierer und galt als absoluter Versager.

Mick hatte sich die erste Zeit redlich bemüht und angestrengt. Als ihn aber die Lehrer aufgaben, gab er auch auf. Sein Vater war bitter enttäuscht. Er hatte sich so sehr gewünscht, daß sein Sohn das Abitur machen würde. Mick kümmerte das nicht mehr: Die trotzige Art seiner Mutter, die mit dem Schädel durch die Wand ging, wenn es sein mußte, machte sich auch bei ihm bemerkbar. Mick hatte die Schule endgültig abgeschrieben.

6

In dieser vierten Gymnasialklasse begann sich Mick gegen alles und jeden aufzulehnen: Er lernte nicht und gehorchte niemandem mehr. Schule hielt er für reine Zeitverschwendung. Er hatte beschlossen, von nun an nur noch nach seinen eigenen Regeln zu leben, wenn er schon den Unterricht noch zwei weitere Jahre ertragen mußte. Er verweigerte die Mitarbeit, störte und spielte den Clown. Die steife, autoritäre Ordnung war ihm verhaßt, und er legte alles daran, sie zu untergraben. Die Lehrer konnte er auch nicht ausstehen und machte ihnen die Hölle heiß.

Im Lehrerzimmer wurde ständig über Mick geredet. Der Geographielehrer Ray Wood berichtet, daß Mick für die Dozenten zu den schlimmsten Störenfrieden zählte und ein gefürchtetes Ärgernis war.

»Mit vierzehn galt er als hoffnungsloser Fall«, erzählt Ray Wood. »Er störte pausenlos mit dummen Bemerkungen oder hampelte herum. Er war ja nicht dumm, sondern langweilte sich nur, weil er die Schule nicht ausstehen konnte.

Das ganze Schulsystem war für jemanden wie ihn völlig ungeeignet: Das ewige ›Erhebt Euch – setzt Euch‹ zu Beginn der Stunden zum Beispiel; oder der altmodische Unterricht und die strikte Disziplin. An der Schule ging es zu wie an einer dieser extrem autoritären Privatschulen, in denen die Lehrer alle Gewalt über die Schüler haben. Mick konnte das nicht ertragen.

Zudem gab es um ihn herum eine Menge hochintelligenter Jungs, die nach Oxford oder Cambridge auf die Uni wollten – das machte es nur noch schlimmer für ihn. Er war begabter als der Durchschnitt, stammte jedoch aus der Arbeiterklasse und brachte deshalb keine günstigen Voraussetzungen mit, um sich in der Schule durchzusetzen. Nach einer Weile hat er einfach resigniert. Er muß schon im ersten Jahr gewußt haben, daß er mit der Schule nichts würde anfangen können, schließlich wollte er gar nichts mehr von ihr wissen.

Weil er nicht mitarbeiten wollte, mußte er sich die Zeit anders vertreiben. Es machte ihm Spaß, Situationen auszunutzen und Leute gegeneinander auszuspielen – aus purer Langeweile.

An der Schule ging es im allgemeinen recht hart zu. Es kam vor, daß sich Schüler Freitag nachts an einem Lehrer für seine Schikane während der Woche rächten. Mick hat bei so etwas nie mitgemacht. Er war nie brutal oder gewalttätig.

Aber er war ganz schön ausgekocht. Wenn er mit einem sprach, grinste er die meiste Zeit unverschämt; man wußte nie, wann er etwas ernst meinte oder einem auf den Arm nahm. In so einer Situation hatte man meist keine Chance gegen ihn, denn er war geistesgegenwärtig und enorm schlagfertig.«

In Ray Wood aber hatte Mark einen ebenbürtigen Gegner gefunden. Der Lehrer war selbst sehr humorvoll und hielt Mick nur für besonders aufgeweckt. Im Gegensatz zu anderen Dozenten mochte Wood den Jungen.

Harold Heywood zum Beispiel unterrichtete Französisch und konnte Mick nicht leiden, weil er ihn für oberflächlich und unzugänglich hielt.

»Ich dachte, ich tue dem Jungen was Gutes, wenn ich ihm eine Fremdsprache beibringe, ich eröffne ihm bessere Jobmöglichkeiten und eine erfolgreiche Zukunft. Aber das interessierte ihn überhaupt nicht«, meint Heywood. »Manche Schüler haben sich richtig ins Zeug gelegt, um zu lernen, aber dieser Hucknall war ein hoffnungsloser Fall. Er mogelte sich gerade so durch und schien immer nur daran zu denken, wann dieser überflüssige Schulkram für ihn endlich vorbei wäre.

Zuerst war es mir wirklich wichtig, daß er was lernt. Später hab' ich aufgehört, mir große Mühe mit ihm zu geben; ich hielt es für sinnlos.«

Heywood beschreibt Mick nicht als einen »grinsenden, laut lachenden Karottenkopf«, als den ihn Ray Wood in bleibender Erinnerung hat. Wood bekam offensichtlich eine ganz andere Seite von Micks Charakter zu Gesicht, als es der Französischlehrer tat, und schaffte es, das Beste aus dem Jungen herauszuholen.

»Er war ein vergnügter, ziemlich gemütlicher Typ, und das gefiel mir an ihm«, gesteht Wood. »Ich behandelte ihn nie abweisend, auch wenn es ein ganz schöner Kampf war, ihm Geographie beizubringen. Da mußte ich schon mal drohen oder mir etwas Besonderes ausdenken, um ihn bei der Stange zu halten – aber das hat funktioniert. Er war nicht unverbesserlich.

Manchmal machte ihm mein Unterricht sogar richtig Spaß. Ich erinnere mich, daß er ganz fasziniert über das Universum und die Planetenbewegungen diskutierte. Das war typisch für ihn. Er machte nur mit, wenn ihn etwas interessierte – dazu gehörte alles, was mit den Künsten zu tun hatte; auf diesem Gebiet lag sein Talent. Er zeichnete sehr gute Karten und freute sich, dafür gelobt zu werden.«

Mick strebte schon lange nach keinem gewöhnlichen Beruf mehr. Er interessierte sich nur für Kunst und beschloß, in der Schule nur noch so viel zu arbeiten, um auf eine Kunstakademie wechseln zu können.

Nach der Schule versuchte Wood oft in Gesprächen, den Jungen anzuspornen. Er riet Mick, die Hausaufgaben zu erledigen und seinen Abschluß zu machen, um später Chancen auf einen guten Beruf zu haben.

Mick lachte ihn nur aus: »Das geht mich nichts an«, gab er für gewöhnlich zur Antwort. »Das normale Zeug interessiert mich nicht!«

Und das meinte er auch so.

Eigentlich hätte die Armee für einen Rebellen wie Mick, der bereits die Schuldisziplin nicht ertragen konnte, das denkbar Ungeeignetste sein müssen. Erstaunlicherweise begann sich Mick jedoch im Winter 1974 mit seinen Freunden Adrian Whittleworth, Frank Ollerenshaw und ein paar anderen Jungs für den Militärdienst zu interessieren. Sie meldeten sich alle als Kadetten in einer Sektion der britischen Luftwaffe an, die vom hochdekorierten Weltkriegshelden Geoffrey Eastwood geleitet wurde.

Micks Entscheidung, sich Eastwoods Truppe ehrgeiziger, hochangesehener Kadetten anzuschließen, überraschte viele, nicht zuletzt Harold Heywood.

»Die Luftwaffe ist eigentlich der Elite vorbehalten; sie ist für Jungs, die Persönlichkeit, Ehrgeiz und eine akademische Ausbildung haben. Hucknall paßte dort nicht hinein«, meint Heywood. »Seine Schuluniform, die angesehen war, hat ihm sicher geholfen, sich für die Aufnahme zu qualifizieren. Er war jedoch ein ausgesprochener Eigenbrötler, und gerade in der Armee muß man in der Gruppe bestehen können und gemeinsam durch dick und dünn gehen. Hucknall stand jedoch immer abseits und hielt sich von der Masse fern.

Zuerst habe ich geglaubt, er hätte diese Idee schon lange gehabt – so eine Art Lebensplan – und wäre deswegen und aus Überzeugung Kadett geworden. Aber wahrscheinlich wollte er bloß wieder ausscheren und sich gegen die Schuldisziplin auflehnen.«

Der wahre Grund war wohl viel einfacher: Mick durfte wegen der Kadettenversammlungen die Schule freitags eine Stunde früher verlassen und sparte sich so die Französischstunde! Sogar der militärische Drill war Mick also lieber als der Französischunterricht.

Micks Begeisterung für die Armee hielt nicht lange an. Bald wurde ihm und seinen Freunden klar, daß sie einen Fehler gemacht hatten. Während die anderen Schüler schon längst aus der Schule zu Hause waren, mußten die Kadetten den ganzen Nachmittag über exerzieren. Das war auf die Dauer unerträglich! Der Freitag war der wichtigste Tag überhaupt: Das Wochenende begann, und man wollte seine Freiheit genießen. Die Luftwaffe verletzte die geheiligte Privatsphäre eines Schülers!

Hätten sich die Freunde korrekt abgemeldet und ihre Entscheidung begründet, hätte der Austritt sicherlich kein Problem dargestellt. Doch Mick und die anderen blieben den Freitagsveranstaltungen einfach ohne Entschuldigung fern. Außerdem weigerten sie sich, ihre Uniformen zurückzugeben. Die Schule schickte ihnen wiederholt Mahnungen zu, doch die fünf »Deserteure« ignorierten sie. Nach einem halben Jahr wurde ihnen befohlen, sich bei Geoff Eastwood zu melden und vor einem Militärgericht zu erscheinen.

Sie nahmen das Ganze nicht weiter ernst und brachen vor der Gerichtskommission wiederholt in Gelächter aus. Alle fünf wurden daraufhin mit »unehrenhafter Entlassung« bestraft. »Ihr seid Narren«, machte ihnen Eastwood klar. »Ihr glaubt, das wäre alles nur Spielerei? Das ist bitterer Ernst, und diese Sache steht jetzt euer ganzes Leben lang in den Militärakten!«

Die Jungen bekamen eine letzte Chance, ihre Uniformen zurückzugeben, anderenfalls hätten sie dreihundert Pfund Strafe zahlen müssen – innerhalb kürzester Zeit hatten sie sie zurückgebracht.

Mick und seine Freunde konnten die Mittagspause nie erwarten. Der halbe Schultag stand ihnen zwar noch bevor, aber es gab zumindest etwas zu essen. Mick, Frank, Gary, Adrian und die anderen waren immer ganz besonders hungrig. Am liebsten wären sie stets die ersten in der Essensschlange gewesen und hätten sich anschließend auch noch einen Nachschlag besorgt. Aber der Mathematiklehrer John Staff wußte dies zu vereiteln. Er hatte die Aufsicht im Speisesaal und konnte Mick und seine Kumpel nicht leiden. Die Jungs hatten ihm den Spitznamen »Grünling« verpaßt, weil er immer grün angezogen war. Staff war ein etwas kurzgeratener Waliser und besonders aufmerksam, wenn Mick und seine Freunde hereinkamen. Er durchsuchte sie oft nach Zigaretten, die im Schulhaus verboten waren. Mit besonderem Vergnügen verbannte er sie an das hinterste Ende der Warteschlange; waren sie dann an der Reihe, waren die besten Stückchen schon verteilt, und es blieb zudem keine Zeit mehr für eine zweite Portion.

Mick und die anderen traten sogar dem Schach- und Geschichtsclub der Schule bei – nicht aus Interesse, sondern weil deren Mitglieder als erste zum Essen gehen durften. Doch »Grünling« kümmerte das nicht; er stellte sie trotzdem ans Ende der Reihe.

Diese Ungerechtigkeit wollten die Freunde nicht länger hinnehmen. Sie beschlossen, sich zu wehren und suchten jemanden, dem es nichts ausmachte, frech und vorlaut zu sein; jemanden, der vor allem schnell essen konnte. Da kam nur einer in Frage: Mick. Er hatte keine Angst, den Lehrern die Meinung zu sagen und konnte einen ganzen Teller mit Pasteten, Kartoffeln und Gemüse in nur siebzehn Sekunden verputzen.

Adrian Whittleworth erinnert sich: »Wir veranstalteten Wettbewerbe, wer zuerst seinen Teller leeressen konnte, und Mick hat fast immer gewonnen. Von essen konnte bei ihm eigentlich nicht mehr die Rede sein – er hat das Zeug einfach hinuntergeschlungen. Wir konnten es manchmal gar nicht fassen, wenn wir ihm dabei zusahen.«

Micks Eßrekord klingt unglaublich, ist aber wahr. Er schaufelte in sich hinein, bis nichts mehr übrig war. Dabei lief sein Gesicht vor Anstrengung rot an, die Augen traten hervor, und ihm kamen die Tränen. Er würdigte seine Konkurrenten keines Blickes, sondern würgte und schluckte, als ginge es um Olympisches Gold.

Frank Ollerenshaw erinnert sich: »Wir nannten Mick die ›Freßmaschine‹, weil er einfach alles schlucken konnte. Er war sicher der schnellste Esser überhaupt, aber seine Konkurrenten waren meist schon deshalb so früh aus dem Rennen, weil sie zu Mick hinüberschielten und beim Anblick seines angelaufenen Gesichts einen Lachkrampf bekamen. Ja, bei diesen Mittagessen hatten wir wirklich unglaublich viel Spaß.«

Kam Mick nach einer besonders schnell verdrückten Portion daher, um nachzufassen, wurde er von Staff zumeist abgewiesen. Mick wußte ihm dafür eins auszuwischen. Er übte solange, bis er Staffs tiefe, volle Stimme perfekt nachahmen konnte: Plötzlich gab es ein Echo im Speisesaal. Brüllte Staff einen Jungen an, der aus der Warteschlange ausgeschert war, hallte es aus den hinteren Reihen – wo Mick und seine Freunde mit unschuldigen Gesichtern standen – mit derselben Stimme zurück: »Marsch, sofort zurück in die Reihe.« Oft rief Staff am Ende der Pause: »Will noch jemand Bratkartoffeln?« Mick meldete sich dann mit gespielter Gewissenhaftigkeit und imitierte Staffs walisischen Akzent. Obwohl ihn Mick zum Gespött der Schüler machte, unternahm Staff nichts gegen ihn, sondern hob nur wissend eine Augenbraue.

In den Freistunden zwischen dem Mittagessen und dem Nachmittagsunterricht mußten sich die Freunde die Zeit vertreiben – lernen oder Hausaufgaben machen kam für sie natürlich nicht in Frage. Statt dessen versammelten sie sich in einer der Toiletten, um zu rauchen oder irgendeinen anderen Unsinn zu machen.

Gleich in der Nähe war ein Zeitschriften- und Tabakwarenhändler, bei dem sie sich ihre Zigaretten kauften. Sie legten ihr Geld für eine Zwanzigerpackung zusammen, die sie dann untereinander aufteilten. Grünling wußte genau, was in den Pausen hinter den verschlossenen Klotüren vor sich ging und überraschte die heimlichen

Raucher nicht selten. »Aufhören! Macht die verdammten Dinger sofort aus«, brüllte er dabei jedesmal wütend. Manchmal brachte er sogar eine Flasche Wasser mit, die er einem auf frischer Tat Ertappten ins Gesicht schüttete, wenn der seine Klotür öffnete.

Mit Grünling konnte man immer Scherze treiben, weil er sie anscheinend nicht besonders übel nahm. Sonst wäre Mick wohl nicht so glimpflich davongekommen, als er sich eines Tages etwas ganz Besonderes für den Lehrer ausdachte: Die inoffizielle »Raucher-Liga« der Schüler plazierte einen mit Wasser gefüllten Eimer über der Toilettentür. Der nächste, der sie öffnete, würde pitschnaß werden. Geduldig warteten sie, um von Grünling beim Rauchen »erwischt« zu werden. Er enttäuschte sie nicht – und tappte geradewegs in die Falle!

Frank Ollerenshaw wird niemals den Anblick vergessen, wie John Staff tropfnaß vor ihnen stand: »Er konnte uns gar nicht mehr bestrafen, er war selbst gestraft genug. Er hatte den Eimer immer noch auf dem Kopf, und wir rollten auf dem Boden vor Lachen.«

Es spricht sehr für den Lehrer, daß er keine weiteren Schritte unternahm, obwohl er die Übeltäter kannte.

Mick und seine Freunde schlichen sich auch gern in die Turnhalle und alberten mit den Geräten herum; die Gewichte hatten es ihnen besonders angetan. Auch dabei spielte Mick für die anderen den Clown, um im Mittelpunkt zu bleiben. Einmal hob er ein Gewicht auf, das etwas zu schwer für ihn war. Es zog ihn über seinen Kopf nach hinten, und er fiel rückwärts durch ein Geländer. Zuerst erschraken die anderen – sie glaubten, er hätte sich verletzt; doch Mick lag nur da und glotzte sie verdaddert an.

Adrian Whittleworth meint: »Mick schien nichts, was er tat, ernst zu nehmen. Er zog Gesichter und riß über alles Witze. Er dachte sich wohl, wenn ich schon nicht hübsch bin, dann bringe ich die Leute mit meinem komischen Gesicht wenigstens zum Lachen.«

Nach der Schule gingen Mick, Gary und Frank gewöhnlich gemeinsam nach Hause. Manchmal sparten sie sich die fünfundzwanzig Pence Fahrgeld und gingen zu Fuß. Meistens fuhren sie jedoch mit dem Bus und legten sich mit den Schülern von Egerton Park an, die ein paar Stationen weiter zustiegen.

Mick mußte in der Two Tree Lane aussteigen. Von dort ging er zu seinem Zeitschriftenladen, der jetzt einem ewig gutgelaunten Mann namens Keith Jaundrell und seiner Frau Silvia gehörte. Die anderen

Zeitungsjungen mochten Keith, weil er immer Witze machte. Mick hielt ihn für ein wenig zu albern. Er kam, um seinen Job zu machen, zu sonst nichts; er ließ sich selten auf die Scherze Jaundrells ein.

Keith erzählt: »Während wir alle auf die Abendzeitungen warteten, hab' ich mit den Jungs gern herumgeblödelt. Wenn sie dabei zu frech wurden, haben sie auch mal den Hintern versohlt bekommen – nur zum Spaß natürlich. Es gab auch schon mal 'ne kleine Rauferei, und ich rollte mit ihnen auf dem Boden herum. Mick hielt sich da immer raus. Er wartete lieber draußen, bis er seinen Stapel Zeitungen bekam und verschwand dann. Er erledigte nur seinen Job – und das so schnell wie möglich.

Mick war ein ernster Junge. Manchmal benahm er sich wie ein mürrischer alter Knochen – vor allem, wenn er die Geduld verlor. Ich glaube, er war ein richtiger Grübler. Aber er war intelligent, und ich konnte mich auf ihn hundertprozentig verlassen – das war nicht bei allen Jungs so. Ich konnte Mick gut leiden.«

Silvia schätzte Mick ähnlich ein. Sie hielt ihn für etwas »abwesend«, weil er nie viel sprach. »Er war immer höflich, aber man kam nicht an ihn ran«, erzählt sie heute.

Mick hatte schon früh gelernt, selbständig zu sein. Das überrascht nicht – schließlich war er zwölf Jahre lang ohne Mutter aufgewachsen. Wenn er nach der Schule nach Hause kam, zog er seine blauweiß-rote Schuluniform aus und machte sich etwas zu essen. Das beschäftigte ihn, bis sein Vater um halb sieben von der Arbeit kam. Reg ließ oft etwas im Ofen stehen, das sich Mick nur noch aufzuwärmen brauchte. Wenn das nicht der Fall war, machte sich Mick meist Bohnen und Toast, experimentierte aber mit allen möglichen Zutaten herum, um sein Essen etwas abwechslungsreicher zu gestalten. Lil erzählt, daß Mick nicht nur Käse, sondern auch Milch zu den Bohnen gab. Schließlich fand Mick heraus, daß Currypulver selbst das einfachste Mahl aufregender machen konnte und gab es überall dazu. Damit begann seine Vorliebe für die indische Küche.

Sollte Mick darunter gelitten haben, sich selbständig durchs Leben schlagen zu müssen, ließ er es sich nie anmerken. Er hatte sich längst damit abgefunden, keine Mutter zu haben, und schien keinen Gedanken mehr an sie zu verschwenden. Als Lils Mutter Jean ihn einmal auf dieses Thema ansprach, reagierte er überraschend heftig.

»Er mochte nicht über seine Mutter sprechen«, berichtet Jean.

»Ich fragte ihn, was er täte, wenn sie plötzlich vor ihm stehen würde oder sich mit ihm treffen wollte. Würde er sie dann nicht doch in seine Arme schließen? Er schüttelte heftig den Kopf und sagte wütend: ›Nach dem, was sie getan hat? Nein, niemals, auf gar keinen Fall!‹ «

Mick kümmerte das Alkoholverbot für Jugendliche ebensowenig wie das Verbot zu rauchen. Er hatte sich schon über die strikten Verordnungen in der Schule hinweggesetzt und wollte jetzt wissen, ob er auch im Pub an den Gesetzen vorbeikam.

Mit vierzehn war er zwar recht hochgewachsen, niemand hätte ihn jedoch für achtzehn gehalten. So war es eigentlich ziemlich unwahrscheinlich, daß er in einem Pub Alkohol bekommen würde. Die Freunde Paul Sutcliffe und Steve Howarth hatten jedoch Erfahrung darin, die Wirte zu täuschen. Steve war seit seinem elften Lebensjahr an Bier gewöhnt, weil er mit seinem Vater im Sommer nach der Arbeit immer ein Glas trinken durfte. Paul sah sowieso wesentlich älter aus, als er tatsächlich war; bereits mit vierzehn hatte er sich einen Bart wachsen lassen.

In einem Pub in Denton sollte Mick sein erstes Bier bestellen. Die Kneipe war nicht ganz ungefährlich, denn Steves Onkel waren hier Stammkunden. Der Wirt galt jedoch als ausgesprochen nachsichtig und würde vielleicht ein Auge zudrücken. So wagten sich die drei an einem Samstagnachmittag kurz vor Weihnachten in die Kneipe.

Paul erzählt: »Lil und ich hatten Angst, daß wir wegen Mick auffliegen würden. Er sah noch sehr jung aus. Deshalb sollte sich Mick als letzter hereinschleichen und gleich in eine Ecke verdrücken, wo er nicht auffallen würde. Ich und Lil dagegen marschierten – frech wie Oskar – direkt an die Bar und bestellten drei Bier. Der Wirt hatte Mick ohne jeden Zweifel bemerkt, aber er war zu sehr mit Kassieren beschäftigt und sagte nichts. An jenem Nachmittag hat jeder von uns zwei Gläser Bier bekommen. Mick war ganz begeistert. Er war immer noch etwas zurückhaltend, aber wir schafften es, daß er allmählich etwas auftaute.«

Bier stärkte Micks Selbstbewußtsein außerordentlich: Als die drei Kumpel ein paar Wochen später wieder aus dem Pub kamen, war Mick ganz besonders mutig und unternehmungslustig. Auf dem Heimweg kam Lil aus irgendeinem Grund auf die Idee, in der nahegelegenen St. Lawrence Kirche vorbeizuschauen, wo gerade der

Fünf-Uhr-Gottesdienst abgehalten wurde. Zuerst klang Lils Vorschlag reichlich bizarr – so etwas wäre den beiden anderen niemals in den Sinn gekommen. Aber in ihrem angeheiterten Zustand schien nichts mehr unmöglich, und so drückten sie sich in die hinteren Bankreihen der gut besuchten Kirche. Es ging natürlich ganz feierlich zu, aber die drei konnten einfach nicht lange ernst bleiben; sie fanden den Gottesdienst zum Schreien komisch.

»Der Vikar säuselte mit seiner hohen Stimme und in diesem eigenartigen Sprechgesang vor sich hin – wir brüllten vor Lachen«, gesteht Paul. »Die Leute in den vorderen Reihen begannen zu hüsteln und drehten sich nach uns um. Am Ende kam der Küster zu uns herüber, und wir bekamen sozusagen Hausverbot. Das scherte uns nicht, wir wären ja eh' nicht wiedergekommen.«

Wann immer die drei Geld übrig hatten, gingen sie von da an nach Denton ins Pub. Es war zwar jedesmal ein ziemlicher Aufwand, hinzukommen, aber nur dort konnten sie sicher sein, nicht hinausgeworfen zu werden. In den Pubs der Nachbarschaft war das Risiko zu groß, erkannt zu werden. Nach ein paar Gläsern Bier machten sich die Freunde dann immer zu Fuß auf den Heimweg. Dabei lutschten sie eifrig Pfefferminzbonbons, damit sie nicht nach Alkohol rochen, wenn sie daheim ankamen.

Mick lebte mittlerweile nur noch nach den eigenen Regeln. Er nahm die Schule nicht ernst, rauchte und trank Alkohol. Schließlich machte ihm Harry Bradbury – ein Freund von Lil – einen Vorschlag, wie man schnelles Geld verdienen konnte. Eine solche Gelegenheit wollte sich Mick auf gar keinen Fall entgehen lassen: Er war dabei – egal, um was es sich handeln würde.

7

Harrys Vorschlag läßt sich mit einem kurzen Wort zusammenfassen: Diebstahl. Harry war ein ehemaliger Gymnasiast und nicht gerade auf den Kopf gefallen. Er war ein kleiner Gauner, der sich keine großen Gewissensbisse machte, wenn es darum ging, ein paar zusätzliche Scheine dazuzuverdienen. Seine Spezialität war es, heimlich Bleidächer abzudecken. Das Material verkaufte er anschließend einem Schrotthändler in der Nähe von Hyde.

An einem Freitagabend saßen Harry, Mick, Lil und Paul bei einem Bier zusammen. Harry erzählte ihnen, er hätte in Denton einige hervorragende geeignete »Objekte« entdeckt, die bestimmt viel einbringen würden – vor allem das Dach des ehemaligen Schulgebäudes von St. Lawrence. Mit einer vollen Ladung Bleiplatten würden sie im Nu zwanzig Pfund verdient haben! Mick war bei der Aussicht auf fünf schnell und bequem verdiente Pfund sofort Feuer und Flamme, ebenso Lil und Paul. Die Freunde reizte aber mindestens genauso das Gefühl von Gefahr und Abenteuer, schließlich planten sie etwas Illegales. Am darauffolgenden Freitagabend wollten sie es wagen. Die drei älteren Jungen kletterten auf das Dach der früheren Schule und begannen, die schweren Platten loszureißen und zu Mick hinunterzuwerfen, der das Blei dann auf einen Lastwagen stapelte. Als der Karren voll beladen war, deckten sie ihn mit einer Plane zu und versteckten ihn über Nacht im alten Toilettenhaus neben dem Schulgebäude.

Am nächsten Tag zogen sie den Wagen per Hand dreieinhalb Kilometer weit nach Hyde. Die Ladung war so schwer, daß sie den Wagen alle zwanzig Meter absetzen mußten. Nach über einer Stunde erreichten die Freunde mit schrecklichen Rückenschmerzen endlich den Schrottplatz.

»Es war mörderisch«, erinnert sich Paul. »Und das Schlimmste war, daß wir nicht sicher waren, ob es sich überhaupt rentieren würde. Wir hatten ja keine Ahnung, was Blei wert war. Einer der Arbeiter wog die Platten, und wir bekamen achtzehn Pfund dafür! Wir wären ihm am liebsten um den Hals gefallen. Wir rannten runter zum Kanal und teilten dort das Geld auf. Wir fühlten uns wie Könige.«

Die Schinderei hatte sich also gelohnt. Mick konnte es gar nicht erwarten, wieder nachts auf »Tour« zu gehen. Er freute sich darauf wie auf einen Kneipenbesuch. Einige Male verdienten sie sogar vierzig Pfund pro Fuhre. Micks Anteile waren in der damaligen Zeit für einen Jugendlichen von knapp fünfzehn Jahren ein kleines Vermögen. Mick hatte in manchen Wochen sogar mehr Geld zur Verfügung als sein Vater.

Das Geld war zwar schnell verdient, die Methode aber nicht ungefährlich. Einmal hätte man sie beinahe erwischt, als sie wieder auf dem Dach der alten Schule arbeiteten. Mick, Paul und Lil waren diesmal ohne Harry gekommen und nicht vorsichtig genug. Sie hatten zwar bemerkt, wie sie von einer alten Dame vom Fenster aus beobachtet wurden, hielten sie aber nur für neugierig und machten ungestört weiter. Doch wenige Minuten später rollte ein Polizeiwagen in den ehemaligen Schulhof. Paul und Lil stiegen auf der anderen Dachseite hinunter und verstecken sich im Toilettengebäude. Mick war wieder einmal zu langsam gewesen und stand noch in voller Pracht auf dem Dach, als die Polizisten ausstiegen.

»Was machst du da oben?« fragte einer der Beamten.

Mick war bei der Arbeit in der Dachrinne ein alter Tennisball aufgefallen. Ohne zu antworten, sah er sich nach dem Ball um, ging hin und hob ihn auf. »Ich hab' nur nach meinem Ball gesucht«, sagte er schließlich mit Unschuldsmiene. Die Polizisten glaubten ihm, befahlen ihm aber, sofort wieder herunterzusteigen. Mick hatte Glück, daß sie sich den Ball nicht näher ansehen wollten – denn er war aufgeschnitten und völlig unbrauchbar, niemand wäre deswegen auf ein Dach gestiegen.

Paul und Lil blieben unentdeckt und fanden den Vorfall amüsant. »Mick war wirklich ein gerissener Hund, das muß man ihm lassen«, meint Paul. »Er war unglaublich geistesgegenwärtig.«

Die Jungen fanden nicht, daß sie etwas Unrechtes taten, auch wenn sie gegen das Gesetz verstießen. Sie nahmen sich nur etwas, das sowieso niemand mehr haben wollte.

»Alle anderen Jungs in der Nachbarschaft machten dasselbe, und wir wollten auch was vom Kuchen abhaben«, meint Lil. »Wir haben schließlich nie neue Häuser demoliert, nur solche, die eh' abgerissen werden sollten. Es war ein ernsthafter Versuch, Geld zu verdienen, und wir gaben unser Bestes. Bald waren wir so eingespielt, daß wir ein Haus innerhalb einer Stunde ausschlachten konnten: Wir haben dabei auch Kupferröhren und Kabel herausgerissen. Wenn jemand mißtrauisch wurde, sagten wir nur, er solle sich zum Teufel scheren, und kümmerten uns nicht weiter darum. Wir luden alles auf den Wagen und brannten anschließend im Wald die Gummiisolierungen von den Kabeln. Dann brachten wir das Zeug zum Wiegen.«

Diese »Raubzüge« brachten Mick nicht auf die kriminelle Bahn. Er brauchte nur Geld und suchte etwas Abenteuer, weil ihm ansonsten langweilig war. Die Angst, erwischt zu werden, versetzte ihm sicherlich einen mächtigen Adrenalinstoß, und ganz geheuer war ihm bei der Sache wohl nicht.

Harry Bradbury erzählt: »Wenn ich dabei war, ist Mick nie mit aufs Dach gestiegen. Er wollte unten bleiben, um sich schnell davon machen zu können, wenn's brenzlig wurde. Er fürchtete sich am meisten vor seinem Vater und wie der reagieren würde, wenn man ihn erwischte.

Ich und die zwei anderen waren gern auf dem Dach und versuchten, in ein bis zwei Stunden soviel wie möglich herunterzureißen. Mick war immer nervös und wollte die Sache so schnell wie möglich hinter sich bringen. Ihm ging's dabei nur ums Geld.«

Eines Tages kam Mick doch noch mit dem Gesetz in Konflikt. Er hatte damit begonnen, alte, liegengelassene Fahrräder auszuschlachten und aus den Teilen neue zusammenzubauen. Er gab ihnen ganz eigentümliche Formen, die er sich selbst ausdachte. Einmal bemerkte er, daß sich Paul und ein weiterer Freund, der Billy Inman hieß, über ein altes Fahrrad hermachten. Mick nahm an, sie hätten es ebenfalls gefunden. Aber es war gestohlen, und die Polizei überraschte sie alle drei mit dem Fahrrad. Die Freunde gaben ehrlich zu, daß Mick mit der Sache nichts zu tun hatte. So wurden nur Paul und Billy zur Rechenschaft gezogen und bekamen schließlich vom Jugendgericht ein Jahr auf Bewährung.

Die Freundschaft zwischen Paul und Mick war so stark, daß sich der ältere und stärkere Paul für seinen Freund sogar prügelte. Im Frühsommer desselben Jahres mußte Paul deswegen sogar mit gebrochenem Finger ins Krankenhaus.

Alles begann damit, daß Dave Sylvester – einer seiner Mitschüler aus Two Trees – ein Fahrrad gestohlen hatte, an dem Mick wochenlang herumgebastelt hatte.

Sylvester war einfach mit seinem Freund Gary Doubleday in Micks Garten spaziert und hatte sich bedient. Am nächsten Tag stellte Paul Sylvester im Schulkorridor zur Rede und verlangte das Rad zurück. Sylvester bekam Angst und verkroch sich hinter seinem Freund Doubleday, einem groben *Skinhead,* der nicht gerade für seine liebevolle Art berühmt war.

»Wir waren wie die Leibwächter der beiden, er für Sylvester und ich für Mick«, erzählt Paul. »Wir machten schließlich einen Kampf aus, und Lil organisierte alles. Die anderen glaubten, ich könnte mich gut schlagen, weil ich auch mit Worten geschickt umging und selbstbewußt wirkte. Aber Schlägereien waren nicht meine Sache – ich spielte höchstens mal Fußball. Aber es war zu spät für einen

Rückzieher. Also verabredeten wir uns an der Ecke Moorfield für halb acht Uhr abends. Ich hatte entsetzliche Angst.

Als ich Mick davon erzählte, regte er sich nicht besonders auf. Er war einverstanden, mich zu begleiten, und so machten wir uns auf den Weg. Mir gefror das Blut in den Adern, als ich Doubleday sah: Er stapfte in seinen Doc-Martens-Stiefeln herum und trug Rennfahrerhandschuhe. Um ihn herum standen an die fünfundzwanzig Jungs aus der Schule. Ich dachte nur: ›Scheiße, jetzt geht's dir an den Kragen.‹ Am liebsten wäre ich stiften gegangen, aber das war unmöglich; die anderen waren schon ganz auf Kampf eingestellt. Mick hatte auch Angst bekommen, als er feststellen mußte, daß die meisten Jungs zu Doubleday hielten.

Lil hat uns die Regeln erklärt – Händeschütteln vor dem Kampf, kein Treten, wenn einer am Boden liegt, und so weiter. Auch er war wild auf den Kampf. Er hatte sich selbst schon mit Doubleday geprügelt und wollte sehen, wie gut ich war. Mick stand nur stumm da. Ihm war das Ganze wahrscheinlich peinlich geworden. Er hatte mich nie darum gebeten, sein Rad zurückzuholen, und mochte nicht, daß ich mich seinetwegen schlug. Ich hatte mich auf all das nur eingelassen, weil *er* überhaupt keine Chance gehabt hätte.

Egal; als es endlich losging, hab' ich Doubbie windelweich geschlagen. Nach etwa zehn Minuten war alles vorbei: Es war sogar Blut geflossen, und ich hatte mir einen Finger gebrochen – so fest hatte ich zugeschlagen. Ich mußte ins Krankenhaus. Mick erzählte meiner Mutter, ich wäre vom Rad gefallen.

Ein paar Tage später haben wir uns Micks Fahrrad zurückgeholt. Er hat sich zwar gefreut, aber ich kann mich nicht daran erinnern, ob er sich jemals bei mir bedankt hat. Das wäre mir auch egal gewesen – Hauptsache war, daß er sein Rad zurück hatte.«

In diesem Sommer war Billy Inman in der Szene aufgetaucht. Er hatte ein Moped und machte damit Geländefahrten durch die Wälder. Paul erzählt: »Wir haben Billy einmal im Wald zugesehn, als ihm die Mopedkette rausgesprungen ist. Ich hab' über dem Hinterrad der Maschine gekniet und versucht, die Kette wieder einzuziehen, da hat Mick ohne Vorwarnung den Motor angelassen; das Hinterrad drehte durch, und mir hätte es fast die Finger abgerissen. Mann, war ich sauer! Ich hab' Mick sofort einen Kinnhaken verpaßt. Er fiel hinten über, und das Moped gleich auf ihn drauf. Er lag eingeklemmt da und wußte genau, was für einen Schwachsinn er angestellt hatte.«

Mick hatte damals einen neuen Spleen: Einer von Billys Freunden, Michael Bradburn, hatte ihn mit seinen Tätowierungen mächtig beeindruckt, und Mick wollte unbedingt auch eine haben. Eines Abends traf sich Bradburn mit Paul und Mick bei Billy zu Hause und brachte die notwendige Ausrüstung mit: Tinte, eine Nadel, ein Feuerzeug und eine Streichholzschachtel. Die Freunde entschieden sich für ein einfaches Kreuz auf dem Oberarm. Sie mußten sich an der entsprechenden Stelle rasieren und das Kreuz mit der Kohle eines abgebrannten Streichholzes vorzeichnen. Schließlich wurde die Nadel über einer Flamme sterilisiert und solange in die Haut eingestochen, bis es zu bluten begann; dann konnte die Tinte aufgetragen werden.

Paul probierte es als erster. Er legte seinen linken Arm auf den Küchentisch und wand sich vor Schmerz, während Bradburn immer wieder mit der heißen Nadel zustach. Die anderen feixten; sie waren sich sicher, daß Paul es nicht bis zum Ende durchstehen würde. Aber er riß sich zusammen und hielt durch. Mick war als nächster an der Reihe.

»Er hat genauso gelitten«, erinnert sich Paul. »Er bekam die Tätowierung auf den rechten Arm, weil er Linkshänder ist. Bradburn mußte immer wieder unterbrechen, sonst wäre der Schmerz unerträglich geworden. Es braucht Hunderte von Stichen, bis so ein Kreuz fertig ist. Aber Mick gab nicht klein bei. Er hat mich ehrlich überrascht – sonst war er doch eher ein weicher Typ. Billy hat einen Rückzieher gemacht.

Mick und ich waren nachher voller Blut. Die Haut um die Tätowierung schwoll böse an, und wir dachten schon, wir hätten uns eine Blutvergiftung eingehandelt. Nach einer Woche ging die Schwellung zurück, dafür begann es furchtbar zu jucken. Wir durften unter keinen Umständen kratzen, sonst wäre die Tinte abgegangen. Mick deckte seine Tätowierung mit einem Pflaster ab, weil er sich vor der Reaktion seines Vaters fürchtete.«

Über die wichtigen Prüfungen, die am Ende des vierten Gymnasialjahres auf ihn warteten, machte sich Mick nicht die geringsten Sorgen. Es schien, als hätte er bereits für sich entschieden, in welchen Fächern er durchgefallen und in welchen er bestehen wollte. Ansonsten machte er weiter wie gewohnt: Er amüsierte sich mit seinen

Freunden Paul, Lil und Harry, denen er im Trinken mittlerweile in nichts nachstand – fünf Bier an einem Abend waren kein Problem mehr für ihn.

Die regelmäßigen Pubbesuche am Freitagabend waren zu einem unverzichtbaren Ritus geworden; Mick freute sich darauf, besonders wenn er mit der Gang zuvor wieder schnelles Geld verdient hatte. Er war aber immer noch scheuer und zurückhaltender als seine älteren, hemmungsloseren Freunde. Er konnte sich nie völlig gehenlassen, außer wenn er etwas getrunken hatte.

Harry beschreibt ihn so: »Mick war ein ziemlich ängstlicher Kerl. Er hat uns nie bei sich reingelassen, wenn wir vor seiner Haustür standen. Er kam raus, zog die Tür hinter sich zu und flüsterte verstohlen. War er noch nicht fertig angezogen, mußten wir draußen herumstehen und warten. Im Pub hat er immer einen Aufstand gemacht, nur um rechtzeitig vor Mitternacht wieder daheim zu sein. Sein Vater hätte ihn nämlich sonst ausgesperrt. Sobald er aber was getrunken hatte, war er wie ausgewechselt – er wurde dann immer ganz locker und meinte: ›Jetzt ist's eh' wurscht, ich krieg' sowieso Ärger. Was soll's also, ich bleib' hier.‹ Dann ist er mit uns nach Hause gewankt, manchmal erst um drei Uhr nachts oder noch später.«

Micks Vater kann nicht glauben, daß sich sein Sohn vor ihm gefürchtet haben soll, gibt jedoch zu, daß Mick um Mitternacht zu Hause sein mußte: »Es gibt gewisse Regeln, auf denen man bestehen muß, nicht wahr? Sonst wird man als Vater nicht ernst genommen, und die Kinder tanzen einem auf der Nase herum. Vielleicht bin ich in dieser Hinsicht ein bißchen altmodisch. Ich habe zum Beispiel nie vor Mick geflucht, und wenn er frech wurde, hat es schon mal eine Ohrfeige gesetzt. Aber das ist ausgesprochen selten passiert. Er war ein guter Junge und meistens vernünftig. Wir zwei waren ein richtiges Team.«

Harry vermutet wohl trotzdem zu Recht, daß Mick die Freunde nur aus Angst vor dem Vater niemals ins Haus gebeten hat. Er wußte, daß seine Kumpel Reg nicht besonders gefallen hätten.

»Mick zog immer mit Jungs herum, die viel zu alt für ihn waren«, berichtet Reg. »Ich habe ihn oft gefragt, warum er sich nicht mit Gleichaltrigen abgab.«

Mick sprach selten mit seinem Vater über das, was er nach der Schule trieb. Reg fragte aber auch nicht nach. Er hätte es vielleicht tun sollen: Micks Alkoholkonsum und seine kleinen Raubzüge auf

Hausdächern hätten seinem Vater bestimmt nicht gefallen. Aber Reg machte sich über etwas anderes viel größere Sorgen: über Mick und die Mädchen – oder besser gesagt, über Mick und die Probleme, die er mit Mädchen zu haben schien.

Heute gesteht Reg ganz offen: »Nun ja, ich hatte damals große Angst, daß Mick schwul werden könnte, weil er ohne Frauen im Haus aufgewachsen war. Mir fiel ein Stein vom Herzen, als ich ihn eines Nachmittags, als ich vom Einkaufen kam, in einem Ladeneingang mit einem Mädchen stehen sah. Er rief mir zu: ›Alles okay, Paps?‹ Ich dachte mir: Junge, ich wünsche dir viel Erfolg und Spaß dabei.«

Nachdem Mick schon alle möglichen Laster ausprobiert hatte, war er nun entschlossen, auf einem anderen, von ihm bisher unerforschten Gebiet Erfahrungen zu sammeln: Sex. Er hatte jedoch ein Problem: Die Mädchen fanden ihn nicht unbedingt attraktiv. Mit seinen fünfzehn Jahren war er immer noch schlaksig, hatte Pickel und lief bei der kleinsten Gelegenheit feuerrot an.

Barbara Lees hatte ihm vom ersten Augenblick an gefallen, aber sie hatte ihn zurückgewiesen, weil sie sein rotes Haar nicht mochte. Während seine Freunde schon kräftig mit ihren sexuellen Erfahrungen angaben, war Mick ziemlich verzagt, weil er es noch nie geschafft hatte, bei einem Mädchen so richtig zu landen.

Dann kam der August, und er fuhr mit Lil und vier anderen Freunden in ein Feriencamp an der schottischen Westküste. Dort traf er eine hübsche, junge Schottin. Sie war schon einundzwanzig und störte sich an Micks Rotschopf nicht im geringsten.

Lil hatte Mick zu jenem Ferientrip in Schottland überredet. Einige Monate zuvor hatte Lil in einem Jugendclub von der Veranstaltung erfahren: Sie war Abenteuer- und Erholungsreise in einem, eine Art Trainingswettbewerb für die Jugend. Für fünfundsiebzig Pfund schien viel geboten: Unter anderem stand eine achtzig Kilometer lange Camping-Tour auf dem Programm. Den Rest der Woche würden sich die jungen Leute im Butlins Hauptcamp amüsieren dürfen.

Die Reise begann katastrophal. Als sie nach der langen Busfahrt in Ayr ankamen, mußten die übernächtigten Teenager feststellen, daß ihr Reiseleiter einen verhängnisvollen Fehler gemacht hatte: Sie waren nicht in Schottland, sondern in einem walisischen Camp, vierhundertfünfzig Kilometer weiter südlich, angemeldet worden.

Der Butlin-Reiseleiter war untröstlich, aber die gesamte Ausrüstung der Gruppe befand sich im nordwalisischen Pwllheli. Die jungen Leute waren müde, hungrig und bitter enttäuscht. Sie weigerten sich, noch einmal aufzubrechen. Lil wurde vor Wut sogar handgreiflich, drohte dem Verantwortlichen und warf dessen Koffer ins Meer.

Schließlich konnte das Problem doch noch vor Ort gelöst werden: Die Gruppe durfte bleiben und bekam einige leerstehende Chalets zugeteilt.

»Wir waren jetzt besser dran als alle anderen«, erinnert sich Lil. »Wir mußten nicht in Zelten schlafen, für die wir ja eigentlich bezahlt hatten, sondern durften in kleinen Häuschen wohnen. Wir waren überglücklich. Der Wettbewerb war uns vollkommen egal. Wir hatten Ferien und freuten uns auf eine Woche Spaß.«

Die ersten drei Tage zog Lil mit einem Mädchen, das er auf der Hinfahrt kennengelernt hatte, durch die Discotheken des Camps. Am vierten Abend traf er Mick in einer Disco, in der eigentlich nur Volljährige Zutritt hatten. Mick unterhielt sich angeregt mit zwei jungen Frauen, die erheblich älter waren als er.

»Ich war absolut erstaunt, wie er es allein geschafft hatte, an die beiden ranzukommen«, erzählt Lil. »Ich grinste ihn an und fragte, ob er was trinken wolle. Ich solle den Mädchen auch was mitbringen, meinte er. Dann kam er schnell an die Bar nach, um mir zu sagen, auf welche der beiden er es abgesehn hatte. Eh' ich mich versah, knutschten die zwei auch schon heftig herum. Ich war platt. So kannte ich Mick überhaupt nicht.

Sie schwoften eng auf der Tanzfläche, bevor Mick mit ihr in seinem Chalet verschwand. Ich konnte das andere Mädchen leider nicht mit zu mir nehmen, da ich kein Haus für mich allein hatte und mein Zimmergenosse etwas dagegen hatte.

Wir haben echt gestört, als wir schließlich bei Mick anklopften, um ein ruhiges Plätzchen zu finden. ›Wieso geht ihr zwei denn nicht zu dir, Lil‹, fragte Mick mich ziemlich ungehalten. Dann hat er uns doch reingelassen, und wir stolperten in der Dunkelheit auf ein kleines Einzelbett zu. Bald hörte man Mick und sein Mädchen stöhnen und keuchen – und lachen! Sie hatten verdammt viel Spaß miteinander. Ich bezweifle, daß Micks Freundin wußte, daß es sein ›erstes Mal‹ war. Er hat es ihr sicher nicht erzählt.«

Am nächsten Morgen gestand Mick, daß er sich für seine erste Erfahrung eine romantischere Situation gewünscht hätte. Aber das störte ihn nun auch nicht mehr. »Er war richtig glücklich und mit sich und der Welt zufrieden«, erinnert sich Lil. »Beim Frühstück machten wir Witze und lachten viel. Er lief während der ganzen Woche mit einem breiten Grinsen auf dem Gesicht herum.«

Über Nacht war Mick selbstbewußter geworden. Er war plötzlich auch zufriedener mit seinem Aussehen.

Zurück in Denton wurde Micks neues Selbstvertrauen bald für jeden sichtbar. Zu Regs Erleichterung begann ein gutaussehendes, vollbusiges Mädchen regelmäßig nach Mick zu fragen. Mick hatte seinem Vater zudem versprochen, das Rauchen aufzugeben.

»Eines Tages fuhr ich nach Hause und sah Mick mit diesem Mädchen in einer Wiese liegen – er hielt eine Zigarette in der Hand«, erzählt Reg. »Als er nach Hause kam, sagte ich ihm, daß ich ihn mit einer Kippe gesehen hätte – draußen, mit dem Mädchen. Er hatte schnell eine Ausrede parat: ›Das war ihre. Ich hab' sie nur für sie gehalten.‹« Mick hatte gelogen. Er sollte noch sechs Monate lang weiterrauchen, bevor er feststellen mußte, daß die Zigaretten das zerstörten, was ihm am wichtigsten war – seine Stimme.

8

Endlich sah Mick das Ende der Schulzeit herankommen: Nach fünf Jahren wollte er vom Gymnasium abgehen. Damit würde er wenigstens die Mittlere Reife besitzen, mit der er eine Fachhochschule oder die Kunstakademie besuchen konnte. Wie es nach der Schule weitergehen sollte, wußte Mick noch nicht genau. Eins jedoch stand für ihn schon jetzt fest: Er wollte auf gar keinen Fall in einem langweiligen Bürojob von acht bis fünf Uhr versauern. Er nahm sich vor, das Jahr so gut wie möglich abzuschließen, um sich dann für ein zweijähriges Fachhochschulstudium einzuschreiben: Während dieser Zeit wollte er sich über seine Zukunft klar werden.

Mit dem baldigen Ende der Schulzeit vor Augen, begann sich Mick für die Fächer Kunst und Betriebswirtschaft zu begeistern. Er paßte in den Stunden auf und arbeitete mit. Seine beiden Lehrer Ernest Walker und John Cumming erinnern sich deswegen an Mick als einen angenehmen und engagierten Schüler.

»Mick schien sich wirklich für die Unterrichtsthemen zu interessieren«, erinnert sich Ernest Walker. »Er lachte ständig und war wegen seiner freundlichen Art beliebt. Betriebswirtschaft ist ein Fach, in dem man aktiv mitarbeiten muß. Es reicht nicht aus, nur mitzuschreiben. Mick nahm an den politischen Diskussionen teil und sagte gern seine Meinung.«

Mick kam mit Walker wohl deswegen so gut aus, weil ihm dessen Lehrmethoden zusagten. Gleich zu Beginn des Schuljahres hatte der Lehrer seine Schüler angenehm überrascht, als er Jimi Hendrix als seinen Lieblingsgitarristen bezeichnete. Mußte Walker komplizierte ökonomische Zusammenhänge erklären, suchte er sich einfache und interessante Beispiele aus. So erklärte er anhand von Fußballprofis und Popstars, wie und warum manche Leute besonders viel Geld verdienen können. Solche Erklärungen leuchteten der Klasse sofort ein.

Je mehr Mick im Unterricht verstand, desto mehr wollte er wissen. Ihn interessierten vor allem die Möglichkeiten, die einem jungen Mann mit besonderen Talenten und ungewöhnlichen Lebensvorstellungen offenstanden.

Ernest Walker erzählt: »In einer Schulaufgabe stellte ich einmal die Scherzfrage: ›Wieso verdient ein Popstar mehr als ein Grubenarbeiter?‹ Ich hatte den Jungen beigebracht, daß es darauf ankommt, etwas zu machen, was kein anderer macht oder kann – dabei ist es egal, ob man Gitarre spielt, Tore schießt oder singt. Das haben sie sofort kapiert.

Wie sprachen über die Regierung und die Bedeutung politischer Parteien, auch das hat Mick interessiert. Die Schüler engagierten sich, weil ich versuchte, die Diskussionsthemen so aktuell wie möglich und damit so brisant wie möglich zu halten.

Es ist viel wichtiger, Schüler zum Denken anzuregen, als sie etwas auswendig lernen zu lassen. Und Mick gehörte bestimmt nicht zu denen, die einfach nur alles nachplapperten wie ein Papagei. Er dachte logisch und vernünftig nach und benahm sich nie aufsässig. Er war ein guter Kerl, und ich mochte ihn.«

In John Cummings Kunstkursen fühlte sich Mick ganz besonders wohl. Cummings war der Typ des abgeklärten Bohemiens und führte seine Klassen wie kleine Clubs. Dabei durchbrach er gern die strikten Schulregeln. Er ermutigte die Schüler sogar, während der Arbeit über aktuelle Probleme und Ereignisse zu diskutieren. Die

Atmosphäre war so locker, daß die Schüler auch außerhalb der Pflichtstunden gerne bei Cummings vorbeischauten.

John Cummings hat Mick als einen »sehr reifen und bedachten« Fünfzehnjährigen in Erinnerung, der leger auftrat und sich gern mit wichtigen Themen und Fragen auseinandersetzte: »Mick war ein netter Junge. Aber stets schien ihn seine Schuluniform zu strangulieren: Irgendwie paßte sie ihm nicht richtig – die Ärmel waren viel zu kurz für seine Arme. Ich wußte, daß Mick und seine Kumpel mit der Schule aufhören wollten, also machte ich ihnen und mir den Rest der Zeit so angenehm wie möglich. Es lief alles ganz prima. Sie waren nicht darauf aus, Ärger zu machen. Sie hatten allesamt einen recht trockenen Humor und behandelten mich wie einen der ihren. Ich hoffe, sie konnten über meine Witze genauso lachen, wie ich über ihre.«

Anscheinend war das der Fall, denn Frank Ollerenshaw sagt dazu heute: »Mr. Cummings war aufgeschlossen; er bat uns sogar, ihn ›Jim‹ zu nennen. In seinen Stunden konnten wir meist machen, was wir wollten, so lang am Ende irgend etwas dabei herauskam. Mick malte am liebsten, und Jim hat ihn darin unterstützt.«

Andere Lehrer waren bei weitem nicht so nachsichtig. Blundell, der Chemielehrer, warnte die Jungen sogar, er würde mit seinem Schuh alle versohlen, die ihre Hausaufgaben nicht erledigten. Mick machte sie natürlich nicht und mußte eines Morgens vor die Klasse treten. Er dachte, der Lehrer würde weiche Turnschuhe tragen, doch Blundell zog einen seiner *Doc Martens* hervor.

Mick wich sofort zurück und sagte: »Nein, mit denen werde ich mich nicht schlagen lassen!«

»Doch, du wirst«, gab Blundell zurück.

Mick drehte sich theatralisch zur Klasse um und sagte provozierend: »Nein, werde ich nicht!«

Die anderen mußten lachen; wie Mick nahmen sie an, Blundell mache nur Spaß oder würde bluffen – aber dem war nicht so.

Blundell zeigte zum Lehrerpult hin und befahl: »Vornüberbeugen, auf geht's!«

Mick blieb eisern: »Nein, Sie werden mich mit *den* Schuhen nicht schlagen!«

Es herrschte eine Pattsituation. Blundell konnte Mick nicht strafen, solange der nicht nachgab. Die Klasse amüsierte sich unterdessen ganz köstlich.

Schließlich befahl Blundell Mick, mit auf den Gang hinauszukommen. Die Mitschüler waren gespannt, wer sich letztendlich durchsetzen würde.

Adrian Whittleworth meint heute dazu: »Blundell konnte es nicht zulassen, daß seine Autorität vor der Klasse untergraben wurde. Wir haben jedenfalls nie herausbekommen, ob er Mick wirklich geschlagen hat oder ihm nur sagte, er solle vorgeben, daß er seine Strafe erhalten hätte. Mick erzählte mir auch nichts. Sicherlich hat ihm das ganze Aufhebens um ihn gefallen.«

Am Audenshaw-Gymnasium kam es häufiger zu solchen Deals zwischen Lehrern und Schülern, vor allem, wenn die Lehrer jünger waren und sich nicht anders durchsetzen konnten. Ray Wood, der Geographielehrer, mußte einmal mit Mick einen solchen Pakt schließen, um sein Gesicht zu wahren.

Er erzählt: »Mick sagte etwas Unverschämtes und warf mir abfällige Blicke zu, als ich mich darüber aufregte. Ich ging zu seinem Pult und packte ihn. ›Marsch, runter in den Kartenraum, aber sofort!‹ fuhr ich ihn an.

Ich war auf hundertachtzig und habe ihm unten mit einem Kricketschläger, der zufällig herumstand, eins übergebraten.

Mick war ein guter Schauspieler und begann schrecklich zu jammern, als hätte ich ihn wirklich verletzt. Er taumelte in eine Vitrine und zerbrach sie; überall lagen Fossilien und Glasscherben herum. Ich bin mir nicht sicher, ob er das nicht vielleicht absichtlich getan hat, um mir eins auszuwischen, oder ob es nur ein Versehen war. Nun hatte ich jedenfalls ein Problem: Die Vitrine und ihr Inhalt gehörten dem Direktorium.

Wir begannen, gemeinsam die Scherben aufzusammeln, und ich sagte: ›Dafür halte ich meinen Kopf nicht hin, daß du's weißt. Geh und füll ein Formular für Unfälle aus. Sag, du wärst auf dem nassen Boden ausgerutscht.« Mick machte es, und während ich noch unterschrieb, mußten wir beide über unsere ›Verschwörung‹ lachen. Danach kamen wir gut miteinander aus. Mick war nicht nachtragend. Er blieb zwar weiterhin ein schrecklicher Quälgeist und Spaßvogel, aber ich konnte ihn trotzdem gut leiden.«

Mick konnte seine Clownerie manchmal aber auch zu weit treiben und richtete dann wirklichen Schaden an. Davon weiß ein anderer Lehrer zu berichten, der in Micks Klasse seine Lehramtsprüfung ablegen sollte. Obwohl noch Referendar, bekam er bereits eine leichte

Glatze; gleichzeitig standen ihm einige widerborstige Strähnen seines hell-roten Haares wüst zur Seite weg. Der komische Eindruck wurde noch durch die seltsame Art unterstützt, in der er redete. Für Mick war er das perfekte Opfer. Der Lehrer verlor über jede Unterrichtsstunde die Kontrolle, weil Mick seine Stimme nachahmte und ununterbrochen störte. Während der Prüfungsstunde trieb es Mick dann besonders bunt. Der Prüfungsinspektor schien froh zu sein, am Ende dem Klassenzimmer und dem Chaos, das dort herrschte, zu entfliehen. Der Referendar blieb entnervt und gedemütigt zurück und bedankte sich in sarkastischem Ton bei Mick: »Danke, du Mistkerl, wegen dir bin ich meinen Job los!«

Mick lachte nur darüber.

Fürs erste machte sich Mick keine Sorgen über seine Zukunft. Sie schien ihm noch so fern. Er wollte zuerst einmal das Leben genießen, so lange es ging, und hatte keine Lust, sich vor irgend jemandem verantworten zu müssen – außer vor seinem Vater. Selbst kurz vor den entscheidenden Abschlußprüfungen im Herbst 1975 dachte Mick mehr an sein Vergnügen als ans Lernen.

Trotz der Erfahrungen, die er in Schottland gesammelt hatte, fiel es Mick immer noch schwer, an Mädchen heranzukommen; er benahm sich zu ungeschickt und gehemmt. So zog er die Gesellschaft seiner Kumpel vor, mit denen er freitags regelmäßig zum Trinken ging. Manchmal ging er auch mit Lil zum Poolbillard. Die beiden spielten um Geld und versuchten ihre Gegner mit ihrem Können zu überrumpeln.

»Mick und ich waren regelrecht versessen aufs Poolspiel«, erzählte Lil. »Wir spielten mit wesentlich Älteren, mit Dreißig- oder Vierzigjährigen. Zuerst ließen wir sie gewinnen. Dann schlugen wir ihnen vor, um Geld zu spielen – für ein Pfund oder in dem Dreh. Wir ließen sie immer noch gewinnen. Nach ein paar Spielen erhöhten wir den Einsatz erheblich, auf mindestens fünf Pfund – und nun zeigten wir, was wir wirklich draufhatten. Niemand konnte uns was anhaben. Wenn wir jeden Abend spielen gingen, verdienten wir bis zu fünfundzwanzig Pfund pro Woche. Ich hatte gerade einen Lehre als Mechaniker begonnen und bekam sechzehn Pfund in der Woche – das muß man sich mal vorstellen! Für mich war es ein gutes Zubrot, für Mick sogar ein kleines Vermögen.«

Je mehr Geld Mick in der Tasche hatte, desto mehr trank er auch bei seinen regelmäßigen Freitagstouren durch die Clubs und Pubs. Mittlerweile schaffte er zwölf Gläser Bier pro Abend. Mick war ziemlich stolz, daß er soviel Alkohol vertrug und mit den Älteren mithalten konnte. Allerdings war nicht zu übersehen, daß er davon einen Bierbauch bekam. Mit den Mitschülern aus Audenshaw gab sich Mick kaum noch ab, da sie meist zu jung wirkten, um mit in die Pubs gehen zu können. Adrian Whittleworth kann sich noch erinnern, wie ihn Mick deswegen verspottete:

»Mick ärgerte mich immer, weil ich mir noch kein Bier kaufen konnte, das hat mir wehgetan; mit fünfzehn legt man doch alles daran, erwachsen zu sein. Außerdem stimmte es gar nicht; ich trank oft in Pubs, Mick war bloß nicht dabei. Einmal hatte ich mich mit Mick und Lil in einer Kneipe verabredet. Ich war kurz davor in einer anderen gewesen und hatte schon was getrunken. Doch kaum war Mick dabei, hat man mich doch glatt nach meinem Alter gefragt. Ich konnte es nicht fassen, denn eigentlich hätten sie Mick fragen müssen, er war doch der Jüngste. Die Sache war ein gefundenes Fressen für ihn! In den nächsten Wochen hat er es in der ganzen Schule herumerzählt und dabei maßlos übertrieben, nur um mir eins auszuwischen. Zu Leuten, die ihm nicht wichtig waren, konnte er ziemlich gemein sein.«

Der Alkohol hatte auf Mick ausgesprochen befreiende Wirkung. Nach fünf Gläsern Bier war er wieder der unbefangene Entertainer, der Paul, Lil und Harry mit seinen Imitationen regelrecht vom Hokker riß. Gingen die Freunde noch später in eine Disco, vertrieben sie sich nicht selten die Zeit mit einem eigenartigen Spiel, in dem es darum ging, wer von ihnen das häßlichste Mädchen aufreißen konnte.

Dieses »Spiel« war ursprünglich Harrys Idee gewesen: »Ich nannte es ›Schweinchenhatz‹. Wir machten sogar Einsätze, wer den scheußlichsten Vogel abschießen würde. Mick hatte grundsätzlich Pech mit den Mädchen, die in Discotheken gingen, aber manchmal landete auch er einen Treffer.«

»Einen Treffer landen« bedeutete, mit den Mädchen in dunklen Seitengassen oder Hauseingängen schnellen Sex zu haben. Solche Begegnungen waren völlig oberflächlich; wenn sie vorbei waren, trennte man sich sofort und ging seiner Wege.

»Wir hatten fest ausgemacht, daß wir Kumpel immer zusammen nach Hause gehen wollten«, erzählt Lil. »Manchmal haben wir gerade noch den letzten Bus erwischt. Hatten wir auch den versäumt, mußten wir bis zu zwölf Kilometer zu Fuß gehen. Das Geld für ein Taxi haben wir uns lieber gespart. Außerdem wurde uns auf dem Heimweg nie langweilig.«

Mick konnte diese nächtlichen »Spaziergänge« zu einem richtigen Erlebnis machen: Durch den Alkohol gelöst, zeigte sich sein enormes Showtalent.

Harry erinnert sich: »Nach ein paar Bier war er einfach unbeschreiblich gut. Er unterhielt uns nicht nur mit seinen Parodien, sondern sang uns auch vor. Er hatte eine fantastische Stimme, selbst wenn er betrunken war. Wir brauchten ihn nur einmal zu bitten, und er hörte gar nicht mehr auf, uns mit den neuesten Hits zu unterhalten, bis wir zu Hause waren.

Ich bin jetzt ganz stolz darauf, daß ich damals oft mit ihm zusammen gesungen habe, zum Beispiel das Marvin Gaye / Diana Ross-Duett *You Are Everything,* ich war Diana und Mick Marvin Gaye. Wir sangen aus vollem Hals – und das mitten in der Nacht auf der Straße, dazu noch ziemlich angeheitert. Na ja, wir fanden uns großartig!«

Vor allem aber liebten die Freunde Micks Nachahmungstalent; sie konnten nie genug davon bekommen. Besonders beliebt war Micks Version von Rolf Harris. Harry wird nie vergessen, wie Mick sie auf einer Heimfahrt im Bus zum besten gab: »Wir saßen alle ganz hinten, als Mick plötzlich aufsprang und anfing, über die Sitze zu klettern. Er tat dabei so, als male er die Decke an und redete mit australischem Akzent: ›Ein bißchen Rot hier, dann brauchen wir noch etwas Blau da.‹ Der Bus war voll mit anderen, halb dahindämmernden Betrunkenen, die fürchterlich zu fluchen begannen, weil Mick auf ihnen herumturnte. Er hatte wirklich Nerven, wenn er was getrunken hatte, und war eine absolute Stimmungskanone.«

Micks Vater wußte von den nächtlichen Ausflügen seines Sohnes in die Pubs und die Clubs von Manchester natürlich nichts. Er nahm an, Mick ginge ins Kino oder zum Billardspielen. Deswegen mußte Mick auch immer so früh zu Hause sein. Lil fand schließlich eine Lösung: Er behauptete, Mick würde bei ihm übernachten. Auf diese Weise hatte Mick absolute Narrenfreiheit, und Reg ahnte nichts Böses.

»Wir machten das bald immer so«, gesteht Lil. »Mick schlief bei mir, und oft besetzte er sogar mein Bett. Das machte mir nichts aus – wir waren Freunde. Ich schlief dann einfach auf der Couch. Ich sagte oft zum Spaß: ›Ich wette, heut nacht bin ich mal vor dir in meinem Bett.‹ Meine Eltern mochten Mick sehr. Bei uns war immer Besuch im Haus, und Mick hatten sie besonders gern.«

An einem Samstagabend mußten sich die Jungs keine Gedanken mehr machen, wo sie übernachten würden – das Problem hatte die Polizei bereits für sie gelöst. Die Freunde verbrachten die Nacht in getrennten Zellen, nachdem es im Elizabethan-Hall-Nachtclub von Belle Vue, am Stadtrand von Manchester, zu einer Rauferei gekommen war.

Harry hatte an der Bar gestanden, Mädchen beobachtet und zu einem Song der *Bellamy Brothers* mitgeswingt, als ein völlig Fremder daherkam und ihn ohne Vorwarnung mit einem rechten Haken zu Boden streckte. Die Türsteher halfen Harry wieder auf die Beine, aber niemand wußte, wer der Angreifer gewesen war und was das alles zu bedeuten hatte. Als die Gäste am frühen Morgen aufbrachen, weil der Club schloß, ging derselbe Unbekannte auf einen Freund von Harry los. Schließlich kam es zu einer Massenschlägerei auf der Straße. Innerhalb weniger Minuten war die Polizei zur Stelle, und Mick, Lil, Harry und die anderen wurden mit grünen Minnas zur Polizeiwache in der Whithworth Street gefahren.

»Sie haben uns in getrennte Zellen verfrachtet«, berichtet Harry. »Wir mußten sogar einzeln zum Verhör antreten. Aus dem Verhörzimmer konnten wir lautes Rufen und Schreien hören. Es klang, als würde die Polizei einen zusammenschlagen. Doch dann stellte sich heraus, daß es nur ein Trick war, um uns einzuschüchtern und zum Reden zu bringen; wir sollten zugeben, den Streit angefangen zu haben.

Wir blieben bis fünf Uhr früh in den Zellen. Dann haben sie uns mit einer Verwarnung laufen lassen. Mick hatte schreckliche Angst, was sein Vater dazu sagen würde. Reg hat zum Glück niemals davon erfahren. Mick schlief an diesem Tag wieder bei mir und erzählte natürlich nichts von seinem kleinen Abenteuer.«

Lil, selbst ein geübter Kämpfer, setzte sich für seinen jüngeren Freund ein, wenn es handgreiflich wurde. Einmal schlug er einem Rausschmeißer vom Beer Keller in Manchester ein Bierglas auf den Kopf, als dieser auf Mick losgehen wollte.

»Er hatte Mick schon am Kragen gepackt«, erzählt Lil. »Das Glas ist zwar nicht zerbrochen, der Schlag hat aber ausgereicht, um ihn abzulenken. Mick war mein Freund, und ich hab' immer auf ihn aufgepaßt. Einige Leute, die mit uns trinken gingen, konnten Mick nicht ausstehen und haßten es, wenn er mit seinen Späßen und seiner Singerei anfing. Sie versuchten dann, ihn zu provozieren. Harry meinte, Mick solle sich nichts gefallen lassen, und brachte ihn meist soweit, daß er sich schlagen wollte, aber ich trat immer dazwischen und versuchte zu beschwichtigen. Jeder wußte, wenn er Mick etwas antat, würde er es mit mir zu tun bekommen.«

Mick hatte noch niemals daran gedacht, als Bedienung zu arbeiten. Als ihm Lils Vater Arnold Howarth aber erzählte, was man mit dieser Arbeit verdienen könnte, war er entschlossen, es zu probieren, ganz besonders, als Lil ebenfalls mitmachen wollte.

Eigentlich waren die beiden zu jung für den Kellnerjob im Broomstair Working Men's Club von Denton. Doch Arnold nutzte seine Beziehungen aus und besorgte den beiden eine Stelle für Samstag- und Sonntagabend.

Für sieben Pfund mußten sie von acht bis halb zwölf Uhr abends arbeiten. Mit dem Trinkgeld stieg der Verdienst schnell auf zwölf Pfund an.

Mick und Lil waren ein gutes Team. Sie teilten sich die fünfzig Sitzplätze der Clubbar auf – Mick bekam die rechte, Lil die linke Seite. Ihr Trinkgeld legten sie zusammen und halbierten es. Bald merkten sie schnell, wer Trinkgeld gab und wer nicht. Wenn es sich lohnte, bedienten sie gut; um die anderen Tische kümmerten sie sich einfach nicht.

Arnold Howarth erinnert sich: »Wenn man ihnen nicht gleich bei der ersten Bestellung ein gutes Trinkgeld gegeben hatte, konnte man sich den Rest des Abends die Kehle wund schreien – sie tauchten nicht mehr auf. Da gab es ein ganz besonders knauseriges Pärchen, denen ein Laden in der Moorfield Avenue gehörte. Die wedelten sogar mit den Armen, um bedient zu werden. Schließlich gaben sie auf und holten sich selbst etwas von der Bar. Es war wirklich amüsant, das zu beobachten.«

»Mick und ich waren ein perfektes Team«, meint Lil. »Hat sich mal einer von den Geizkrägen beklagt, haben wir ganz geschäftig getan, als ob wir uns die Hacken ablaufen müßten vor Streß. So mancher hat uns auch statt des Trinkgeldes ein Bier spendiert, so hatten wir von beidem was – verdienten *und* tranken. Ein Gast hat jedoch mal Ärger gemacht: Er fand, wir wären zwar alt genug zum Bedienen, aber zu jung für Alkohol. Danach hat uns der Boß die Biere während der Arbeit verboten.«

Mick und Lil waren bei den Gästen beliebt, obwohl sie beim Bedienen wählerisch waren. Sie hatten sich so unentbehrlich gemacht, daß sie auch am Weihnachtsabend aushelfen sollten, wofür sie aber einen beträchtlichen Bonus haben wollten. Ron Hill, der damalige Clubmanager, ist überzeugt, daß Mick hinter den Zusatzforderungen der beiden steckte, auch wenn Lil derjenige war, der für diesen Abend verhandelte.

»Mick war der typische Drahtzieher, der Ideen hat und sie von den anderen ausführen läßt«, erinnert sich Ron. »Ich bin mir sicher, daß er Lil damals vorgeschickt hat. Wir hatten ihnen für den Weihnachtsabend fünfzig Pence extra angeboten. Lil verlangte ein ganzes Pfund. Bis zum entsprechenden Abend hatten die Jungs noch keine Zusage bekommen und fühlten sich betrogen. Sie kamen zwar zur Arbeit, gingen aber nach wenigen Minuten wieder; sie wollten erst weitermachen, wenn sie das Geld zugesagt bekämen. Nach zehn Minuten haben wir sie aus einem nahegelegenen Pub zurückgeholt und versprochen, das Pfund zu bezahlen.«

Lil grinst, wenn er sich an dieses finanzielle Tauziehen erinnert: »Wir waren verdammt hartnäckig und haben bekommen, was wir wollten.«

Im Frühjahr 1976 bemerkte Lil, daß sich Mick nicht mehr in der Hauptsache um sein Trinkgeld bemühte, sondern samstagabends, wenn Bands und Sänger für Unterhaltung sorgten, nur noch Augen für die Bühne hatte.

»Er hat weitergearbeitet, aber die Sänger nicht mehr aus den Augen gelassen«, berichtet Lil. »Ich begriff nicht, warum ihn diese Typen so faszinierten. Die Sänger waren oft fünfzig oder noch älter. Mick erklärte mir, er beobachte sie, um zu erfahren, wie sie arbeiteten. Ihm war jedes Detail ihrer Darbietungen wichtig, ebenso ihr Verhältnis zum Publikum. Mir sagte das nichts.

Wenn wir mal in einen anderen Club gingen, guckte Mick nur noch zur Bühne. Man brachte kein Wort mehr aus ihm heraus. Manchmal verkauften wir zusammen Tombola-Lose fürs Kinderhilfswerk; während ich mich abmühte, die Lose an den Mann zu bringen, trieb sich Mick vorne beim Klavier und den Sängern herum und hörte zu. Seine Arbeit hatte er völlig vergessen.«

Die Musik begann eine zentrale Rolle in Micks Leben zu spielen.

Er ging zwar immer noch mit seinen alten Freunden aus, war aber nicht mehr wirklich an ihren Späßen und Ritualen interessiert. Er hielt sich zunehmend zurück. Er wußte, daß sich seine Kumpel nicht besonders für Musik interessierten und sprach das Thema selten an. Eines Tages aber gestand er Harry, er wäre gerade dabei, einen eigenen Song zu schreiben.

»Ich sagte ihm damals, er wäre völlig übergeschnappt und fragte ihn, wie er auf diese alberne Idee gekommen wäre«, gesteht Harry. »Mick war das egal. Er sprach weiter über seine Komposition, es schien ihm ernst damit zu sein. Wir fragten ihn nie nach diesem Song. Mick hat ihn uns auch nicht vorgespielt.«

Als es Frühling wurde, rückte das Examen immer näher. Die Prüfungen waren für den Juni angesetzt. Die meisten Schüler begannen deswegen in Panik auszubrechen, schließlich ging es um einen entscheidenden Abschluß, der ihr ganzes weiteres Leben bestimmen konnte. Mick bereiteten die Examen keine schlaflosen Nächte. Er mochte die legere Stimmung in der Kunstklasse und die politischen Diskussionen in Ernie Walkers Unterricht. Ansonsten kümmerte ihn nichts in der Schule. Für alle stand fest, daß er bei den Prüfungen jämmerlich versagen würde. Das interessierte Mick jedoch nicht im geringsten. Er war nur froh, Audenshaw bald hinter sich lassen zu können. Die Schulzeit hatte er bereits abgehakt; er dachte nur noch daran, wie es wäre, endlich frei zu sein.

Ray Wood konnte Micks Desinteresse nicht mehr mitansehen. »Du bist wirklich ein unverbesserlicher Trottel«, beschuldigte er Mick in verächtlichem Ton. »Wenn du so weitermachst, bestehst du in keinem einzigen Fach und vermasselst dir deine ganze Zukunft!«

Aber auch diese gutgemeinte Zurechtweisung konnte nichts mehr ändern. Mick wollte nur in Kunst und Betriebswirtschaft gut abschließen, vielleicht auch noch im Fach Englisch. Was sollten ihm die anderen Fächer denn schon weiterhelfen? Schließlich hatte er ja nicht vor, Banker oder Wissenschaftler zu werden.

Dagegen hatte etwas ganz anderes Micks Aufmerksamkeit erregt – ein Gerücht ging in der Schule um: Frank, Gary und Adrian hatten angeblich vor, eine Band zu gründen!

Mick sah seine Chance gekommen. Vielleicht konnte er mitmachen. Vielleicht sogar als Leadsänger!

9

Die Band war Adrians Idee gewesen. Er war musikalisch nicht sonderlich begabt, träumte aber davon, reich und berühmt zu werden, um nicht mehr arbeiten zu müssen. Er dachte sich, der beste Weg, sein Ziel so schnell wie möglich zu erreichen, wäre, eine Band zu gründen. Zuerst redeten er, Frank und Gary nur so zum Spaß darüber und schlugen ein bißchen auf einer Schnarrtrommel herum, die sie aus dem Musikzimmer der Schule mitgenommen hatten. Als Adrian in der Zeitung das Angebot für einen Synthesizer um zweihundert Pfund entdeckte, sah er sich seinem Traum von Ruhm und Ehre schon etwas näher. Er zahlte zehn Pfund für das Gerät an und versprach, die weiteren Raten zügig zu begleichen. Er nahm es sogar mit in die Schule und gab bei Frank und Gary damit an: »Ihr redet nur immer davon, eine Band zu gründen, ich mache jetzt ernst.«

Dummerweise zerplatzten Adrians Träume schnell, da er mit den Raten in Verzug geriet. Seine Eltern befahlen ihm, den Synthesizer wieder zurückzubringen. Mittlerweile waren Gary und Frank von Adrians Enthusiasmus angesteckt. Sie beschlossen, sich eine Gitarre und ein einfaches Schlagzeug zu besorgen, und trafen sich freitags nach Schulschluß, um zu üben. Frank hatte schon jahrelang am Schlagzeug geübt, sich aber nie ein eigenes leisten können. Gary spielte die Gitarre, auch wenn er bis zu jenem Zeitpunkt erst ein paar Akkorde beherrschte. Adrian entschied, er wolle singen.

Mick hörte von ihren Treffen einige Wochen später und fragte, ob er einmal vorbeischauen könne. Gary und Frank hatten nichts dagegen. Anders Adrian, er regte sich auf, als er Mick bei den Proben herumstehen sah. Schließlich handelte es sich um *seine* Band; sie war *seine* Idee gewesen, also hatte er auch ein Wörtchen mitzureden, wer zu den Proben kam und wer nicht. Er beklagte sich, Mick würde ihn stören. Frank versuchte Adrian zu beruhigen, daß Mick nur zuhören wolle. Adrians sechster Sinn hatte jedoch Alarm geschlagen; er ahnte, daß er bald draußen und Mick drinnen sein würde.

Heute nimmt Adrian die Sache gelassen: »Ich habe nie die Chance bekommen, zu beweisen, ob ich wirklich singen kann. Frank und Gary hielten mich wahrscheinlich für unfähig. Sie suchten nach einem anderen Sänger. Mick war da und wollte unbedingt mitmachen.

Er erzählte immer davon, was er alles für seine Stimme tat. Er rauchte sogar weniger und aß viel Honig und Zitrone. Wir waren Rivalen, keine Freunde.«

Aus diesem Grund ließ Adrian auch nichts Gutes an Micks Stimme, er fand sie »völlig überspannt und gekünstelt«. Frank und Gary waren da ganz anderer Meinung; sie hatten Mick schon in der Klasse singen gehört. Er besaß alles, wonach sie gesucht hatten: Sie brauchten nicht nur jemanden mit einer guten Stimme, sondern auch jemanden, der fähig war, eine Band zusammenzuhalten und zu leiten. Mick war ideal für den Job.

»Erst als Mick dabei war, begannen wir die Band wirklich ernst zu nehmen«, erzählt Frank. »Er nahm die Organisation in die Hand und sorgte dafür, daß wir eine professionellere Einstellung bekamen. Er war schon damals sehr ehrgeizig. Sobald er von unserer Band gehört hatte, nahm er sich vor, ihr Sänger zu werden. Selbst wenn wir ihn nicht gemocht hätten, hätte er Mittel und Wege gefunden, sich bei uns durchzusetzen – er hätte unseren Widerstand irgendwie gebrochen.«

So war Adrian schnell aus dem Projekt verdrängt, das er selbst auf die Beine gestellt hatte. Die Band behielt sogar den eigenartigen Namen, den er ihr gegeben hatte: *Osiris* – das machte alles noch schlimmer für ihn. Adrian hatte den Namen gehört, als er eine ägyptologische Ausstellung an der Universität von Manchester besuchte. Es war der Name des ägyptischen Gottes des Todes und der Unterwelt. Osiris war zugleich auch der Gott der Auferstehung und Wiedergeburt.

Die Ironie des Schicksals wollte es, daß die Auflösung der Band ein Jahr später gleichzeitig auch der Anfang einer außergewöhnlichen musikalischen Partnerschaft war.

Einige Wochen nach der Gründung der Band fragte Franks Freund Glen Morby, der Gitarre spielen konnte, ob er mitmachen dürfte. Die Proben fanden nun häufiger und regelmäßig statt. Aus drei enthusiastischen Amateuren formierte sich allmählich eine ehrgeizige Band. Nun fehlte nur noch ein Baßgitarrist. Glen kannte genau den Richtigen: einen Jungen, den er von seiner Schule Two Tree her kannte und mit dem Frank in dieselbe Grundschulklasse gegangen war.

Der Junge war scheu und hätte eigentlich aufs Audenshaw-Gymnasium gehen sollen. Zum Entsetzen seiner Eltern hatte er sich geweigert, weil er mit seinen Freunden zusammenbleiben wollte. So ging er schließlich nach Two Tree. Mit vierzehn schlug er seinen Vater regelmäßig beim Schachspielen – ohne seine Königin auch nur anzurühren. Er war ausgesprochen geduldig und ausdauernd. Das Gitarrespielen hatte er sich mit elf selbst beigebracht, indem er sich eine Anleitung aus der Bibliothek auslieh und sie ein halbes Jahr lang immer wieder verlängerte, bis er schließlich alles beherrschte.

Der unauffällige Junge hieß Neil Moss, aber alle nannten ihn nur Moey. Als ihm Mick bei Frank das erste Mal begegnete, verstanden sich die beiden auf Anhieb.

Micks Abschlußprüfungen kamen und gingen. Er glaubte, gerade genug getan zu haben, um wenigstens in Kunst und Betriebswirtschaft zu bestehen. Im September wollte er auf das Tameside Technical College gehen. Aber etwas viel Interessanteres beschäftigte Mick in jenen Sommertagen des Jahres 1976: Eine neue Musikrichtung war aus dem Untergrund gekommen und begeisterte die Rockfans. Sie sollte die Musikwelt revolutionieren – der Punk war geboren. Mick hörte davon erstmals durch Moeys Bruder Ian, der in Manchester das Konzert einer Band, die sich *The Sex Pistols* nannte, gesehen hatte. An jenem Sommerabend waren nur zweihundert junge Leute in die Lesser Free Hall gekommen, weil die *Pistols* nur in Collegekreisen und in London bekannt waren. Aber ihr Auftritt hatte einen starken Eindruck hinterlassen. Als die Band nochmals in Manchester gastierte, gingen Mick und Moey hin.

Die beiden mochten den neuen, völlig anarchischen Stil und Sound der *Pistols* sofort. Doch die Vorgruppe beeindruckte sie noch mehr: Es handelte sich um die lokale Band *The Buzzcocks*. Mick und Moey hatten noch niemals einen solchen Sound gehört. Punk war ganz anders als alles bisher Dagewesene und eröffnete viele neue Möglichkeiten. Ian erinnert sich daran, wie die beiden vom Konzert zurückkamen: »Sie waren wie elektrisiert an jenem Abend. Ihnen war klar geworden, daß man nicht unbedingt wie die *Rolling Stones* klingen mußte, um Erfolg zu haben. Punk war das Wichtigste, worauf ich sie in musikalischer Hinsicht hingewiesen habe. Wären sie damals nicht auf mein Anraten hin ins Konzert gegangen, hätten sie wohl weiterhin nur Sachen wie *All Right Now* oder *Satisfaction* gespielt.«

Der Sommer wurde zum heißesten des Jahrhunderts. Mick verbrachte viel Zeit im Schwimmbad von Denton, zusammen mit Gary Hulston und Bryan Dyson, zwei Freunden aus dem Gymnasium.

In der Badehose machte Mick nicht gerade eine gute Figur. Er wurde nicht braun, sondern nur krebsrot. Mit seinen roten Haaren und überlangen Armen und Beinen wirkte er immer noch unproportioniert und komisch. Mit nur sechzehn Jahren hatte er sich außerdem schon einen Bierbauch angetrunken. Aber er war ein ausgezeichneter Schwimmer und hatte Spaß, seinen beiden Schulkameraden und seinem Nachbarn und Freund Gary Shaw davonzuschwimmen.

Als Mick im September auf das Tameside Technical College kam, hielt die Hitzewelle immer noch an. Mick hatte in den Fächern bestanden, in denen er es erwartet hatte – Kunst, Betriebswirtschaft und Englisch. Er hatte sich daraufhin für einen zweijährigen Kurs im Fach Werbung eingeschrieben. Schon nach zwei Wochen meldete er sich für das Kunststudium um. Dazu brauchte er jedoch zusätzliche Abschlüsse in Geographie und zwei weiteren Fächern, in denen er zudem gute Noten erzielen mußte.

Noch einmal machte er die Erfahrung, von wesentlich Älteren umgeben zu sein, die sehr begabt und strebsam waren. Was ihm an akademischem Wissen fehlte, versuchte er durch selbstbewußtes Auftreten wettzumachen. Leider kam das bei vielen seiner Mitstudenten nicht besonders gut an. Einer seiner Dozenten, Michael Rooke, erinnert sich: »Er war nicht schüchtern, sondern extrovertiert. Er konnte sich gut ausdrücken und spielte sich gern in den Vordergrund einer Gruppe. Manche Kunststudenten sind sehr in sich gekehrt und haben Hemmungen, sich auszudrücken. Einige waren sicherlich neidisch auf Mick und sein selbstsicheres Auftreten.

Zuerst schlug er ziemlich über die Stränge. Er setzte sich mit seiner ungebremsten Energie und Kraft gegen die kühlen, logischen Denker durch. Aber ich begann, ihn zu mögen. Er schien darauf zu warten, daß irgend etwas Großes, Wichtiges mit ihm passierte.«

Mick hatte sich eigentlich schon immer für etwas ganz Besonderes gehalten. Er war noch nie ein Mitläufer oder Anhänger von Modetrends gewesen und hatte sich bereits in der Schule ungewöhnlich gekleidet. Unter dem Bohemien-Einfluß des Colleges wurde sein Stil geradezu exzentrisch: Er war ganz versessen auf rot-weiß-gestreifte Hosen. Dazu trug er Sandalen ohne Socken, selbst wenn es regnete.

Sein Haar war mittlerweile schulterlang gewachsen; er hätte bei Passionsspielen mitwirken können. Die Mutter seines ehemaligen Grundschulfreundes Martin Kenyon rief ihm sogar zu, als sie ihn eines Morgens auf der Straße wiedererkannte: »Mein Gott, Michael, du kommst ja daher wie Jesus persönlich!«

»Für diese Klamotten bin ich sogar bis Oxfam gefahren«, meinte Mick stolz.

»Du siehst aus, als wärst du noch weiter weg gewesen«, gab Frau Kenyon lachend zurück.

Mick liebte Klamotten, die neuartig, ungewöhnlich und einzigartig waren, wie zum Beispiel sein knöchellanger Trenchcoat, den er auf einem Flohmarkt in Oldham entdeckt hatte. Micks Kleidungsstil wurde in Denton zum Gesprächsthema. Wenn er seinen Freund Gary Hulston daheim abholte, amüsierten sich dessen Eltern königlich und riefen: »Hey Gary, *Mad Mick* ist da!« Mick wußte genau, daß die Leute über ihn lachten, wenn er mit seinem Motorrad durch die Straßen fuhr – besonders wenn er dabei eine Gasmaske aus dem Zweiten Weltkrieg trug, um seine Stimme vor den Abgasen zu schützen. Aber es machte ihm nichts aus, daß man über ihn redete; wahrscheinlich gefiel ihm die Aufmerksamkeit sogar, die er erregte.

Ken Laining, der Junge, den Mick drei Jahre zuvor beim Fußballspielen gestört hatte, fand, daß Mick ausgesprochen eigenartig wirkte, wenn er die Straße in seinem langen Trenchcoat entlangkam: »Er ging sehr aufrecht und konzentriert. Dabei starrte er immer geradeaus und blickte weder nach links noch nach rechts. Er schien völlig in sich gekehrt – vielleicht hat er im stillen vor sich hingesungen, wer weiß.«

An den Wochenenden arbeitete Mick immer noch bei Broomstair; an den übrigen Abenden unter der Woche besuchte er Rockkonzerte in Manchester. Sein Lieblingspub war das Whitegate in Hyde. Dort konnte man als Gast auf die Bühne treten und vorsingen. Mick und Bryan Dyson gaben oft einen Song zum besten, zum Beispiel Harry Nilssons *Without You,* der im November 1976 wiederveröffentlicht worden war. Moey begleitete sie bei diesen »Auftritten« am Piano, das auf der Bühne stand.

Durch die neue Umgebung und die neuen Freunde, die Mick gefunden hatte, traf er Harry, Lil und die alte Freitagabend-Clique immer seltener.

Wenn Lil in der West Park Avenue vorbeikam, um Mick abzuholen, versuchte der meistens gerade, mit Moey zusammen einen Song zu schreiben. »Manchmal ist er noch mit mir mitgekommen«, erzählt Lil. »Aber er hat immer mehr Zeit mit der Band und seinen Songs verbracht. Er widmete sich völlig der Musik. Einmal endete ein solcher gemeinsamer Abend damit, daß sich Mick mitten auf die Straße legte und nicht mehr aufstand. ›Ich will, daß mich jetzt einer überfährt! Ich will sterben!‹ jammerte er dabei ständig vor sich hin.

Es war gerade Mitternacht; wir waren aus einem Pub gekommen, und Mick war betrunken. Als ich ihn mitten auf der Straße liegen sah, glaubte ich zuerst, er würde nur herumblödeln. ›Komm schon, du alter Idiot, wir gehen heim‹, meinte ich zu ihm. Aber Mick begann plötzlich laut zu schreien, und ich merkte, daß sein Zustand ernst war; er war wie weggetreten. Ich bemühte mich, ihn von der Straße wegzuzerren, aber er sträubte sich mit aller Kraft dagegen an und schlug um sich. Schließlich hab' ich aufgegeben, mich neben ihn auf die Straße gesetzt und eine geraucht. Ich wollte wissen, warum er das tat; er antwortete mir, daß ihn seine Freundin verlassen hätte. Ich war völlig überrascht, denn ich wußte nicht einmal, daß er eine Freundin gehabt hatte.

Mir fiel nichts mehr ein, um ihn von der Straße zu locken, und so begann ich, den makaberen Scherz mitzumachen: ›Nun, ich hoffe, daß sie dich bald überfahren, damit ich den Krankenwagen rufen und endlich heimgehen kann‹, sagte ich in ganz ernstem Ton. Im selben Augenblick bog ein Lastwagen um die Ecke und kam auf ihn zu. Zuerst dachte Mick, ich wollte ihm nur angst machen, doch schließlich hörte er den Wagen auch. Auf einmal sprang er auf und stand mit einem Satz auf dem Bürgersteig. Von seiner Freundin habe ich nie etwas erfahren, aber Mick war an diesem Abend wirklich deprimiert gewesen. Er hatte jemanden gebraucht, der ihm zuhörte.«

Eines Tages wurde es Lil und Harry bewußt, daß ihre Freundschaft mit Mick an einem Endpunkt angekommen war. Wie schon so oft an einem Montagabend besuchten sie ihn, um sich Geld auszuborgen. Sie waren deswegen die letzten Monate über regelmäßig vorbeigekommen. Sobald sie donnerstags ihren eigenen Lohn erhalten hatten, zahlten sie ihre Schulden stets sofort zurück. Doch an jenem Montag weigerte sich Mick, ihnen Geld zu leihen: »Es tut mir leid, Freunde«, meinte er. »Ich kann euch von jetzt an nichts mehr geben. Ihr dürft nicht von mir abhängig werden, sonst kommt ihr nie zu was.«

Harry und Lil waren schockiert: Sie waren vollkommen pleite und hatten sich auf Micks Unterstützung verlassen. Sie versuchten ihn umzustimmen, aber ohne Erfolg.

Harry erinnert sich amüsiert daran: »Lil und ich wurden jeden Donnerstag ausgezahlt und waren am Sonntag schon wieder abgebrannt. Mick half uns jedesmal über den Wochenanfang mit Geld aus; er war niemals pleite. Irgendwann hat er wohl gemerkt, daß das Ganze weder ihm noch uns half. Er hatte recht, uns kein Geld mehr zu geben. Wir hätten es nur wieder vertrunken. Aber damals waren wir erstmal ungeheuer sauer, weil wir auf unsere Biere verzichten mußten. Besonders peinlich war die Sache deswegen, weil Mick der Jüngste von uns war und noch nicht einmal ein festes Einkommen hatte. Wir haben uns wie begossene Pudel davongeschlichen und ihn nie wieder um Geld angepumpt.«

Mit diesem Vorfall begannen sich die alten Freundschaften aufzulösen. Mick hatte endlich ein Ziel vor Augen und keine Zeit mehr für die, die nicht in seine Pläne paßten.

»Je mehr sich Mick der Musik widmete, desto weniger Zeit hatte er für uns übrig«, bedauert Lil heute. »Er wollte unbedingt Sänger werden und eine Platte aufnehmen. Ich muß gestehen, ich habe ihm damals nicht geglaubt. Ich dachte, das wäre alles nur ein Spleen, ein nettes Hobby – aber nicht mehr. Micks versponnene Freunde von der Kunstakademie konnte ich sowieso nicht ausstehen. Das war eine fremde Welt für mich. Also haben sich unsere Wege nach einiger Zeit getrennt.«

»Mick war eigentlich der einzige, der unsere Band *Osiris* wirklich ernst genommen hat« meint Gary Hulston. »Er wußte bereits mit sechzehn, daß er sich vollkommen der Musik widmen mußte, wenn er wirklich weiterkommen wollte. Alles was die Band betraf, nahm er hundertprozentig ernst. Er konnte für ein ganz bestimmtes Mikrophon stundenlang in Manchester herumlaufen. Er gab nicht auf, bis er tatsächlich genau das Mikro entdeckt hatte, das er wollte.«

Brian war an diesem Tag mit Mick unterwegs gewesen: »Mick hatte nur dreißig Pfund und wollte ein ganz besonderes Mikro haben, eines der besten, die man damals kaufen konnte. Wir waren schon sechs Stunden unterwegs gewesen und hatten in mindestens einem Dutzend Läden nachgefragt, als Mick endlich das fand, wonach er gesucht hatte. Ich fragte ihn im Scherz, ob man das Mikro wenigstens auch herumschwingen könne, so wie das Rod Stewart mit seinem immer macht. Mick sah mich entsetzt an: ›Was, spinnst du? Das teure Mikro?‹ Er fand das gar nicht komisch. Dreißig Pfund waren eine Menge Geld für ein Mikrophon, und er hütete es wie seinen Augapfel.«

Am darauffolgenden Freitag trug Mick das kostbare Stück wie eine Trophäe zu Frank, der in der Gibraltar Lane wohnte. »Er kam hereinstolziert mit seiner Armytarnjacke – nach dem Motto ›Hoppla, jetzt komm ich, der große Sänger‹ und brachte sein Mikro mit«, erinnert sich Frank. »Er war ganz begeistert. Dummerweise hatten wir nur ein Gerät, das Verstärker und Lautsprecher zugleich war, so mußten wir das gute Stück zu den Gitarren stecken – beides kam jetzt aus ein- und derselben Einheit!

Mick stand auf meinem Bett, hielt sein Mikro in der Hand, und wir lieferten unsere Version von *Jumping Jack Flash,* Frees *All Right Now* oder einer *Status-Quo*-Nummer. Mick hüpfte begeistert auf meinem Bett herum, trotzdem war das Ganze todernst für ihn. Wenn einer falsch spielte, regte er sich schrecklich auf und fing zu fluchen an. Klappte unsere Nummer, war er richtig glücklich.«

Aber auch der größte Enthusiasmus konnte aus *Osiris* keine wirklich professionelle Band machen. Gary spielte dazu viel zu schlecht Gitarre. Moey versuchte, ihm zu helfen und die Griffe beizubringen, aber Gary mußte immer wieder Pausen einlegen, weil ihm die Finger so weh taten. Er wollte wirklich gut sein und mühte sich ab. Wenn Glen Morby gerade seine Leadgitarre spielte, lehnte sich Gary gern aus dem Fenster und schlug auf seiner Gitarre herum, um Mädchen zu beeindrucken, die vorbeigingen – sie sollten glauben, *er* könne so ausgezeichnet spielen.

In jenem Herbst und Winter trafen sich die fünf Freunde zweimal wöchentlich im Haus von Franks Eltern an der Gibraltar Lane. Sie mußten unter der Aufsicht von Franks Mutter brav die Schuhe ausziehen und verschwanden dann in Franks Zimmer, um so lange zu üben, bis es die Eltern nicht mehr ertragen konnten.

Franks Vater erzählt: »Wir hielten den Lärm ungefähr eine Stunde lang aus, dann ging ich nach oben und hämmerte an die Tür, damit sie aufhörten. Das Getöse war noch draußen im Garten und bei den Nachbarn zu hören, was mir Sorgen machte. Für mich war das nur Krach, keine Musik. Ich hielt die Jungs nicht für besonders talentiert.«

Den Freunden war es egal, ob ihre Musik gefiel oder nicht. Sie versuchten weiterhin, selbst zu komponieren. Während einer ihrer Übungsabende hatte Mick eine Idee. Gary improvisierte auf der Gitarre herum, und Mick erfand dazu einen Text. Bis zum nächsten Treffen hatte er schon vier Strophen geschrieben. Nach drei Tagen Proben hatten sie den Song fertig. Es war ein Liebeslied mit dem Titel *Time Over Matter*.

»Der Song war wirklich gut«, meint Frank. »Der Titel stammte von Mick, aber wir hatten alle etwas beigesteuert. Wir machten aus, daß wir das Stück gemeinsam aufnehmen würden, sobald einer von uns berühmt wäre. Leider ist es bis heute nicht dazu gekommen.«

Eines Nachts kam Gary ganz aufgeregt nach Hause: Sein Schwimmclub wollte am 4. Dezember einen Discoabend veranstalten, und *Osiris* sollte für die Live-Unterhaltung sorgen!

Die Versammlungshalle der Methodistenkirche an der Hyde Road war nicht gerade opulent, und es gab nicht einmal Geld für den Auftritt. Doch das erschien völlig nebensächlich. Wichtig war, daß *Osiris* das erste Engagement bekommen hatte und vor Publikum auftreten sollte!

Die Freunde konnten sich kaum etwas Aufregenderes vorstellen. Und bis es soweit war, konnte Mick an nichts anderes mehr denken.

Als sie am 4. Dezember die Versammlungshalle betraten, waren sie entsetzt: Sie hatten erwartet, als Band die gesamte Bühne zur Verfügung zu haben. Der Discjockey hatte jedoch mit seiner mobilen Anlage und Lichtorgel bereits die ganze Plattform besetzt.

Es kam zum Streit. Die Band wies darauf hin, daß sie genügend Platz für die Instrumente brauchte. Außerdem wären sie schließlich zu fünft. Der DJ gab nicht nach und argumentierte: Er müsse den ganzen Abend arbeiten, während die Band nur kurze Zeit – genauer gesagt während seiner Erfrischungspause – spielen würde. Außerdem bräuchte sein Equipment soviel Platz.

Micks Band blieb nur die Möglichkeit, sich selbst eine Bühne zu improvisieren. Sie fanden in einer Ecke der Halle ein paar große Sperrholzkisten, die ausreichen mußten. Das Debut der Band schien unter keinem guten Stern zu stehen, aber den Freunden blieb keine andere Wahl. Da die Gäste mit einem Durchschnittsalter von neun Jahren extrem jung sein würden, wären sie bestimmt auch nicht besonders wählerisch – damit versuchte sich Mick zu trösten.

Nachdem sie alle Vorbereitungen getroffen hatten, gingen sie noch einmal heim. Um acht Uhr war die Halle mit ungefähr fünfzig popsüchtigen Kindern gefüllt, die zu den neuesten Hits tanzten. Mick und die anderen saßen nervös herum und warteten auf das Zeichen, das ihnen ihren Auftritt ankündigen sollte. Kurz vor neun Uhr war es endlich soweit: Der DJ legte seine Pause ein. Aufgeregt packten die Freunde ihre Instrumente, ihre Verstärker und Micks Mikro und stürmten auf die Bühne.

Wahrscheinlich erinnert sich keines der damaligen Kinder an den Auftritt jener Gruppe mit dem seltsamen Namen *Osiris*. Das Debut der Band war kurz, aber laut. Zuerst spielten sie *Silver Machine,* einen ohrenbetäubenden Song der Heavy-Metal-Band *Hawkwind.* Schnell versammelten sich die Kids um die Bühne, um zuzuhören. Sie starrten irritiert auf den rothaarigen Typ am Mikrophon, der wild herumsprang und von lärmender Musik begleitet wurde.

Am Ende der ersten Nummer gab es nur zögernden Applaus. Aber die Jungs von *Osiris* ließen sich nicht entmutigen. Nun folgten David Bowies *Rebel, Rebel,* Led Zeppelins *Whole Lotta Love,* Hawkwinds *Seven By Seven* und *Jumping Jack Flash* von den Stones.

Langsam gefiel den Kids die Musik. Einige Eltern, die ihre Sprößlinge begleitet hatten, konnten die enorme Lautstärke dagegen nicht mehr ertragen. So auch Penny Harrison, die Schwimmlehrerin, die die Veranstaltung organisiert hatte. Nach fünf lärmenden Songs reichte es ihr. Sie befahl der Band aufzuhören. Als niemand Notiz von ihr nahm, marschierte sie einfach zum Hauptschalter und zog den Stecker heraus.

Die Bandmitglieder waren aufgebracht; sie hatten mit einer Spielzeit von mindestens fünfundvierzig Minuten gerechnet, und nun hatte man ihnen bereits nach ein paar Minuten den Saft abgedreht!

Garys Mutter Jenny Hulston erinnert sich an Penny Harrison: »Sie war eine tolle Person, aber die Musik dieser Band war nicht gerade ihre Sache. Sie vertrug diesen Lärm einfach nicht. Die Kinder sollten tanzen und zwar zu den gängigen Songs. Ich und mein Mann waren ziemlich verärgert, daß man die Jungs so behandelt hatte; schließlich war das ihr erster Auftritt! Sie hatten sogar auf die Bezahlung verzichtet. Wir hätten sie weiterspielen lassen – schließlich hatte es den Kids gefallen. Der Krach störte sie nicht, und das war doch die Hauptsache, oder?«

Trotz der Enttäuschung am Ende, waren die fünf fasziniert von der neuen Erfahrung, die sie gemacht hatten. Zugegeben, das Publikum war nicht gerade vor Begeisterung in Raserei verfallen, wie sie es sich gewünscht hätten. *Osiris* war aber wahrscheinlich die erste Liveband, die diese Kids je gesehen hatten. Die Band mußte sie beeindruckt, vielleicht sogar geschockt haben.

»Ich kann mich an keine bestimmte Reaktion der Zuschauer erinnern«, meint Gary. »Ich glaube, manche klatschten höflich, aber ansonsten war es ziemlich still. Wir waren trotzdem nicht verunsichert; in jenem Augenblick war uns völlig egal, wie wir ankamen. Wir waren viel zu glücklich, endlich auf einer Bühne zu stehen.«

Gary und Frank lachen heute, wenn man ihren Debutauftritt als »Vorstellung« bezeichnet. Damals hatten sie ihn jedoch sehr ernst genommen. Mit sechzehn waren sie zwar unerfahren, aber ungemein ehrgeizig gewesen. Jenes Konzert sollte der Anfang ihrer musikalischen Karriere sein – davon waren sie alle felsenfest überzeugt, vor allem Mick.

»Mick glaubte fester als wir anderen an eine musikalische Zukunft«, meint Frank. »Deswegen ließ er keine Schlampereien oder Fehler zu und ging jedesmal in die Luft, wenn wir etwas falsch machten. Er versuchte alles unter Kontrolle zu bringen und zu bestimmen. In gewisser Weise war er der Motor der Band. Seiner Meinung nach mußte alles absolut perfekt laufen.«

Während die anderen ihren ersten Auftritt feierten, war Mick etwas geknickt. Die Band hatte sicherlich Eindruck hinterlassen, aber zuviel war schiefgelaufen. Mick wollte unbedingt sichergehen, daß es die Band beim nächsten Mal besser machte.

10

Die Band mußte nicht lange warten, um sich erneut beweisen zu können. Mick fragte im Broomstair, ob *Osiris* im Februar einen Auftrittstermin bekommen könnte. George Welsby überredete das Vorstandskommitee des Clubs, der Band während eines Discoabends unter der Woche zweimal eine halbe Stunde Auftrittszeit zu genehmigen.

Diesmal würde das Publikum älter und erfahrener sein. Also begannen die fünf hart an ihren Songs zu arbeiten. Dazu trafen sie sich bei Gary, so oft sie konnten. Als es Februar wurde, hatten sie die Stücke, die sie ursprünglich auf der Kinderdisco hatten spielen wollen, perfektioniert. Zudem bereiteten sie ihren eigenen Song *Time Over Matter* vor. Die Band hatte sich bemüht, noch weitere Stücke zu schreiben, aber jeden neuen Ansatz wieder verworfen. Nichts gefiel ihnen so gut wie *Time Over Matter*.

Der Auftritt bei Broomstair hatte einen fast professionellen Rahmen: Die Band sollte auf einer richtigen Bühne stehen und bekam einen eigenen Umkleideraum zur Verfügung gestellt. Mick fand, daß die Mitglieder vor dem Auftritt ein Recht auf Privatsphäre hätten – wie echte Profis –, und versuchte einen Freund von Frank aus dem Vorbereitungsraum zu werfen. Zuerst weigerte sich der zu gehen. Doch Mick war bereits mit sechzehn sehr hartnäckig und setzte seinen Willen schließlich durch.

Die erste halbe Stunde ihres Auftritts ging vollkommen glatt. Sie verließen die Bühne unter Jubel und Zurufen und gingen mit Freunden an die Bar, um den Erfolg zu feiern. Obwohl dies verständlich war, zeigte es, daß nicht alle Micks professionelle Einstellung teilten. Gary wußte zum Beispiel nicht, wann er mit dem Trinken aufhören mußte und hatte beim zweiten Auftritt Schwierigkeiten, mit der Band mitzuhalten. Doch auch in der zweiten Konzerthälfte lief alles gut, und die Band spielte zum ersten Mal ihren Song *Time Over Matter* vor Publikum. Sie kamen so gut an, daß man eine Zugabe verlangte.

Begeistert über ihren Erfolg, fieberten die Freunde schon dem nächsten Auftritt entgegen. Frank meint dazu: »Wenn man bedenkt, daß einige von uns noch wenige Monate zuvor kaum eine Note auf ihrem Instrument hatten spielen können, dann hatten wir eine Glanzleistung vollbracht. Wir konnten es gar nicht erwarten, weiterzumachen.«

Die Band brauchte dringend einen richtigen Übungsraum. Die Zimmer der Freunde waren für die lauten, anstrengenden Übungsstunden wenig geeignet. Nach zwei Wochen Suche hatten sie etwas gefunden: Im Pitt and Nelson Pub in Ashton, fünfzehn Fahrminuten von Denton entfernt, durften sie proben. Sie stürzten sich sofort in die Arbeit, verbesserten die Songs, die sie schon beherrschten, und lernten neue dazu. *Osiris* schien am Beginn einer großen Zukunft zu stehen.

In Wirklichkeit war es der Anfang vom Ende der Band.

Im Nelson übte noch eine andere Teenagerband, die sich nach einem Song von Jimi Hendrix *Purple Haze* nannte. Nach einer Woche begannen sie gemeinsam mit *Osiris* zu üben und zu improvisieren. Die Mitglieder von *Purple Haze* waren erfahrener, besaßen teurere Instrumente und eine bessere Ausstattung. Sie zeigten gern, um wieviel besser sie waren als *Osiris*. Diese Konkurrenzsituation begann Mick und seinen Freunden auf die Nerven zu gehen. Immer öfter kamen sie deprimiert aus dem Pub und hatten das Gefühl, sich vor den anderen blamiert zu haben.

Mick allen voran erkannte die Zeichen der Zeit: Der Punk trat seinen Siegeszug in der Musikwelt an. Außerdem waren zwei neue Sänger auf der Bildfläche erschienen, die Mick beeindruckten – Elvis Costello und Ian Dury. Mark Reeder war ein gleichgesinnter Collegefreund Micks, der sich ebenso für die neuesten Trends interessierte und *Osiris* von Anfang an unterstützt hatte. Mark arbeitete in Manchesters neu eröffnetem Plattenladen von *Virgin Records* und wußte immer sehr schnell über die neuesten Bewegungen in der Punkszene Bescheid. Mick wurde vom Punkfieber erfaßt und wollte unbedingt bei dieser musikalischen Revolution mitmischen. Mit *Osiris* wäre dies niemals möglich, das wußte Mick; sein Interesse an der Band ließ allmählich nach. Moey war bereits zu einer anderen Gruppe gegangen. Mick besuchte verstärkt Konzerte, um sich selbst nach neuen Möglichkeiten umzusehen.

Ende April hatte er Glück. Mark Reeder stellte ihm Barry Stopford vor, einen ehemaligen Audenshaw-Schüler, der jetzt ebenfalls auf das Tameside College ging. Die beiden freundeten sich sehr schnell miteinander an, weil sie ähnlich starke musikalische Interessen besaßen. Bereits im Mai beschlossen sie, eine Band zu gründen. Barry sollte die Leadgitarre spielen, Mark kam als Baßgitarrist hinzu, Frank Ollerenshaw wurde der Schlagzeuger, und Loz Green übernahm das Keyboard. Mark, den alles Osteuropäische faszinierte, fand einen Namen für ihre neue Formation: *Joe Stalin's Red Star Radio Band.*

Die Gruppe hatte sich vorgenommen, musikalisches Neuland zu betreten. Mick war aber sehr schnell ernüchtert: Barry hatte Talent und versuchte gemeinsam mit Mick Songs zu schreiben. Aber er lehnte den Punk kategorisch ab. Also einigte man sich in der Band darauf, doch nur Coverversionen bekannter und konventioneller Rocksongs zu spielen. *Joe Stalin's* war besser, als *Osiris* es je hätte sein können, aber das tröstete Mick wenig. Er suchte nach einem ganz anderen Stil, nach einem eigenen, ja einzigartigen Ausdruck.

Mick machte das Nachspielen gängiger Rocksongs keinen Spaß mehr. Wenn er *Dazed and Confused* von *Led Zeppelin* singen mußte, konnte er den Leadsänger Robert Plant zwar perfekt imitieren, aber seine Freunde wußten, daß ihm diese Art von Songs langsam zuwider war. Auch bei den Auftritten der Band langweilte er sich mehr und mehr.

Barry wollte in erster Linie so perfekt Gitarre spielen können wie seine großen Vorbilder im Musikgeschäft. Er verlor sich oft in langen Soloeinlagen. Mick erkannte, daß die Band bei Auftritten dadurch an Spontaneität und Wirkung verlor. Er sang mittlerweile auch bei anderen Bands mit – immer noch auf der Suche nach einer wirklich großen Herausforderung.

Mark Reeder führt heute sein eigenes Plattenlabel *Masterminded for Success* in Berlin und erinnert sich an einen Streit in der Band über die *Sex Pistols:* »Barry fand, sie wären totaler Schrott und könnten nicht spielen. Mick versuchte ihm klarzumachen, daß es dabei überhaupt nicht ums Spielen ging, sondern um die pure Energie und Kraft, mit der diese Band ihre neuen Ideen verbreitete. Barry war ein hervorragender Gitarrist, aber zu viele Soli bringen einfach nichts. Unsere Übungsstunden endeten immer mit einem seiner angeberischen Alleingänge auf der Gitarre.

Für Mick stand fest: Die Zukunft gehörte dem Punk, Rock war überholt. Bald merkte man auch seinem Gesang an, wie sehr ihm die Rocknummern auf die Nerven gingen. Er begann, sich über sie lustig zu machen.«

Jeden Samstag spielte *Purple Haze* im Broomstair. Eines Tages fragten sie Mick, ob er bei ihnen mitmachen wollte. Die Band spielte Nummern von Heavy-Metal-Gruppen und – noch schlimmer – Medleys von aktuellen Charthits. Nichtsdestotrotz entschloß sich Mick, bei den Proben am darauffolgenden Sonntag vorbeizuschauen und abends mit der Band aufzutreten.

Mick beeindruckte die Band schnell mit seiner Stimme. Der damalige Bandleader Paul Moody, der am Keyboard stand, erzählt: »Mein Cousin Phil war bis dahin unser Sänger gewesen. Als wir Mick hörten, war Phil abgeschrieben. Mick hatte einen perfekten Einsatz und machte selten etwas falsch. Er konnte eine herablassende Art haben, wenn andere etwas verpatzt hatten – nach dem Motto: ›Sagt mir Jungs, wenn ihr fertig seid.‹ Er hat sich immer mit Menthol eingerieben, um seine Atemwege frei zu halten. Ich weiß nicht, ob das wirklich was half, aber Mick war überzeugt, seiner Stimme damit etwas Gutes zu tun. Wir wunderten uns ein wenig darüber, aber ansonsten benahm sich Mick genauso wie wir.«

Micks Auftritt am nächsten Sonntag im Broomstair sorgte für viel Aufsehen: Er zog einfach sein Kellnerjackett aus und ging auf die Bühne, begleitet von Zurufen, er solle lieber ein Bier bringen und beim Bedienen bleiben. Doch die Witzemacher verstummten schnell, als er zu singen begann. Er bekam nach jeder Nummer Applaus, obwohl einige ältere Gäste vom Lärm entsetzt waren. Die Abschlußnummer hieß *Sweet Child In Time* von *Deep Purple.* Die Band hatte sich diesen Song bis zuletzt aufgehoben, weil er in ein ohrenbetäubendes Finale mündete. Mick änderte den Songtext auch dementsprechend um: Aus *You'd better close your eyes* machte er *Close your ears*.

Für die Stammkunden des Broomstair war dieser Auftritt sicherlich nichts Besonderes, aber für Mick schon; er hatte an diesem Tag gleichzeitig mit Bedienen *und* Singen Geld verdient!

Es war von Anfang an klar, daß Mick nur vorübergehend bei *Purple Haze* singen würde. Allen Bandmitgliedern war bekannt, wie sehr er ihr Hitparadenrepertoire verabscheute. Mick sprach ständig davon, eigene Kompositionen schreiben und sich musikalisch weiterentwickeln zu wollen. Die Band paßte nicht in seine Pläne. »Es war offensichtlich, daß Mick Größeres vorhatte«, meint Paul Moody. »Er mochte ganz andere Musik als wir und paßte nicht zu uns. Mit siebzehn besaß er bereits die Eigenschaften, die einen klassischen *Frontman* auszeichnen: Seine starke Stimme hatte eine weite Spannbreite; er konnte das Publikum fesseln und hatte Ausstrahlung.«

Mick arbeitete immer noch bei *Joe Stalin's* mit und versuchte weiterhin, zusammen mit Barry Stopford Songs zu schreiben. In ihren musikalischen Vorlieben entfernten sie sich jedoch immer stärker voneinander.

Im Sommer 1977 gab es einen Club namens Waves in Manchester, von dem allgemein bekannt war, daß dort alle Arten von Drogen verkauft wurden. Mick rauchte nur hie und da ein bißchen Cannabis,

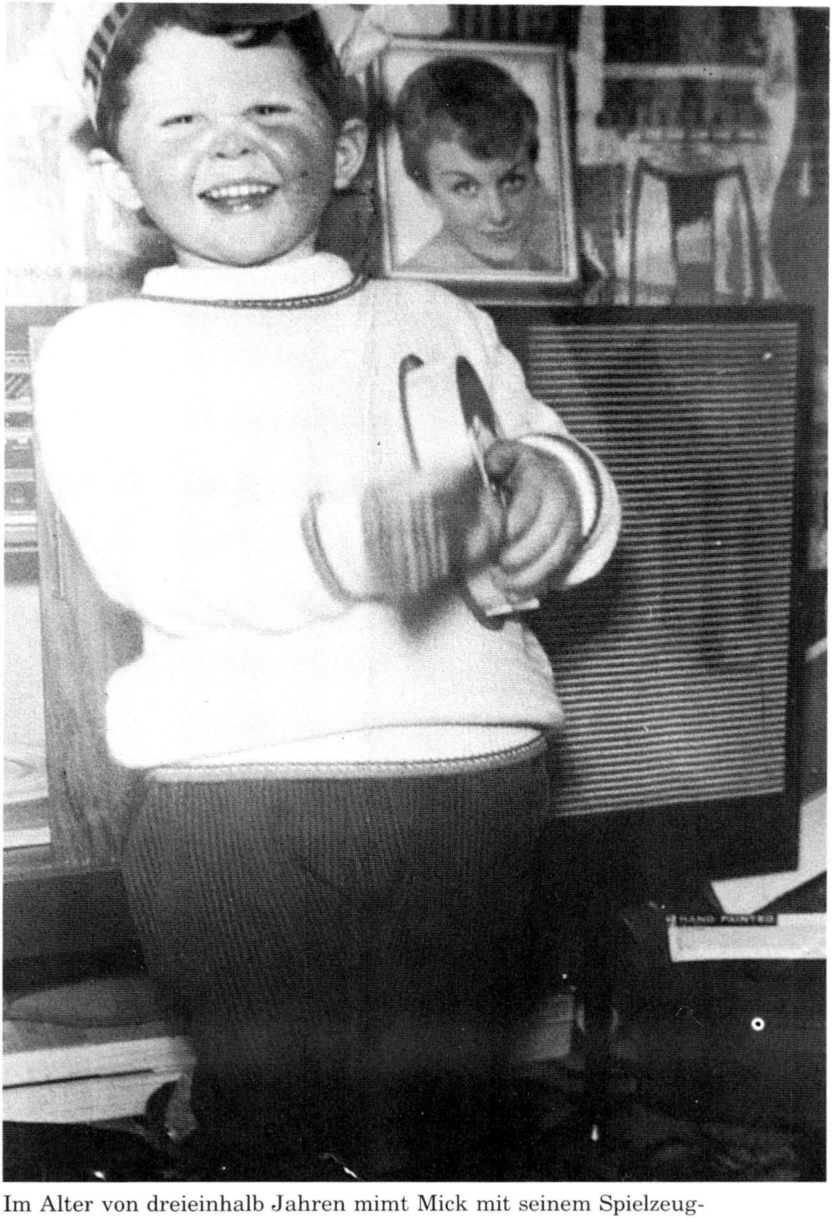

Im Alter von dreieinhalb Jahren mimt Mick mit seinem Spielzeugbanjo bereits den großen Popstar.

Mick mit fünf Jahren in der Grundschule St. Lawrence in Denton.

Rechts: Die Gang der West Park Avenue an Micks elftem Geburtstag. Mick hat seinen Arm um Nigel Clayton gelegt, mit dem er sich angefreundet hatte. Ganz rechts außen sitzt Micks »Ersatzbruder« Gary Shaw.

Mick, zweiter von links, im Alter von sechs Jahren als Grundschüler von St. Lawrence.

Mick – der fünfzehnjährige Rebell von Audenshaw!

Oben: Als Sechzehnjähriger mit Kellnerjackett im Broomstair Working Men's Club. Die Gäste nannten ihn *»Mad Mick«* wegen seiner wilden Haare. – *Unten:* Zusammen mit Brian Turner bei einem Glas Guinness in Clynes Wine Bar.

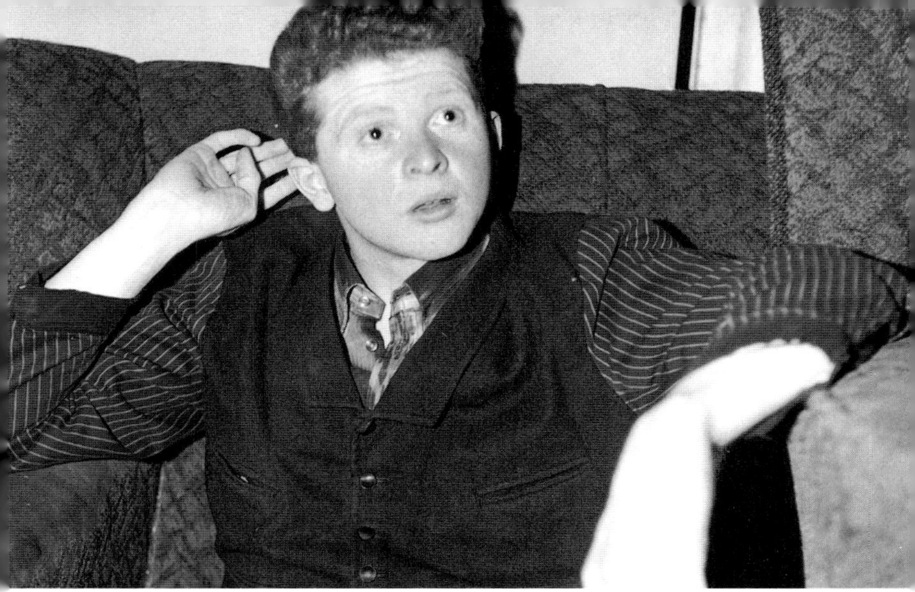

1978: Mick in seiner British-Rail-Uniform im Palm Grove Club, Bradford.

Die *Frantic Elevators* 1978 bei einem Auftritt im Palm Grove Club, Bradford.

Oben: Die *Frantic Elevators.* Von links nach rechts: Moey, Mick, Brian Turner und Kevin Williams. Am Boden kniet der Fotograf Richard Watt, der »fünfte *Elevator*«. – *Unten:* Mick, dritter von rechts, im braven Outfit in einem Studio am Kunstinstitut der Polytechnischen Universität.

Mick und Moey auf dem UMIST-Gig. Trotz einiger Differenzen zwischen ihnen spielten sie noch zusammen.

Mick bei einem Auftritt der *Frantic Elevators* im Band On The Wall.

Oben: 1982: Das Studio, in dem Mick den Song *Holding Back The Years* zum erstenmal aufnahm. – *Unten:* Bei Proben in Brian Turners Wohnung. In diesem Raum kündigte Mick an, daß er die Band verlassen würde.

ging aber trotzdem eines Abends mit Moey in diesen berüchtigten Club. Moey stellte ihm zwei enge Freunde vor, Craig Paolo und Neil Smith. Zusammen mit Phil Bentley und Martin Kenyon hatten die drei eine Band gegründet, die sich nach einem Song von *Humble Pie* *»Four Day Creep«* nannte.

Moey hatte mit Craig schon Dutzende von Songs geschrieben, und Mick war sofort dabei, als man ihn zu den Proben der Band einlud.

Four Day Creep hatte wie viele andere Bands vor allem Songs der *Stones* und David Bowies im Repertoire. Mick war trotzdem begeistert von den Proben. Obwohl er neu in der Gruppe war, sagte er seine Meinung und übernahm das Kommando, wenn die Dinge nicht so liefen, wie er sie sich vorgestellt hatte. Wenn die anderen Fehler machten, konnte er ziemlich grob werden. Mick war mit seinen Mitmenschen noch nie diplomatisch umgegangen.

Einmal wurde Mick sogar handgreiflich, weil Martin Kenyon aus dem Rhythmus kam.

Martin erinnert sich noch genau an diesen Vorfall: »Er ließ uns alle abbrechen, kam zu mir rüber und stieß mich buchstäblich von meinem Hocker. Dann schnappte er sich meine Sticks und spielte mir meinen Part richtig vor. Dabei fuhr er mich an: ›Du spielst so, wie ich es dir eben gezeigt hab' und kein bißchen anders, ist das klar?‹ Ich war beleidigt und beschämt, weil er mir sogar an den Drums was vormachte.

Mick ließ keine Nachlässigkeiten zu. Er war knallhart, was das anging. Ohne ein zusätzliches Wort gab er mir die Stöcke zurück und befahl: ›Also los, weiter jetzt!‹ Am liebsten hätte ich ihm eine verpaßt. Ähnliche Zwischenfälle kamen immer öfter vor; ich mußte mich fast regelmäßig von ihm anschreien lassen. Aber auch die anderen haben seine Wut abbekommen.«

Neil Smith kann dies bestätigen: »Mick hatte verdammt viel Talent und eine umwerfende Stimme. Aber er tyrannisierte uns und war nie leicht zufriedenzustellen. Er wußte, daß ich und Moey in jener Zeit oft auf LSD waren, machte uns aber keine Vorhaltungen deswegen. Er kümmerte sich nur um sich. Musik war seine Droge, eine andere brauchte er nicht.«

1977 waren dreißig Pfund noch eine Menge Geld. Zu diesem Preis hatte Mick von Neil zwei Lautsprechertürme angeboten bekommen und zögerte keinen Augenblick, zuzugreifen. Das Geld dafür mußte er im wahrsten Sinne des Wortes zusammenkratzen.

»Wir einigten uns auf Ratenzahlungen«, erzählt Neil. »Jede Woche kam er zur Probe und brachte mir fünf Pfund mit; manchmal war es ein Haufen Kleingeld, den er über die Woche beiseite gelegt hatte. In fünf oder sechs Wochen hatte er seine Schulden abgezahlt.«

Im Juli verließ Frank Ollerenshaw *Joe Stalin's*. Mick ersetzte ihn durch Steve Tansley, einen Jungen aus Denton, der früher bei *Purple Haze* gespielt hatte. Aber im Grunde wußte Mick, daß er nicht mehr lange bei *Joe Stalin's* bleiben würde, es gab viel zu oft Streit mit Barry.

Mark Reeder erzählt: »Die Meinungsverschiedenheiten zwischen den beiden wurden einfach zu groß. Barry wollte nicht zugeben, daß sich die Musikszene verändert hatte. Und Mick wurde immer radikaler. Ihre Trennung war nur noch eine Frage der Zeit.«

Anfang August wirkte Mick deprimiert und unsicher; er war sich nicht klar darüber, wie es in Zukunft weitergehen sollte. Im September würde sein zweites Jahr auf dem College beginnen, und er hatte keine Ahnung, was er danach machen wollte. Nur die Musik interessierte ihn. Er träumte davon, etwas Neues und Einzigartiges zu schaffen. Er blickte um sich und sah, wie sehr der Punk alles verändert hatte, und das gefiel ihm. Er verstand nicht, warum er nirgends einen Gleichgesinnten traf, mit dem er gemeinsam etwas Großes auf die Beine stellen konnte – jemanden, mit dem er die Welt aus den Angeln heben konnte.

Dann, an einem Samstagabend, saß er mit Moey bei einem Bier im Broomstairs. Je länger die beiden miteinander redeten, desto mehr Gemeinsamkeiten entdeckten sie. Dieser Abend sollte ihr Leben verändern.

Mick und Moey hatten die gängige Musik gleichermaßen satt. Sie sahen beide keine Zukunft in dem, was sie gerade taten, und wollten etwas anderes ausprobieren. Sie waren sich einig: Mit Punkmusik hätten sie eine Chance, ihre Vorstellungen zu verwirklichen.

Auf dem Heimweg sprachen sie immer noch von ihren gemeinsamen Träumen und Zukunftsplänen.

Auf halbem Wege beschlossen sie, ihre eigene Punkband zu gründen; sie nahmen sich vor, ausschließlich Eigenkompositionen zu spielen. Nur so würden sie eine Chance haben.

Einige Tage später machte Barry den langen Auseinandersetzungen mit Mick ein Ende. Mick und Frank waren gerade bei Mark Reeder zu Hause, als das Telefon klingelte und Barry am Apparat war. Mark ließ die beiden anderen mithören.

Frank kann sich noch gut an den Anruf erinnern: »Barry machte Mark klar, daß er vom ewigen Gerede über Punk die Nase voll hätte und Mick aus der Band haben wollte. Ich sollte an Stelle von Steve Tansley wieder ans Schlagzeug. Mick war etwas schockiert, als er das hörte, regte sich aber nicht lange auf. Er meinte, er würde gehen, wenn Barry es unbedingt wollte.«

Am darauffolgenden Sonntag kam es nach den Proben zu einem regelrechten Showdown zwischen den beiden. Drei Vertreter einer Plattenfirma waren anwesend und von der Band ziemlich beeindruckt. Mick und Barry fingen hinterher in einer Bar zu streiten an. Schließlich schrie Mick laut: »Es reicht, ich gehe!« Eine Minute später sagte auch Mark, daß er die Band verlassen würde.

Steve Tansley wußte nicht, wie er sich verhalten sollte. Er war erst seit drei Wochen dabei, und nun brach die Band vor seinen Augen auseinander. Er erinnert sich: »Ich ging von einem zum anderen und versuchte herauszubekommen, was eigentlich los war. Mick und Mark blieben hart – sie wollten gehen. Die Typen von der Plattenfirma tauchten wieder auf und meinten, das wäre alles kein Problem, sie suchten sowieso nur nach einem guten Sänger. Ich war in einer verzwickten Lage. Barry bat mich zu bleiben, aber ich kannte ihn kaum. Mick, den ich als einzigen gut kannte, entschied schließlich für mich. Er bot mir an, Schlagzeuger in der neuen Band zu werden, die er gründen wollte. Es herrschte ein ziemliches Durcheinander, aber ich beschloß, mich an Mick zu halten. Also hab' ich Barry gesagt, daß auch ich seine Band verlassen würde.«

Moey machte keineswegs den Eindruck, verzweifelt nach einem Partner zu suchen. Er gab sich stets gelassen und zurückhaltend. Mick dagegen war schon ganz gespannt auf ihr nächstes Treffen. Er erwartete, Moey in den folgenden Tagen wiederzusehen, um mit ihm weiter Pläne schmieden zu können. Doch Moey ließ sich erst zwei Wochen später blicken. Micks Enttäuschung verschwand in dem Augenblick, als Moey vor seiner Haustür stand und erzählte, er habe an der Musik für einen Song gearbeitet. Sofort machten sich die beiden daran, einen passenden Text zu schreiben und die Melodie weiter auszuarbeiten. Sie nannten den Song *Marion*. Er war das erste Produkt der Hucknall/Moss Partnerschaft.

Die Band brauchte einen Namen und ein passendes Image. Vor allem jedoch mußten die richtigen Musiker gefunden werden. Mark Reeder kündigte an, sich eine neue Existenz auf dem Kontinent aufbauen zu wollen, willigte aber ein, noch für eine begrenzte Zeit mitzumachen. Die drei begannen zu proben; Moey an der Leadgitarre und Mark am Baß.

»Unsere Instrumente waren nicht besonders gut, und wir mußten viel improvisieren«, erinnert sich Mark. »Aber für den Anfang war es ganz okay. Wir hatten jeweils ein grobes Songkonzept und arbeiteten dann gemeinsam daran weiter. Mick und Moey lieferten mir ihre grundlegenden Vorstellungen, wie sie den Baß haben wollten, und ich entwickelte die Details dann selbst. Mick überarbeitete die Songs dann bis zu unserer nächsten Session nochmals. Danach übten wir sie noch ein paarmal, bis alles stimmte. Wir mußten uns nur noch überlegen, wie wir das Schlagzeug haben wollten, denn wir hatten zu diesem Zeitpunkt immer noch keinen Drummer. Nach spätestens drei Probetagen war ein Song perfekt.

Micks Leben drehte sich nur noch um unsere gemeinsame Arbeit. Er hatte den Ehrgeiz, mit seinen Songs politisch Stellung zu beziehen und wichtige Aussagen zu machen. Moey stimmte darin mit ihm überein, war aber nicht ganz so radikal. Ihre Anliegen interessierten mich zwar nicht so brennend, aber ich machte mit, weil die beiden Talent hatten und sympathisch waren. Ich hätte sie nie im Stich lassen können.«

Mick hielt sein Wort und machte Steve Tansley zum Drummer der Band. Steve hatte sich bisher über Punk nur wenig Gedanken gemacht, nahm Micks Angebot aber sofort an. Einige Wochen später übte er mit den anderen drei in Micks Zimmer; dabei schlug er den Rhythmus mit den Händen. Steve hatte gegen Micks Texte auch nichts einzuwenden. Er fand die neue Band wesentlich besser, als viele andere Punkgruppen, die er gesehen hatte. Die Arbeit begann ihm richtigen Spaß zu machen.

Steve erzählt: »Mick stellte sich eine besondere Art von Punk vor – nicht die Sorte mit viel Gebrüll, wie sie überall zu hören war. Man sollte seine Texte gut verstehen können, da sie eine intelligente Aussage hatten. Außerdem spielte kaum jemand außer uns Punk mit ausgebildeten Musikern. Wir gaben alle das Beste, um etwas aus der Band zu machen. Wir dachten nicht mehr daran, was wir früher gespielt hatten.«

Nun brauchte die Band noch einen Namen. Mick und Moey plädierten für *Elevation.* Die Band *Television* hatte einen ihrer Songs so genannt. Moeys Bruder Ian machte sie jedoch darauf aufmerksam, daß dieser Name falsch ausgelegt werden könnte, weil er zu sehr nach einer aus den Sechzigern übriggebliebenen Hippieband klang.

Ian schlug *The Elevators* vor. Mick und Moey erweiterten den Vorschlag auf *The Rancid Elevators*. Als Mick eines Tages den *New Musical Express* las, fand er die Lösung: Eine Überschrift in der Zeitschrift lautete »Have You Gone Frantic Yet?« »Frantic« paßte großartig zu »Elevators«, da waren sich Mick und Moey einig. Mark Reeder war jedoch anderer Meinung. Er hielt den Namen für blanken Unsinn. Trotzdem gab er ohne Streit nach, weil er England sowieso bald verlassen wollte.

Mark ließ auch zu, daß als Komponisten sämtlicher Songs Hucknall und Moss angegeben wurden. Das galt auch für jene Lieder, an denen Mark oder Steve mitgearbeitet hatten. Es ist erstaunlich, wie früh Mick und Moey daran dachten, sich die Urheberrechte ihrer Songs zu sichern, obwohl sie mit ihren siebzehn Jahren noch nicht einmal ein Demoband produziert hatten.

Ian Moss hatte sich schon damals nicht gewundert: »Die zwei glaubten, sie seien das genialste Team seit Lennon/McCartney oder Jagger/Richards. Sie verglichen sich mit diesen großen Vorbildern! Ich hütete mich, ihren Ehrgeiz zu unterschätzen.«

Micks Wandlung vom Rocker zum Punker war fast abgeschlossen. Ihn störte nur noch sein Äußeres. Er brauchte einen ganz neuen Look, der den Ideen und dem Image der *Frantic Elevators* entsprach. Doch mit seinen Jeans, den alten T-Shirts, den Turnschuhen und seiner langen Haarmähne sah er immer noch aus wie ein Rocksänger. Das mußte sich ändern. Allerdings war Mick abgebrannt und konnte sich keine neue Garderobe leisten. Mit seinem Haar aber ließ sich sofort etwas machen. Da halfen keine Ausreden.

Kurz bevor Mick nach den Ferien auf dem College zurückging, verbrachte er noch eine Woche bei seinen Verwandten in Barrow. Eines Morgens spazierte er mit einer Schere an den Strand von Walney Island und begann, an seinem Haar herumzuschneiden. Es war geradezu eine symbolische Handlung für ihn: Bedächtig schnitt er weiter und weiter, und bald lag eine dichte Masse roten Haares vor ihm im Sand. Von seiner langen Mähne waren nur noch kurze Stoppeln übriggeblieben. Die Veränderung war radikal und drastisch – genau das, was Mick wollte. Er hatte sich entschlossen, einen ganz neuen Anfang zu machen.

11

Die Studenten, die sich an jenem Septembermorgen vor dem Tameside College versammelten, staunten nicht schlecht: Die meisten hatten Mick während der Ferien nicht gesehen und wußten nichts von seinem neuem Look. Die Studenten warteten darauf, von den Dozenten in ihre Kurse eingeteilt zu werden. Ähnlich wie an jenem ersten Schultag am Gymnasium stach Mick aus der Masse heraus.

Er trug leuchtend rote Doc Martens und hautenge Röhrenjeans, so daß die hochgeschnürten Bänder seiner Schuhe zu sehen waren. Dazu hatte er eine weiße Nylonjacke übergezogen. Der wüste Kurzhaarschnitt, den er sich selbst geschnitten hatte, war von seinem Vater zu einem kurzen GI-Schnitt in Form gebracht worden.

Alle begriffen sofort, was Mick so verändert hatte: Die Welle der anarchischen Musikrebellion aus London hatte mittlerweile auch Manchester erfaßt und war überall bekannt; Mick war offensichtlich ein begeisterter Anhänger geworden.

Das machte sein neues Outfit aber nicht weniger irritierend. Micks Kommilitone Alan Fell mußte sich auch erst daran gewöhnen: »Es war nicht zu glauben, wie sich Mick verändert hatte. *Led Zeppelin* und *Yes* waren mit einem Mal passé – das machte er jedem deutlich. Sein neuer Aufzug wollte sagen: ›Hey Leute, seht mich an! Ich habe das, was ich schon immer wollte!‹ Mick war bestimmt kein Typ der leisen Töne.«

Auch ohne großen Aufwand war Mick am College im Gespräch. Die Studenten scharten sich um ihn, weil er Persönlichkeit besaß. Man sah ihm an, daß er nicht in einem Allerweltsjob versauern, sondern etwas Besonderes aus sich machen würde. Dieser Eindruck beruhte auf dem selbstbewußten Optimismus, den Mick ausstrahlte.

Micks Selbstvertrauen war durch seine Erfahrungen am College und im Privatleben innerhalb eines Jahres enorm angestiegen. Außerdem hatte er erstaunliche Fortschritte im Studium gemacht: Obwohl er durch seinen Fachwechsel den Kunstkursen als letzter beigetreten war, konnten seine Kommilitonen in Diskussionen bald kaum mehr mit ihm mithalten. Mick diskutierte leidenschaftlich gern. Selbst wenn er mit seinen Kumpels ins Ashton Bath zum Schwimmen ging, konnte er pausenlos über Impressionismus reden, während er seine Bahnen durch den Pool zog. Allen Fell versucht Mick zu charakterisieren: »Er hatte viel gelesen und sich ein enormes Wissen angeeignet. Aber er konnte keinen Augenblick seine Klappe halten.«

Mick wirkte oft eingebildet und überheblich, weil er keine Hemmungen hatte, jedem seine Meinung zu sagen. Diese Ehrlichkeit machte ihn bei einigen Studenten recht unbeliebt.

Die Studenten der Kunstklasse mußten jede Woche eine Zeichnung oder Grafik vorlegen, die Freitag morgens im Kurs allgemein besprochen und bewertet wurde. Die meisten Studenten hielten sich mit kritischen Bemerkungen zurück, um ihre Kommilitonen nicht zu kompromittieren. Mick dagegen kritisierte die Arbeiten mit brutaler Offenheit, ohne daß es ihm peinlich gewesen wäre. Mick war es egal, ob er jemanden verletzte.

Allen Fell erinnert sich: »Mick benutzte gern unanständige Ausdrücke, auch wenn die Lehrer in der Nähe waren. Seine Kommentare zu den Arbeiten der anderen waren manchmal nicht gerade fein. ›Das ist doch ein Haufen Scheiße!‹ war noch eine seiner harmlosesten Bemerkungen. Die zurückhaltenderen Typen kamen kaum zu Wort. Mick hatte gemerkt, daß die meisten Menschen ängstlicher waren als er; das nutzte er aus und redete sich buchstäblich in den Vordergrund. Dadurch bekam er die Kontrolle über die anderen. Seine Persönlichkeit war so stark, daß er selbst den Lehrern was vormachen konnte. Heute nehme ich seine Grobheiten nicht mehr so ernst; er hatte sie nicht böse gemeint. Ich denke, seine Sicherheit war oft auch nur gespielt.«

Mick mußte sich seinerseits viel Kritik gefallen lassen, die ihn aber nie aus dem Konzept brachte. Die Meinung anderer interessierte ihn herzlich wenig. Nur was Mädchen über ihn dachten, war ihm wichtig. Im Kunstatelier sang er auch dann noch laut vor sich hin, wenn ihn die anderen schon mehrmals um Ruhe gebeten hatten. Im Collegebus benahm er sich oft so unmöglich, daß sich alle nach ihm umdrehten – was seinen Freunden ziemlich peinlich war.

Allen Fell erzählt: »Wenn der Bus voll war, konnten wir oft nicht nebeneinander sitzen und mußten uns getrennte Plätze suchen.

Mick führte unser Gespräch trotzdem weiter, auch wenn er dabei über mehrere Sitzreihen brüllen mußte. Es konnte passieren, daß er aus dem Fenster schaute, während er mit mir weiter über alles Mögliche redete, egal wie weit weg ich saß. Die anderen hielten ihn wohl für übergeschnappt; sie wußten ja nicht, mit wem er sprach. Mick hat sich kein bißchen geniert, wahrscheinlich fand er es sogar komisch. Ich schämte und ärgerte mich gleichzeitig.

Aber so war Mick. Er hatte eine schillernde Persönlichkeit. Aber er war nie bösartig. Er nervte nur manchmal ganz schrecklich.«

In der Musikszene machte Mick mit seinem exzentrischen Image wenig Eindruck. Man nahm ihn nicht ernst und lachte über sein Faible für die Punkmusik.

Neil Smith faßt zusammen, was viele vom Punk hielten, als er Mick vorwarf, sich mit dieser Musik zu billig zu verkaufen: »Wie viele ausgebildete Musiker fand ich den Punk primitiv und roh. Das meiste, was dabei rauskam, war doch völlig wertlos. Viele, die Mick singen hörten, dachten, er vergeude nur seine Stimme und sein Talent. Eines Abends führte ich mit ihm darüber eine hitzige Debatte im Waves. Mick begründete mir sein Interesse am Punk bis ins Detail. Er redete unaufhörlich auf mich ein, um mir seinen Standpunkt klar zu machen.«

Viele glaubten, Mick wolle sich mit seinem Enthusiasmus und den engagierten Diskussionen nur aufspielen. Mark Reeder mußte ihn oft gegen diejenigen verteidigen, die seine Motive mißverstanden: »Sie kamen oft zu mir und fragten mich, wie ich es mit diesem Hucknall überhaupt aushalten könnte. Sie mochten schon sein Aussehen nicht. Sie hielten ihn für einen ausgemachten Trottel und darüber hinaus für arrogant. Na ja, er mag die Leute mit seinem Aufzug vielleicht schockiert haben. Deswegen war er trotzdem sensibel und verletzbar. Er hatte die sprichwörtliche harte Schale, die einen weichen Kern verbarg, und konnte mit seiner Sensibilität überraschen. Vor allem besaß er eine unglaubliche Energie.«

Die brauchte Mick allerdings auch, um aus den *Frantic Elevators* eine funktionierende Band zu machen. Mark wollte nicht bei der Band bleiben. Steve Tansley bemühte sich sehr, hatte aber kein Talent, zu führen und Entscheidungen zu treffen. Moey wiederum war einfach zu unverläßlich, um die Band zusammenzuhalten.

Also übernahm Mick Leitung und Organisation, was nicht leicht war.

»Moey kam manchmal nicht pünktlich zu den Proben«, erzählt Mark Reeder. »Wir saßen herum und warteten, bis er sich nach einer Stunde oder mehr endlich blicken ließ. Mick war mittlerweile auf hundertachtzig! Es kam vor, daß er einfach mich anschrie und mir vorwarf, ich würde die Band nicht ernst nehmen – was gar nicht stimmte. Ich glaube, er war in solchen Momenten eher frustriert und enttäuscht als wirklich wütend auf mich. Er wollte aus der Band etwas machen. Er steckte seine ganze Kraft in sie hinein.«

Moey trieb sich mit einer zwielichtigen Clique herum und war deshalb sehr unzuverlässig. Diese sogenannten »Freunde« nahmen nichts ernst; das Leben war für sie ein Spiel. Sie probierten Drogen aus und nahmen es auch mit dem Gesetz nicht so genau. Moey war von ihrem unberechenbaren Lebensstil fasziniert, geriet dadurch jedoch in große Schwierigkeiten, die sogar die Zukunft der *Elevators* aufs Spiel setzten.

Kurz vor Weihnachten wurde Moey in einem gestohlenen Auto von der Polizei aufgehalten. Er saß zwar nicht am Steuer, wurde aber trotzdem verhaftet. Der Richter ließ ihn auf Kaution wieder frei; im Januar sollte er sich vor Gericht verantworten. Bei einer Verurteilung würde die Band in einem kritischen Augenblick einen wichtigen Mann verlieren.

Mick versuchte, über Weihnachten Moeys Probleme für kurze Zeit zu vergessen. Mit seinen alten Freunden Lil und Gary Shaw ging er in ein nahegelegenes Pub, das Jolly Hatters an der Stockport Road. Ein Unterhalter überredete Gary, ein Lied zu singen. Gary versuchte, betrunken auf die Bühne zu wanken, um *Maggie Mae* von Rod Stewart zum besten zu geben. Die Freunde konnten ihn gerade noch abhalten und ihm eine Blamage ersparen. An seiner Stelle sprang Mick auf die Bühne und versuchte sich an einem Klassiker von Frank Sinatra: *My Way*. Das Pub war überfüllt und die Leute waren hingerissen von Micks Sinatra-Imitation.

Den Titel des Songs hätte man auch als Micks Motto bezeichnen können: Trotz aller Widerstände und der vielen Neider, die ihn für verrückt hielten, wußte Mick schon mit siebzehn Jahren, daß er seinen eigenen Weg gehen würde.

Das neue Jahr begann für Mick ziemlich unangenehm: Zuerst bekam er von einem Bekannten, der auf die Freundschaft zwischen

Mick und Moey eifersüchtig war, einen Kinnhaken verpaßt. Kurz darauf wurden die beiden Freunde nach einem Punkkonzert von einer Gang zusammengeschlagen, die Jagd auf Punks machte. Beide Vorfälle trugen sich im Oberdeck eines öffentlichen Busses zu. Der erste Vorfall hatte persönliche Gründe. Craig Paolo hatte jahrelang mit Moey zusammen an Songs gearbeitet und konnte nicht mitansehen, wie Mick ihm den alten Freund wegnahm. Trotzdem war er mit Mick und Moey etwas trinken gegangen. Schon in der Kneipe fing der Streit an, der dann auf der Heimfahrt eskalierte.

Craig erinnert sich: »Mick sagte so etwas wie: ›Punk ist pure Energie, Mann! Lange lebe der Punk!‹ Ich konnte mich einfach nicht mehr zurückhalten und hab' ihm eine aufs Maul gegeben. Er fiel glatt vom Sitz. Dann begann ich, nach ihm zu treten. Mick krabbelte auf dem Boden herum und konnte sich vor lauter Angst nicht mehr wehren. Ich war so eifersüchtig, daß Moey mich wegen ihm verlassen hatte! Ich fühlte mich betrogen: All die Mühe, die wir uns mit unseren Songs gemacht hatten, war umsonst gewesen. Unsere Stücke interessierten niemanden mehr. Dafür machte ich Mick verantwortlich. Moey mußte mich damals im Bus mit aller Gewalt von Mick wegzerren. ›Hör auf, du bringst ihn ja noch um!‹ schrie er immer wieder. Irgendwann hab' ich mich endlich beruhigt und wieder hingesetzt. Während der restlichen Fahrt haben wir kein Wort mehr miteinander gesprochen.«

Die zweite Abreibung bekam Mick einen Tag vor Moeys Gerichtsverhandlung. Die beiden fuhren nach einem Punkkonzert von Manchester nach Hause, als sie eine Gruppe berüchtigter Punkgegner anpöbelte. Die beiden Freunde wurden als »dreckige Punks« beschimpft. Dann schlugen die Rowdys zu. Am nächsten Morgen erschien Moey mit einem blauen Auge vor Gericht und wurde für drei Wochen in eine Besserungsanstalt geschickt. Mick kam nicht zur Verhandlung, bewies im College jedoch seine Solidarität durch ein blaues Auge und einen Sticker mit der Aufschrift »FREE NEIL«.

Mick schämte sich seiner Verletzungen nicht, im Gegenteil. Er machte sie geradezu zu einem Statussymbol, wie sein Lehrer Mike Rooke zu berichten weiß.

»Es gehört zur Punk- und New-Wave-Philosophie, sich als Opfer der Gesellschaft zu sehen«, erklärt Mike Rooke. »Keine Macho-Attitude ist gefragt, sondern passives Erdulden. Mick wollte kein Mitleid, sondern war stolz auf das, was ihm zugestoßen war. Er machte aus der Blamage einen Vorteil – bemerkenswert für einen Siebzehnjährigen!«

Zwei Tage später entdeckte Mick in einer Kneipe, in der er mit Moeys Bruder Ian zusammensaß, jene Typen, die ihn angegriffen hatten. Mick wollte sofort gehen und erklärte auch warum. Ian beruhigte ihn und beschloß, die Sache in die Hand zu nehmen.

Ian erinnert sich: »Ich versicherte Mick, daß uns niemand etwas tun würde. Ich ging rüber zu den anderen und fragte, wer meinen Bruder und Mick zusammengeschlagen hatte. Sie schickten mich zu ihrem Anführer, dem Größten von allen. Er machte mir klar, daß er keinen Ärger wolle. Ich nahm sein volles Bierglas und schüttete es ihm über den Kopf. Er stand wie erstarrt da, unternahm aber nichts. Wir wechselten kein Wort mehr miteinander, und ich ging zurück zu Mick. Anscheinend hatte die Gang an diesem Abend wirklich keinen Bock auf Ärger.«

Als Moey im darauffolgenden Monat aus der Anstalt entlassen wurde, hatte die Band acht Eigenkompositionen so gut wie fertig. Micks Zimmer war für die Proben mittlerweile zu klein geworden. Er und Pete Dervin – einer von Moeys Schulfreunden – begannen nach einem geeigneten Übungsraum zu suchen. Sie gingen in Denton von Pub zu Pub, doch sobald die beiden in ihrem wilden Outfit auftauchten, lehnten sämtliche Besitzer ab. »Sie fanden alle möglichen Ausreden«, erzählt Pete. »Aber im Grunde fürchteten sie sich vor unserem Aussehen.«

Mick hatte schließlich eine Idee: Bei Broomstairs kannte und mochte man ihn. Vielleicht würden die *Elevators* die Erlaubnis bekommen, dort Sonntag nachmittags, wenn geschlossen war, zu üben. Es war klar, daß sich die Nachbarn über den Lärm beschweren würden. Aber Mick wollte es trotzdem probieren – fragen kostete schließlich nichts.

Der Vorstandssekretär George Welsby hatte Bedenken wegen der Sicherheit und meinte, Mick solle beim Vorstandskommitee anfragen. In der kommenden Woche sprach Mick dort vor – keineswegs eingeschüchtert von der seriösen Umgebung. Einige der älteren, konservativeren Vorstandsmitglieder stimmten gegen ihn, doch es gelang ihm schließlich, sie mit höflichen Worten und vernünftigen Argumenten umzustimmen. Außerdem versprach er, die Lärmbelästigung so gering wie möglich zu halten. Mick war zufrieden: Er hatte der Band einen idealen Übungsraum gesichert, in dem sie von halb vier Uhr nachmittags bis halb acht Uhr abends proben konnte. Jetzt mußte er die anderen nur noch dazu bringen, die Band ernster zu nehmen und immer rechtzeitig zu den Proben zu erscheinen. Einer professionellen Karriere der *Elevators* stand somit nichts mehr im Wege.

In drei Monaten sollte Mick achtzehn werden. Viele seiner Mitschüler, die auf dem Gymnasium geblieben waren, machten gerade ihr Abitur und träumten von einer Lehre oder einem Universitätsstudium. Mick dachte nicht an die Zukunft; für ihn war die Gegenwart aufregend genug. Er hatte nur seine Band, die Musik und die Kunst im Kopf.

Viele Bekannte im College und außerhalb waren in jenem Frühjahr 1978 ernsthaft beunruhigt, mit welcher Intensität und Ausschließlichkeit sich Mick seinen Leidenschaften widmete.

Im Collegeunterricht war aus dem belächelten Anfänger ein Student geworden, der den Lauf des Unterrichts entscheidend mitbestimmte. Mick blödelte jedoch immer noch gern herum, so zum Beispiel im Töpferkurs, als er Noahs Arche bauen sollte und ein Rennboot mit Giraffe am Steuer ablieferte.

Mike Rooke verlangte eines Tages von seinen Studenten, ein einzigartiges Ereignis schauspielerisch darzustellen, das außerdem das Element der Überraschung beinhalten sollte. Die meisten Studenten präsentierten Bekanntes oder Vorhersehbares. Micks Programm jedoch schockierte! Als er an die Reihe kam, ging er hinüber zu einem der Fenster im zweiten Stock, öffnete es und kletterte auf das zehn Zentimeter schmale Gesims. Rooke und die Klasse erstarrten vor Entsetzen. Mick begann sich langsam auf dem Sims zu einem drei Meter entfernten Fenster hinüberzuschieben.

»Ich habe damals wirklich vor Angst gezittert«, gibt Mike Rooke heute zu. »Ich hatte von einigen Studenten schon allerhand Seltsames gesehen, aber so etwas war mir noch nicht untergekommen. Wir alle waren wie gelähmt vor Schreck. Zuerst dachte ich, er würde Obszönitäten aus dem Fenster schreien oder dergleichen. Als er dann rauskletterte, sah ich ihn schon fallen oder unten jemanden stehen, der die Polizei rief. Wie ein Film liefen diese Horrorvorstellungen vor mir ab! Wir atmeten erleichtert auf, als er endlich das andere Fenster erreicht hatte und wieder hereinkletterte.

Wir diskutierten später darüber, warum Mick so weit gegangen war. Kunst zu schaffen, heißt immer auch, bestehende Regeln und Grenzen zu überschreiten. Genau das hatte Mick getan. Die Reaktionen der übrigen Studenten waren gemischt. Einige hielten ihn schlichtweg für verrückt. Das Verhältnis zwischen ihm und den anderen war ziemlich kompliziert; überhaupt lag immer eine gespannte Atmosphäre in der Luft. Er hatte soviel Energie, daß ihn die anderen für völlig überdreht hielten. Er hat selbst gemerkt, daß er anders war.«

Eine weitere Aufgabe der Studenten bestand darin, den Kommilitonen jeweils einen Tanz beizubringen. Mick lieh sich dazu ein Buch über Gesellschaftstänze aus und animierte die gesamte Klasse zum begeisterten Mitmachen. »Er machte ein richtiges Ereignis daraus«, erinnert sich Rooke. »Wir hatten viel Spaß! Bei dieser Gelegenheit zeigte sich Micks Kreativität. Die meisten jungen Menschen finden mit etwa siebzehn heraus, wer sie wirklich sind – Mick stand also erst am Anfang einer Entwicklung, obwohl er schon sehr selbstsicher war.

Die Aufgaben im Kurs haben ihn jedesmal voll und ganz vereinnahmt – er wußte dabei genau, was er wollte, und das hat vielleicht bei den anderen Neid hervorgerufen. Aber er war keineswegs naiv und konnte sich rücksichtslos durchsetzen. Die Älteren und Gebildeteren hielten ihn für einen Emporkömmling und albernen Wichtigtuer. Ich fand ihn zuerst auch arrogant und egozentrisch, änderte aber später meine Meinung, als ich merkte, daß er sich – um zu lernen – total einsetzte und gern bereit war, Grenzen zu überschreiten.

Er war ungewöhnlich zielstrebig und von seinem Erfolg überzeugt. Außerdem war er sich seiner körperlichen Präsenz absolut bewußt. Normalerweise besitzt man als Lehrer die Kontrolle über das Klassenzimmer und die Kommunikation, die dort abläuft. Wenn Mick hereinkam, zog er die Aufmerksamkeit und Kontrolle schon durch seine bloße körperliche Anwesenheit auf sich. Selbst als Lehrer war man versucht, ihm Platz zu machen.«

Micks Stimme beeindruckte auch Rooke. Er hatte der Klasse eine Woche Zeit gegeben, eine Popnummer aufzunehmen. Unter der Mithilfe seiner Kommilitonen produzierte Mick einen eingängigen Song zu Keyboard und Drums. Er sang die Nummer selbst auf Band. »Der Junge kann wirklich singen!« dachte Rooke, als er sich die Aufnahme anhörte.

»Die Melodie war nicht besonders kompliziert«, erinnert sich Rooke, »aber das Richtige für den kommerziellen Markt. Mir wurde klar, daß Mick in der Musikindustrie Erfolg haben könnte. Er wollte Rockstar werden – die Kunst war für ihn nur ein Hobby.«

Im Verlauf des Frühlings und Frühsommers arbeiteten die *Frantic Elevators* hart daran, außer den ersten acht Eigenkompositionen noch weitere einzustudieren. Sonntags kamen sie im Broomstair, dienstags bei Mick zusammen. Zu den eigenen Nummern gehörten *Marion* – der Song, den Moey einst mit zu Mick gebracht hatte –, *Production Prevention, Voice In The Dark* und *Passion* – ein Lied, das einige ziemlich extreme Zeilen enthielt: *»If you want to turn me on, turn the fucking telly on, don't switch the radio on, 'cos Tony Blackburn is a cunt...«*

Mick und Moey waren unzertrennlich geworden. Jeden Abend trafen sie sich, um an Songs zu schreiben oder bei einem Bier über Musik zu diskutieren. Eingeschlossen in Micks Zimmer, tauschten sie ihre Ideen aus: Die Songs waren nicht alle harte Punknummern mit schockierenden Texten. Eine von Micks frühesten Kompositionen war sogar eine langsame, eindringliche Nummer, in der er das entscheidendste und intensivste Erlebnis seines Lebens zu verarbeiten suchte: Seine Gefühle darüber, von der eigenen Mutter verlassen worden zu sein.

Mick sprach nie viel mit den anderen über Maureen. Auch seinem Vater gegenüber hat er sie niemals erwähnt. Dieser Song war jedoch der Beweis, daß Mick sich Gedanken über seine Mutter machte – über eine Mutter, die er nie richtig gekannt hatte. Zuerst schrieb er nur ein paar Textzeilen, die Moey sehr gut gefielen. Also begannen sie, eine passende Melodie zu komponieren. Vielleicht fand Mick den Song jedoch zu persönlich, um ihn in der Öffentlichkeit zu singen – jedenfalls blieb das Stück mit dem Titel *Holding Back The Years* unter Verschluß, während Mick sich weiterhin der Punkmusik widmete.

Die *Elevators* bekamen schließlich die Chance eines ersten Auftritts. Sie sollten im Rafters Club als Vorgruppe für die Bands *Sham '69* und *Bethnal* auftreten. Die Vorfreude wurde zweifach getrübt: Zum einen stand Mark Reeder, der immer noch ins Ausland gehen wollte, unter zunehmenden Druck an seinem Arbeitsplatz. Immer wieder wies er Mick und Moey darauf hin, sie sollten sich endlich nach einem Ersatz für ihn umsehen. Sie nahmen ihn nie ganz ernst, zumal er sich auf ihr Drängen hin sogar eine neue Baßgitarre gekauft hatte. Aber das Problem beunruhigte sie dennoch. Glücklicherweise begann sich ein Collegefreund von Mick für die Band zu interessieren. Er brachte auch die nötige Begeisterung mit. Sein Name war Brian Turner.

Zum zweiten benötigte die Band endlich ein solides Equipment für ihre Auftritte. Ihre einfachen Verstärker taugten nichts mehr, und die Freunde waren es leid, sich immer wieder von anderen Gruppen Geräte ausleihen zu müssen. Ohne eine gute Ausrüstung würde die ganze Mühe, die sie in ihr Programm gesteckt hatten, langfristig umsonst gewesen sein.

Steve Tansley löste dieses Problem. Er arbeitete in der Kistenabteilung der Magnet Southern Fabrik und begann dort an zwei Lautsprecheranlagen zu basteln. Nachdem sie fertig waren, transportierte sie Martin Kenyon mit seinem Eiswagen, den er sich für seinen neuen Job gekauft hatte, ins Broomstair.

Als die *Elevators* im Rafters ankamen, waren sie enttäuscht: Sie konnten ihr eigenes Equipment überhaupt nicht aufbauen, weil *Sham '69* am Anfang und Ende des Abends spielen sollten und bereits die gesamte Bühne besetzt hatten. Also mußte Micks Band wieder einmal die Geräte einer anderen Gruppe mitbenutzen.

Mark versuchte, Entsprechendes auszuhandeln: »Ich diskutierte mit einem Roadie, der uns aber nur sehr widerwillig helfen wollte – und auch nur für zehn Pfund! Wir bekamen für den Abend insgesamt nur dreißig Pfund, aber wir hatten keine andere Wahl und brauchten seine Hilfe. Er ließ uns nicht einmal ans Mischpult der anderen ran und erlaubte uns nur einen sehr kurzen Soundcheck. Wir waren immer noch damit beschäftigt, als die ersten Gäste eintrafen.«

Trotz aller Hindernisse bewährte sich die Band. Sie spielten ihre acht eigenen Nummern, die immer wieder von erregten Zwischenrufen aus dem Publikum begleitet wurden. Das war ein Zeichen, daß die Songs gut ankamen. Mick machte das anarchische Spiel mit und pöbelte genauso aggressiv ins Publikum zurück.

Steve Tansley bestätigt, daß Mick schon mit achtzehn Jahren eine ungewöhnliche Bühnenpräsenz besaß und die Zuhörer auf seine Seite zog. »Sie schleuderten ihm Beleidigungen entgegen und freuten sich, wenn er ihnen entsprechend zurückgab. Das Publikum mochte ihn, auch wenn sie ihn anspuckten. Ich weiß nicht, wieviel

Angst er wirklich hatte; seinem Gesang merkte man jedenfalls nichts an. Er scherzte und stritt mit dem Publikum, als wäre er einer von ihnen und nicht auf der Bühne. Er gab alles und war am Ende völlig aufgedreht.«

Mark Reeder fand den rauhen Ton, der auf Punkkonzerten herrschte, ziemlich amüsant: »In jenen Tagen pflegte man sein Idol anzuspucken«, meint er ironisch. »Ich lachte mich halb krank dabei; es war wirklich komisch.«

Mick paßte Marks Unernst überhaupt nicht. Bei einem Punkkonzert von Johnny Rotton und Sid Vicious gab es schließlich auch nichts zu lachen. Also befahl Mick dem Bassisten, gefälligst ein ernstes Gesicht zu machen.

Mick war der Meinung, daß im Punk die Zukunft der Band lag, und darüber gab es nichts zu lachen – das sollten die anderen Mitglieder der Band endlich begreifen.

12

Bei Punkkonzerten kam es normalerweise zu Schlägereien. Sie waren beinahe Teil des Unterhaltungsprogramms. Je mehr die Band vom Publikum beschimpft und bespuckt wurde, desto größer war das Kompliment. Es bedeutete, eine Band war so schrecklich, daß sie den Zuschauern gefiel.

Beim zweiten Gig der *Elevators* im Pips bekam Mick es jedoch mit der Angst zu tun. Es gab schon Gewalttätigkeiten, bevor die Band überhaupt zu spielen anfing. Mick wurde von einem riesigen Punk mit Mohikanerhaarschnitt, Doc Martens und Sicherheitsnadeln durch den Club gejagt. Steve Tansley erzählt: »Der Typ sah aus, als hätte er sich vorgenommen, jemanden kaltzumachen. Mick versteckte sich auf der Bühne hinter meinen Drums. Dabei fiel alles um. Der Mohikaner sprang auf Mick zu, der ausweichen konnte und wieder losrannte – der Verrückte hinter ihm her. Ich weiß nicht, was dann geschah, weil ich unsere umgekippte Ausrüstung wieder aufstellen mußte. Mick tauchte erst nach zwanzig Minuten wieder auf, als wir unser Konzert begannen. Wir hatten wirklich Angst um ihn gehabt.«

Der irre Mohikaner bildete nur den Auftakt zu einem Katastrophenabend. Während die *Elevators* ihr Programm abspulten, kam es im Publikum zu einer Schlägerei. Die Fans einer auswärtigen Band stürmten schließlich die Bühne. Sie schwangen angespitzte Radioantennen und warfen mit Biergläsern um sich. Der Hauptact des Abends, *John the Postman,* zertrümmerte schließlich seine Gitarre und warf sie in die randalierende Menge. Mit einem Mal war das Chaos wieder vorbei: Die Unruhestifter hatten sich so schnell davongemacht, wie sie aufgetaucht waren. Mick und seine Freunde packten ihre Ausrüstung in einen Kleintransporter und fuhren stundenlang mit einer anderen Band durch die Straßen von Manchester, um die Störenfriede aufzuspüren – vergeblich!

»Mann, in dieser Nacht war wirklich der Teufel los«, meint Pete Dervin. »Mit den Antennen hätten die jemanden umbringen, zumindest aber die Augen ausstechen können. Mick und die anderen konnten von der Bühne aus nichts sehen, weil sie von den Scheinwerfern geblendet wurden. Ich mußte sie erst vor den Dingern warnen. Mick rief aus: ›Scheiße, das wird gefährlich!‹ «

Einige Wochen später mußte die ganze Band fliehen, als Mark Reeder den Manager eines Clubs und die Mitglieder einer anderen Band als »Vollidioten« bezeichnete. Es kam zum Aufruhr, und den *Elevators* blieb samt ihren Fans nur noch die Flucht.

In jener Zeit waren die *Elevators* eine von dreißig Bands, die sich im *Manchester's Musician Collective* zusammengeschlossen hatten – einer Organisation, die jungen Gruppen Auftrittsmöglichkeiten verschaffte, wie zum Beispiel im Band On The Wall. Gleichzeitig wurde dafür gesorgt, daß jede Band dieselben Chancen bekam. Auftritte wurden nach einem Rotationssystem verteilt. Neil Smith ging eines Abends ins Band On The Wall, um sich die *Elevators* anzuhören und war enttäuscht. »Ich fand sie nicht besonders gut und sagte das Mick auch«, gesteht Neil. »Die Texte waren absolut unzusammenhängend, und Mick setzte seine Stimme nicht richtig ein. Mit meiner Kritik erreichte ich nichts, denn der Punk hatte Mick vollkommen vereinnahmt.«

In jenem Sommer erschien auch Bryan Dyson wieder auf der Bildfläche. Er war ein ehemaliger Audenshaw-Schüler, mit dem Mick früher zum Schwimmen gegangen war. Mick hatte ihm im Broomstair einen Kellnerjob vermittelt, sich selbst aber die Tische mit den großzügigsten Stammkunden gesichert. Bryan durfte sich mit den anderen herumärgern. Bryan begann sich für die *Elevators* zu interessieren und wurde für die Band quasi zum Manager, nicht zuletzt, weil seine Eltern ein Telefon besaßen. Er versuchte der Band sogar bis Newcastle und Derby Gigs zu verschaffen. Dabei bestand er nicht immer auf Bezahlung. Viel wichtiger war es für die Band, Erfahrungen zu sammeln. Manchmal bekamen sie statt eines Honorars Freibier, was ihnen sehr recht war. Ein ständiges Problem blieben die Anfahrten zu den entsprechenden Clubs. Die Band mußte sich bei Bekannten oder Freunden Kleintransporter ausleihen. Wenn das nicht klappte, fuhren sie manchmal sogar mit dem Bus.

Martin Kenyons Eiswagen wäre ideal gewesen. Aber Martin konnte nie garantieren, ob er mit seiner Runde rechtzeitig für den Abend fertig wurde. Wenn er Zeit hatte, packte er Mick, Moey und Pete Dervin in seinen Wagen, um die Pubs in Denton und Hyde unsicher zu machen.

In Bury trat die Band noch einmal als Vorgruppe von *Sham '69* auf – vor siebentausend Zuschauern. Im März nahmen sie an einem Rock-Against-Racism-Konzert teil und spielten in verschiedenen kleinen Clubs. Von allen Auftritten in jenem Sommer blieb ihnen jedoch der im Oldham's Tower Club am stärksten in Erinnerung. Nicht weil er so erfolgreich gewesen wäre, sondern weil er so schrecklich war.

Mick brüllte gerade den Text einer Eigenkomposition ins Publikum, als einige Typen an der Bar beschlossen, *Yellow Submarine* von den *Beatles* zu singen. Dem Chor schlossen sich immer mehr an, bis an die zweihundert Zuschauer mit aller Kraft gegen die *Elevators* ansangen, so daß man die Band nicht mehr hören konnte.

Steve Tansley erzählt: »Wir kochten vor Wut. Mick schrie ins Mikro: ›Haltet endlich das Maul, ihr Arschlöcher!‹ Er regte sich so auf, daß er ganz rot anlief. Dann marschierte ein großer Schwarzer auf die Bühne und machte klar, daß er Mick eine verpassen würde, wenn er noch einmal was zu meckern hätte. Da hatte Mick genug. Er befahl uns, unsere Sachen zu packen und zu verschwinden. Und das machten wir dann auch.

Mick verschwand für den Rest der Nacht. Erst als wir am frühen Morgen zu unserem Wagen gingen, kam er daher. Er war irgendwo versumpft und hielt noch eine halbe Flasche Scotch in der Hand. Er war so deprimiert gewesen über das, was passiert war, daß er sich betrunken hatte.«

Mick verbrachte viel Zeit mit Moeys Bruder Ian. Gemeinsam besuchten sie Konzerte im Electric Circus, im Ranch und in anderen Clubs in Manchester. Danach tranken sie immer noch gemeinsam bei Ian, spielten Karten oder redeten über Musik.

»Mick liebte es, die ganze Nacht hindurch nur über Musik zu quatschen«, erzählt Ian. »Wenn wir einmal damit angefangen hatten, kamen wir zu keinem Ende mehr, bis es hell wurde. Ich hielt Mick eigentlich nie für besonders impulsiv. Er hatte manchmal sogar eine etwas schwerfällige Art. Aber man kam gut mit ihm aus und konnte prima mit ihm reden.«

Offensichtlich teilten die beiden auch den gleichen eigenartigen Humor: Eines Abends betranken sie sich gemeinsam im Spreadeagle in Ashton. Die Kneipe war berüchtigt, weil dort vor allem bärbeißige Motorradtypen herumhingen. Mick und Ian wirkten fehl am Platz und wurden von den Stammkunden grimmig angestarrt; man versuchte ihnen gehörige Angst einzujagen. Mick und Ian waren aber schon zu betrunken, um das genauer mitzubekommen. Als die Jukebox eines ihrer Lieblingslieder spielte, standen sie auf und versuchten – unter mißbilligenden Blicken – schwankend miteinander zu tanzen. »Wir haben bestimmt wie zwei Schwuchteln ausgesehen«, erzählt Ian lachend. »Aber das störte uns nicht. Irgendwie reizte es uns sogar, die Typen zu ärgern. Das Risiko, daß einer von denen auf uns losgehen könnte, machte alles nur noch spannender.«

Inspiriert von seiner Freundschaft mit Mick, gründete Ian bald eine eigene Band. Als er den *Elevators* eines Abends im Broomstair zusah, luden ihn Moey und Mick ein, auf die Bühne zu kommen und mitzusingen. Ian sang begeistert einige Nummern, darunter eine Parodie auf einen Song der *Elevators* mit dem Titel *You*. Ian schrie das ganze Lied über nur das Titelwort – Mick und Moey mochten seine Version sofort. Später überredeten sie ihn, selbst eine Band zu gründen, die Ian aus unerfindlichen Gründen *The Hamsters* nannte.

Weil er älter war, wurde Ian oft von Mick und seinen Freunden um Rat gefragt. So mußte er auch vermitteln, als im August bei den *Elevators* ein Streit darüber entbrannte, welche Musikrichtung sie in Zukunft spielen sollten.

Mick und Moey wollten stärker experimentieren. Mark zog es weiterhin vor, Punk zu spielen. Ian gab Mark recht, aber Mick und Moey blieben dabei, ihre Sache durchzuziehen. Damit war Mark so gut wie aus der Band draußen. Er beschloß, endlich seinen Traum zu verwirklichen und ins Ausland zu gehen. Er gab Mick und Moey die Adresse von Brian Turner, der an seiner Stelle in der Band spielen sollte.

Mick wußte, daß Brian in die Band wollte. Sie hatten sich bereits durch Adrian Whittleworth kennengelernt und in der Teenagerdisco The Concord miteinander gesprochen. Brian ging auch aufs Tameside und hatte davon gehört, daß Mark aussteigen würde.

Als es schließlich soweit war, bekam Brian eine Audition, obwohl er kaum Gitarre spielen konnte. Er konnte sich nicht einmal ein eigenes Instrument leisten. Drei Tage vor seinem Vorspielen kratzte er alles Geld, das er hatte, zusammen und kaufte sich für zwanzig Pfund die billigste Baßgitarre, die er finden konnte. Dann setzte er sich zu Hause hin, um verzweifelt etwas einzuüben, mit dem er Mick und Moey beeindrucken konnte.

Brians Aufregung war im Grunde überflüssig. Das Vorspielen entpuppte sich als eine lockere Jam Session. Mick und Moey hatten sich außerdem längst entschieden: Sie mochten Brian nicht wegen seines Könnens, sondern weil er ihnen sympathisch war – er trank gern und war hin und wieder auch mal stoned. Er brachte alle mit seinem trockenen Humor zum Lachen. Und ihm lag wirklich daran, in die Band aufgenommen zu werden.

Brian hatte jedoch selbst bei den einfachsten Griffen Probleme, mit der Band mitzuhalten – und Mark machte sich deswegen Sorgen. Mick und Moey schienen jedoch keineswegs beunruhigt, also begann Mark mit den Vorbereitungen zur Abreise. Selbst als sein Termin genau feststand, glaubten Mick und Moey immer noch nicht so recht, daß er ernst machen würde. Sie vermuteten wohl, er wolle sich nur lange Ferien genehmigen, um den Streß in seinem Plattenladen einmal völlig zu vergessen. Auch das dürfte ein Grund dafür gewesen sein, daß sie Brians schlechtes Spiel nicht störte.

Mick hatte noch nicht begriffen, daß man sich – um Erfolg zu haben – nur mit dem Besten zufrieden geben darf. Brian war ein lieber Kerl, der sich redlich bemühte. Damit hätte sich Mick jedoch nicht zufrieden geben dürfen.

Steve Tansley dagegen war sehr besorgt. Er hatte Brian gern – als Kumpel, nicht als Musiker. Drummer und Bassist müssen im Takt absolut übereinstimmen; dazu war Brian als blutiger Anfänger aber nicht fähig. Das machte Steve wahnsinnig.

Zu allem Übel war der Band im Broomstair gekündigt worden,

weil sich die Nachbarn über die sonntäglichen Ruhestörungen beschwert hatten. Nun lag es wieder an Mick, einen neuen Raum zu finden. Zuerst probten sie eine Weile in einem Jugendclub an der Lancaster Road, doch der Raum war zu klein. Mick war der Motor der Band und legte alles daran, endlich einen geeigneten Platz zu finden.

Im Herbst 1978 wurde er jedoch etwas abgelenkt. Er hatte sich für einen Zweijahreskurs an der Polytechnischen Hochschule von Manchester eingeschrieben, um seinen Abschluß im Fach Kunst zu machen. Auf Moey konnte man sich grundsätzlich nicht verlassen, außer beim Songschreiben. Er hatte auch seinen neuesten Job, bei dem er Neonreklamen montieren sollte, schon wieder gekündigt und lebte jetzt munter auf Arbeitslosenunterstützung dahin. Und Steve wurde von Tag zu Tag niedergeschlagener.

Es vergingen einige unproduktive und sehr deprimierende Wochen. Mick entschied, daß es an der Zeit wäre, einen richtigen Manager zu finden. Was die Band aber außerdem bitter nötig hatte, war eine gehörige Portion Glück.

Ein Manager war schnell gefunden: Pete Dervin war ideal für den Job, da er die Band von Anfang an begleitet hatte. Ihm konnte man hundertprozentig vertrauen.

Eines Abends im Oktober tauchte Mick bei Pete daheim auf und brachte ihm einen druckfrischen Stoß Visitenkarten. Pete las überrascht die Aufschrift: FRANTIC ELEVATORS MANAGEMENT. Darunter standen sein Name und seine Telefonnummer.

Pete erinnert sich: »Ich war nicht gerade wild auf den Job, fühlte mich aber geschmeichelt, daß man mir vertraute. Ich und Mick befanden uns auf der selben Wellenlänge. Mick kannte ziemlich viele Leute, gab mir ihre Namen, und ich rief sie an. Ansonsten verteilte ich meine Visitenkarten an jeden, der an einem Auftritt der Band hätte interessiert sein können. Außerdem mußte ich bei jedem Konzert für den Transport sorgen und einen Wagen mieten.«

Mick war in der Zeitung eine Annonce aufgefallen, in der ein Übungsraum angeboten wurde. Endlich schienen die *Elevators* Glück zu haben. Der Raum lag im Industrieviertel der Stadt, an der Little Peter Street, im dreistöckigen Gebäude einer alten Baumwollweberei. Tony Davidson, der das kleine Independent-Plattenlabel *TJM* führte, hatte dort zweiundzwanzig Übungsräume für junge Punkbands eingerichtet.

Der einzige Raum, der noch frei war, lag im Kellergeschoß, war feucht und hatte keine Fenster. Er kostete achtzehn Pfund pro Woche, was nicht billig war. Nach der Besichtigung waren sich Mick und Moey einig, daß ihnen keine andere Wahl blieb; sie mußten das Geld für die Miete einfach irgendwie zusammenbringen. Sie beschlossen, sich so oft wie möglich zu treffen, um den Raum optimal auszunutzen. Doch bevor sie sich an die Arbeit machen konnten, erklärte Steve, daß er die Zustände nicht mehr ertragen könne und die Band verlassen würde.

»Ich hatte mir wirklich Hoffnungen gemacht, daß es mit der Band irgendwann aufwärts ginge und wir häufiger auftreten würden«, gesteht Steve heute. »Aber seit Mark gegangen war, hatten wir nur noch herumgeübt und keine Gigs mehr angenommen. Ich hatte das Gefühl, auf der Stelle zu treten. Brians Unfähigkeit hat mich genervt; er konnte einfach nicht gut genug spielen. Mick winkte nur ab, wenn ich mich beschwerte. Er war der Meinung, Brian könne schnell lernen und die Band würde sich wieder erholen. Ich glaubte einfach nicht mehr daran. Schließlich hatte ich keine Lust mehr und hab' meine Sachen gepackt.«

Die Band hatte schließlich noch einmal Glück, als Tony Davidson nach einer der nächsten Proben vorbeikam und einen neuen Drummer vorschlug.

Sein Name war Kevin Williams. Er war ein Junge aus Oldham mit langen blonden Haaren, der nach seinem Motorrad verrückt war. Er arbeitete in einer Druckerei neben dem Übungsgebäude. Kevin spielte bereits seit seinem achten Lebensjahr Schlagzeug. Er hatte schon lange davon geträumt, einer Band beizutreten und neidvoll die jungen Musiker in der alten Weberei ein- und ausgehen sehen.

Als Kevin durch Tony Davidson erfuhr, daß die *Elevators* einen neuen Drummer suchten, meldete er sofort Interesse an.

Mick besuchte Kevin an seinem Arbeitsplatz und lud ihn zu einem Gespräch in ein Café ein. Mick konnte die Verabredung aber nicht einhalten, weil er an der Uni zu tun hatte, und schickte Moey und Pete an seiner Stelle zum Treffen.

Wie zuvor Brian wurde Kevin nicht eigentlich auf die Probe gestellt. Moey hätte auch gar nicht gewußt, was er Kevin hätte fragen sollen. Pete erzählt, Moey habe nur gesagt, daß die Band jemanden suche, der den Takt halten könnte. Dann tranken sie Tee miteinander.

»Während Moey die Bestellung machte, fragte mich Kevin, welche Art von Musik die *Elevators* eigentlich spielen würden«, berichtet Pete weiter. »Ich habe geantwortet: ›Nur Mistmusik‹. Das hat ihn überhaupt nicht gestört. Er versicherte uns, wirklich gut am Schlagzeug zu sein. Wir haben ihn noch an Ort und Stelle in die Band aufgenommen. Er freute sich trotz meiner dummen Bemerkung. Er wollte unbedingt in einer Band spielen.«

Kevin war ernüchtert, als er das erste Mal mit den anderen probte. Er besaß ein eigenes Schlagzeug, das er gut beherrschte, hatte aber keine Ahnung vom Zusammenspiel mit anderen. Mick mußte sich beeilen, um ihn bis zum nächsten Gig im Band On The Wall das Notwendigste beizubringen. Die Zeit drängte. Sie probten in den darauffolgenden zehn Tagen täglich fünf Stunden am Stück. Kevins Finger waren schon wund und hatten Blasen. Er beschwerte sich aber nicht und ging am Abend des Gigs mit auf die Bühne. Während der ersten zwei Nummern hielt er auch noch tapfer durch, beim dritten Song bekam er jedoch Krämpfe in seinen Händen und Armen – die tagelange Überbelastung und das Lampenfieber hatten sich nun bemerkbar gemacht. Kevin mußte die Sticks weglegen; er konnte nicht mehr. Mick starrte Kevin verständnislos an: »Was zur Hölle machst du da?« fuhr er ihn an.

Kevin schüttelte hilflos den Kopf: »Ich kann nicht mehr«, gestand er verzweifelt.

Mick nahm dem Drummer einen Stick weg und begann, mit einer Hand den Beat zu schlagen, während er weitersang. »Krieg dich bloß wieder ein«, zischte er Kevin in schneidendem Ton zu.

Glücklicherweise ließ der Krampf nach einiger Zeit nach, und die Muskeln lockerten sich. Kevin konnte die vierte Nummer schon wieder spielen und hielt mit zusammengebissenen Zähnen bis zum Schluß durch. Sein erster Auftritt mit einer Band war nicht gerade so verlaufen, wie er es sich jahrelang erträumt hatte.

In den darauffolgenden Wochen nahmen Mick und Moey fast jeden Abend den Bus 210 ins Industrieviertel, um zu den Proben zu fahren. Tony Davidson war beeindruckt vom Engagement der Band, aber nicht von deren Musik, die er düster und schrecklich fand. Er hätte sie nie produziert. Aber ihm gefiel Micks Stimme und die Leidenschaft, mit der er sich der Musik widmete, um es in der Branche zu etwas zu bringen.

Die Band hielt unbeirrbar an ihrem Stil fest und wurde dafür endlich auch belohnt: Kurz vor Weihnachten bekamen die *Elevators* die Chance, bei einem wichtigen Auftritt der *Undertones* in der Factory von Hulme im Vorprogramm aufzutreten. Das versprach einen hoffnungsvollen Start ins neue Jahr. Steve Mardy, ein Freund, fuhr die Band sogar mit seinem Escort-Transporter hin.

Der Abend wurde dann doch nicht so gut wie erhofft. Zuerst schafften es die *Undertones* nach dem 45-Minuten-Auftritt der *Elevators* nicht mehr, aufzutreten, weil sie in der eiskalten Dezembernacht eine Panne hatten. Zudem gestand Alan Wise, der Besitzer des Clubs nach dem Konzert, er könne die versprochenen fünfundzwanzig Pfund nicht zahlen!

Mick konnte sich nicht zurückhalten und schrie Wise wütend an. Als er merkte, daß auch das nichts half, bat er Ian um Hilfe. Ian gelang es, Wise dazu zu bringen, die Band noch einmal als Vorgruppe auftreten zu lassen. Aber auch Ian schaffte es nicht, das fehlende Geld locker zu machen.

»Es war wirklich ein Skandal«, erzählt Steve Mardy heute. »Aber so ging es in der Szene damals zu; so etwas passierte oft. Bands mußten nach jedem Auftritt um ihr Geld kämpfen. Mick gab jedoch nicht so leicht auf. Er verlangte von Wise fünf weitere Pfund, um die Fahrtkosten abzudecken – sonst würde die Band nicht verschwinden. Zuerst wollte Wise nichts herausrücken, aber dann zahlte er doch, mit den Worten: ›Okay, Hucknall, der Fünfer ist aber nur geliehen. Das nächste Mal, wenn ihr hier spielt, will ich ihn zurück!‹ Als ich das hörte, wurde mir richtig schlecht vor Wut, und ich verließ den Raum, so schnell ich konnte. Ich denke, Mick hat ihn wieder angeschrien – er hätte sich so eine Unverschämtheit nie gefallen lassen.«

Wenn die Band bei einer Schallplattenfirma auf sich aufmerksam machen wollte, brauchte sie ein Demoband. Die hohen Studiokosten machten Aufnahmen jedoch schwierig. Das billigste Studio bot Aufnahmen für einhundertfünfzig Pfund an – ein Vermögen für junge Leute. Mick lebte von einem Jahresstipendium von eintausenddreihundert Pfund, Moey war sogar arbeitslos. Mick nahm sich trotzdem vor, das notwendige Geld irgendwie aufzutreiben. Er dachte daran, etwas zu verkaufen – sein Fahrrad beispielsweise. Moey besaß nichts, was er hätte verkaufen können, versprach aber, etwas von seinem Arbeitslosengeld beiseite zu legen. Bereits nach zwei Monaten hatten sie das Geld beisammen. Sie organisierten einen Lastwagen, der sie mit ihrem Equipment in die Great Western Studios im Stadtzentrum brachte. Es war an einem Samstagmorgen, und alle waren aufgeregt. Mick hielt vier ihrer Songs für besonders gelungen und war entschlossen, das Studio nicht eher zu verlassen, bis sie nicht mindestens zwei davon perfekt eingespielt hatten.

Das Studio war ebenfalls in einer ehemaligen Weberei untergebracht und bot nur die einfachste Ausstattung. Die Wände waren mit alten Matratzen und Teppichen abgedämmt, um einen einigermaßen anständigen Sound zu gewährleisten. Im Regieraum stand ein veraltetes Mischpult mit primitiven Funktionen. Es wurde von einem langhaarigen Relikt aus alten Hippie-Tagen bedient.

Pete Dervin erinnert sich: »Wir standen da und wußten nicht, wie wir anfangen sollten. Der Hippie sagte uns, wir sollten einfach spielen und ihm den Rest überlassen. Die *Elevators* hatten sich ein paar zusätzliche, reichlich seltsame Instrumente ausgedacht; zum Beispiel eine Flasche, die mit getrockneten Erbsen gefüllt war. Ich hatte eine Art Rassel bekommen. Die Band spielte die erste Nummer zwei- oder dreimal, bis die Texte stimmten. Mick nahm es mit den Worten sehr genau; man sollte ihn unbedingt verstehen. Das war bei vielen Bands ganz anders, da wurde nur herumgeschrien. Mick und Moey sahen lange beim Mischen zu. Auch das wollten sie lernen.«

Nach neun Stunden kamen sie mit ihrem kostbaren Demo aus dem Studio. Sie waren erschöpft, aber optimistisch. Sie hatten alle vier Songs aufgenommen. Der Hippie hatte versichert, die Nummern wären gut, und die Chancen auf einen Vertrag stünden nicht schlecht.

Der Hippie hatte sich geirrt.

Ein Freund Micks von der Uni zog vom Mastertape fünf Kopien, die an verschiedene Schallplattenfirmen geschickt wurden. Sie hatten die Firmen wahllos nach hübschen Logos oder netten Namen ausgesucht. Nach zwei Wochen hatte die Band bereits etliche Absagen erhalten. Die Briefe waren entweder höflich gehalten: »Wir bedauern, aber zur Zeit nehmen wir keine New Wave- oder Punkband in unser Programm auf.« Oder aber kurz angebunden, wie zum Beispiel: »Danke, wir sind nicht interessiert.«

Als sich die Absagen häuften, begannen die Freunde die Sache von der komischen Seite zu sehen. Nach einer Lage Apfelwein und einigen Tarockrunden beschlossen sie, einen Scherzbrief an Virgin Records zu schreiben.

Obwohl er in dieser Nacht halb bewußtlos ins Bett fiel, kann sich Pete noch gut an den Abend erinnern: »Wir hatten so viele Absagen bekommen, daß wir uns darüber schon kaputtlachten. Mit unserem Galgenhumor hatten wir überlegt, was wir mit den Demos anstellen könnten. Unsere Tarockkarten sagten uns ständig etwas über Affen. Also beschlossen wir, in unserem nächsten Brief viele, viele Affen einzubauen. Es sollte richtig blödsinnig klingen. Je mehr wir tranken, desto alberner wurde der Brief. Irgendwann gab ich lallend zu bedenken, daß wir auch was Ernsthaftes schreiben müßten, damit sich die Plattenfritzen nicht verarscht vorkamen. Mick, dieser Idiot, schrieb meine Bemerkung doch glatt so hin, wie ich sie gesagt hatte.

Der Brief war ein reiner Jux gewesen – ich konnte nicht glauben, daß ihn Mick wirklich wegschickte. Aber nicht nur das; wir bekamen sogar eine Antwort, und die klang ermutigend: »Auch wenn wir im Augenblick nicht an Ihnen interessiert sind, sind wir der Meinung, daß Sie in Zukunft mehr Chancen haben werden als die meisten anderen Bands in Ihrer Gegend.«

Die Antwort des Liverpooler Discjockeys John Peel im Auftrag der BBC gefiel der Band dagegen überhaupt nicht. Soweit sich Pete erinnert, lautete die Absage etwa so: »Danke für die Cassette, Jungs, aber ich denke, euch geht's in Eurem Provinznest schon gut genug.« Anbei lag ein Photo von Tony Blackburn.

Von sarkastischen Tönen einmal abgesehen überraschten die Absagen eigentlich niemanden, waren aber alles in allem schrecklich entmutigend.

13

Die *Elevators* bekamen eines Tages den Spitznamen *The Dying Band*. Sie hatten einen ziemlich morbiden Song mit monotonem Beat geschrieben, den Mick mit kläglicher Stimme begleitete. Sie übten ihn so oft, daß die anderen Bands im Haus schon Witze machten und ihnen den entsprechenden Spitznamen verpaßten. Der Song war nur neunzig Sekunden lang und hatte zwei so kurze Verse, daß die Titelzeile »Every Day I Die« achtmal wiederholt werden mußte! Trotzdem bekam die Band die Nummer einfach nicht so hin, wie sie Mick haben wollte. Er war ein Perfektionist und wie besessen von diesem Song; manchmal mußte ihn die Band den ganzen Tag über üben. Je länger es dauerte, desto mehr amüsierten sich die anderen Gruppen – sogar Tony Davidson.

»Der Song klang, als käme er aus einem Horrorfilm«, erinnert sich Tony. »Zuerst sind wir alle fast wahnsinnig geworden, weil wir ihn andauernd mithören mußten. Schließlich mußten wir lachen. Als es eines Tages wieder losging, stöhnte jemand auf und meinte: ›Was, die *Dying Band* lebt immer noch? Zu Hilfe!‹ Diesen Namen wurde Micks Band nicht wieder los. Der Keller war sehr düster und klamm, aber irgendwie schien er den Jungs zu gefallen. Zuerst hatten sie angefragt, ob sie einen anderen Raum bekommen könnten. Als dann jedoch einer für sie frei wurde, blieben sie doch lieber, wo sie waren. Die Stimmung dort paßte zu ihren Songs – und zu Micks schlechter Laune. Er war in dieser Zeit äußerst frustriert und deprimiert. Die *Elevators* übten fast täglich, auch am Wochenende, und ich fragte mich, warum sie nicht mehr Songs auf Lager hatten. Aber sie besaßen als Band letztendlich doch nur beschränkte Fähigkeiten.«

Ironischerweise bekam die Band ausgerechnet durch den Song, über den alle gelacht hatten, einen Plattenvertrag bei *TJM*. Tony war vom ersten Demotape der *Elevators* nicht sonderlich beeindruckt gewesen. Als ihn aber Mick und Moey überreden konnten, sich eines ihrer Konzerte anzusehen, erkannte er das Potential, das in Micks Stimme steckte. Er änderte seine Meinung und nahm die Band unter Vertrag. Es gab keine rechtlich verbindlichen Abmachungen – Tony führte insgesamt nur fünf Bands unter seinem Label –, und die Vorschußzahlungen waren auch nicht so hoch wie bei einem Vertrag mit einer großen Plattenfirma. Dafür wurden der Band ihre achtzig Pfund Mietrückstände gestundet und sie durfte im Frühling mit auf eine *TJM*-Tour durch Nordengland gehen. Es war ein bescheidener Einstieg in die Musikindustrie, aber für die Freunde ein Grund zum Feiern: Sie konnten mit vier anderen Bands auf Tour gehen und ihre erste Platte aufnehmen!

Die Platte, eine EP, keine LP, wurde einen Monat später in den Smile Studios in Chorlton-cum-Hardy aufgenommen. Tony hatte das Studio für sechshundert Pfund gemietet. Auf die A-Seite kam *Voice In The Dark*, auf die B-Seite *Every Day I Die* und *Passion*. Die

Band brauchte einen ganzen Tag, um die Nummern zu aller Zufriedenheit aufzunehmen. Steve Fowley, der Produzent des Studios, brauchte zusätzlich einen halben Tag für die Abmischung.

»Smile war sicherlich nicht das beste Studio, aber es genügte«, gibt Tony Davidson zu. »Auf Steve war Verlaß, er produzierte einen ordentlichen Sound. Die Jungs waren am Tag der Aufnahme ziemlich nervös. Mick war ohne Zweifel ihr Anführer und schaffte es, die anderen zu beruhigen. Die Stimmung war zum Schluß völlig unverkrampft. Niemand glaubte daran, einen Hit zu produzieren, der uns alle zu Millionären machen würde. Die Musiker der Band spielten nicht gerade brillant. Aber Micks Stimme riß eine Menge heraus. Deswegen haben wir in der Mischung die Instrumente zurückgenommen und Micks Gesang in den Vordergrund gezogen.«

Bald darauf kündeten Anzeigen in den Lokalblättern die erste EP der *Frantic Elevators* an, die unter dem Titel *Life and Death* am 7. Februar veröffentlicht werden sollte. Doch die zweitausend gepreßten Scheiben wurden eigenartigerweise nicht zu diesem Termin ausgeliefert. Als Mick Tony Davidson deswegen zur Rede stellte, hörte er nur Ausflüchte. Aus Frust und Wut über die schlechte Behandlung begann sich die Band härter als je zuvor auf die Arbeit zu konzentrieren. Der düstere Keller wurde zu ihrer zweiten Heimat. Sie verbrachten jetzt ganze Nächte hier. Die Freunde machten nur Pausen, um im Pub um die Ecke schnell etwas trinken zu gehen. Danach spielten sie weiter oder schliefen auf den verschimmelten Teppichen, die sie wegen der Feuchtigkeit im Raum ausgelegt hatten. Sobald sie morgens aufgewacht waren, begannen sie wieder von vorne mit dem Üben.

Auf *TJMs* sogenannter *Identity-Tour* sollten außer den *Frantic Elevators* die Bands *V²*, *Slaughter And The Dogs* und *Screwdriver* spielen. Die *Elevators* trauten den Versprechungen Davidsons auch diesbezüglich nicht mehr, da ihre Platte noch immer nicht erschienen war. Aber schließlich gaben sie im Rock Garden von Middlesbrough vor achthundert Zuschauern den ersten Gig der Tour. Von zwölf geplanten Auftritten blieben jedoch nur fünf übrig. Allerdings war es nur Micks Talent, ein aggressives Publikum beruhigen zu können, zu verdanken, daß dieser erste Gig überhaupt ein Erfolg wurde.

»Mick wurde mit brenzligen Situationen gut fertig«, erzählt Tony Davidson. »Mick bat die Menge, mit der widerlichen Spuckerei aufzuhören und sich auf die Musik zu konzentrieren. Sie gehorchten ihm tatsächlich. Mick hatte starke Nerven und benahm sich schon damals professionell. Er nutzte die Tour, um Erfahrungen zu sammeln, zum Beispiel, wie man Zuschauer kontrollieren oder die eigene Bühnenpräsenz ausnutzen kann.«

Die Tour war finanziell gesehen ein Reinfall. Einige Konzerte waren so schlecht besucht, daß keine der Bands bezahlt werden konnte. Bei dem Gig in Derby konnte der pakistanische Clubbesitzer wegen zu geringer Einnahmen nur eine Teilsumme auszahlen, lud dafür aber alle in ein nahegelegenes indisches Restaurant ein. Das machte die Enttäuschung zumindest etwas wett, speziell für Mick, der eine Leidenschaft für die indische Küche entwickelt hatte. In Sheffield hatten sie nicht so viel Glück. Dort machte sich der Promoter mit den gesamten Einnahmen aus dem Staub; kein Penny blieb für die Bands übrig. Während dieser Tour traten die *Elevators* auch erstmals in Liverpool auf. Diese Stadt sollte für ihre Karriere noch wichtig werden.

Am Ende der Tour konnten Mick und die Freunde dennoch recht zufrieden sein: Sie hatten sich in Manchester einen Namen gemacht und eine feste Fangemeinde um sich geschart. Aber verglichen mit etablierteren Bands wie den *Buzzocks, Joy Division* oder *Slaughter And The Dogs* gehörten sie immer noch zur »zweiten Garnitur«.

Schuld daran waren sicherlich die eingeschränkten musikalischen Möglichkeiten der Band. Die *Elevators* hatten im Grunde außer Micks Stimme nichts zu bieten und entsprachen äußerlich keinem aktuellen Trend der Szene.

Ian Moss hatte sich einen Gig der Band in Middlesbrough angesehen. »Damals mußten die Bands einen ganz bestimmten Look haben, um anzukommen – aber den hatten die *Elevators* nicht«, erzählt Ian. »Ihre Musik war zwar genauso aggressiv wie die der anderen Punkbands, aber ihr Aussehen war zu gemäßigt. Ihr Haar war immer noch zu lang, ihre Shirts waren nicht eng genug und so weiter. Sie waren nicht hundertprozentig, besaßen kein klares Image und paßten nirgendwo richtig hin.«

Trotzdem wurden sie in Middlesbrough von Autogrammjägern bestürmt und bekamen sogar Komplimente von den bekannteren Bands. Mick und Moey waren sich klar darüber, daß das alles nichts bedeutete, solange die Band von der Presse ignoriert wurde und keine Platten verkaufen konnte.

Kurz nach der *Identity-Tour* bekamen die *Elevators* einen prestigeträchtigen Auftritt im bekannten Eric's Club in Liverpool.

Die Umstände, unter denen das Konzert an jenem Abend stattfand, waren dabei alles andere als günstig: Es hatte so stark geschneit, daß auf allen Straßen das absolute Chaos ausgebrochen war; außerdem bekamen die Freunde keinen Kleintransporter für die Anfahrt. Mick versuchte währenddessen von London aus nach Liverpool zu kommen, weil er auf einer Universitätsexkursion gewesen war. Seine Chancen, rechtzeitig einzutreffen, standen sehr schlecht.

Brian, Moey und Kevin trafen sich in ihrem Übungsraum und überredeten einen Taxifahrer, die Band für dreißig Pfund zum Konzert und wieder zurück zu fahren. Das Geld hatten sie allerdings noch nicht – sie mußten es erst verdienen und versprachen, den Fahrer nach ihrem Auftritt auszuzahlen.

Der Verkehr nach Liverpool war katastrophal: Während die Freunde aus dem Taxi auf die verschneiten Fahrbahnen starrten, mußten sie ständig an Mick denken – wie sollte er jemals rechtzeitig eintreffen, wenn er genauso langsam vorwärtskam? Ohne ihren Sänger könnten sie gleich wieder einpacken und nach Hause fahren.

Am Ende war ihr Taxi schließlich doch noch früh genug da. Zuversichtlich begannen sie mit dem Aufbau der Geräte. Der Auftritt rückte näher, aber von Mick war immer noch nichts zu sehen. Langsam wurden die Freunde unruhig. Im buchstäblich letzten Augenblick kam Mick hereinspaziert – weiß eingeschneit und zitternd vor Kälte. Trotzdem war sein Enthusiasmus ungebrochen; er brannte richtiggehend darauf, auf die Bühne zu gehen.

Roger Eagle, der Besitzer des Clubs, war tief beeindruckt vom Engagement der Band. Er mochte Menschen, die sich von Musik begeistern ließen. Roger schloß an jenem kalten Winterabend mit Mick und seinen Freunden eine enge Freundschaft, die noch lange anhalten und für Micks Karriere von entscheidender Bedeutung sein sollte.

Zur allgemeinen Überraschung veröffentlichte Tony Davidson die EP der *Elevators* im Juli. Die Band war zufrieden mit dem Endprodukt, das unter dem Titel *Voice In The Dark* auf den Markt kam. Der Frontcover war schwarz; auf der Rückseite waren die Gesichter aller Bandmitglieder abgebildet, allerdings derart verfremdet, daß sie kaum zu erkennen waren. Die Plattenhülle sah eigentlich sehr billig aus, aber gerade das gefiel Mick und den anderen: Das Cover sollte undefinierbar und mysteriös wirken. Obwohl sie die Formation schon längst verlassen hatten, wurden Mark Reeder und Steve Tansley immer noch als Bandmitglieder aufgeführt – schließlich hatten sie mehr zu den Songs beigesteuert als Brian Turner oder Kevin Williams.

Moey benutzte auf dem Cover einen anderen Namen. Er fürchtete, das Sozialamt könnte ihm auf die Schliche kommen und die Arbeitslosenunterstützung streichen. Außerdem wollte er keine Steuern zahlen. So erschien er unter dem Pseudonym Neil Smith, einem Namen, den er von seinem Schulfreund aus Two Trees geborgt hatte.

Die Platte kletterte am 21. Juli auf Platz acht der *Independent Charts* – wie sie dorthin kam, war schon damals rätselhaft. Von den zweitausend gepreßten Scheiben wurden nie so viele verkauft, daß die Platte in irgendeiner Verkaufshitparade hätte erscheinen können. Nur zwei Magazine machten sich die Mühe, die EP überhaupt zu beachten: Die Kritik in *Sounds* war gemischt und unentschieden. Der *New Musical Express* hielt die Aufnahmen für »etwas anders« und »ein bißchen verrückt«.

Bald merkten Mick und Moey, daß die Platte wohl etwas zu mysteriös geraten war, weil sie kaum jemand kaufte.

Tony Davidson erinnert sich: »Ich rief Red Rhino – die Firma, die für mich die Verkäufe tätigte – an und erzählte ihnen, daß ich eine Scheibe der *Frantic Elevators* anzubieten hätte. Sie fragten erst irritiert: ›Die *Frantic Was*?‹ und erklärten mir anschließend, daß die Punkwelle längst wieder am Abebben wäre. Ich habe sie trotzdem überredet, fünf Scheiben abzunehmen.

Ich mußte mit meinen Mitarbeitern von Plattenladen zu Plattenladen gehen und ihnen die Scheiben einzeln aufdrängen. Die kompletten Verkaufseinnahmen lagen am Ende bei vierhundertfünfzig Pfund. Die Hälfte davon war sogar nur durch einen kleinen Betrug zusammengekommen: Ich hatte einem Londoner Großhändler telefonisch zwei Platten aufs Auge gedrückt. Kurz darauf rief ich nochmals bei ihm im Büro, aber bei einem anderen Kollegen, an und behauptete, es wäre eine Bestellung von zweihundert Stück ergangen. Der Lieferschein wurde sofort umgeschrieben – ich war mit dem Trick durchgekommen und eine Menge Scheiben losgeworden.

Die Jungs von der Band fragten ständig nach, wie der Verkauf der Platte lief; ich mußte ihnen die ungeschminkte Wahrheit sagen. Sie waren vernünftig und haben eingesehen, daß die Konkurrenz auf dem Markt einfach zu groß war.«

Es gab jedoch auch einige Hoffnungsschimmer. Ein Fan schrieb aus London, daß er die Platte fantastisch fände. Das ermutigte die Band ungeheuer: Anscheinend gab es Leute, die ihre Musik wirklich mochten.

Die Bandmitglieder hatten etliche Belegexemplare der Platte umsonst bekommen, gaben sie aber nicht an Verwandte oder Freunde weiter; sogar Moeys Eltern mußten sich die Scheibe kaufen. Mick war ganz besonders knauserig und gab nicht einmal einem Freund von der Uni, der selbst eine New-Wave-Scheibe veröffentlicht hatte, ein Freiexemplar.

Sein Name war Nick Manning. Er erinnert sich heute noch daran, wie er mit Mick nach einem Hochschulseminar durch den All Saints Park ging und über die Massenmedien plauderte.

»Als ich von seiner Platte hörte, erzählte ich ihm von meiner eigenen Aufnahme und schlug vor, daß wir unsere Platten tauschen sollten«, erzählt Nick. »Mick antwortete jedoch, daß ich mir die Platte schon selbst kaufen müßte – was ich dann auch tat. Als ich Mick davon erzählte, meinte er, ich solle mir auch die nächste anschaffen, weil er eines Tages berühmt sein würde. Er sagte das mit absoluter Überzeugung, und ich glaubte ihm aufs Wort. Ich hielt ihn für keinen hohlen Angeber, im Gegenteil. Er hatte dieses gewisse Etwas, mit dem er es tatsächlich schaffen konnte.

Er kam freitags immer völlig erledigt ins Seminar. Sein Gesicht war rot und die Augen angeschwollen – er war völlig übermüdet von den Auftritten am Abend zuvor. Mir wurde klar, daß er mehr Energie auf die Musik als aufs Studium verwendete. Er unterschied sich radikal von seinen Kommilitonen: Er hatte sehr kurzes Haar und dieses rauhe, zerklüftete Gesicht, das auch Fischer haben. Er fuhr mit einem Uralt-Motorrad durch die Gegend; dabei flatterte sein seltsamer grauer Trenchcoat im Fahrtwind. Er sah aus, als wäre er geradewegs einem dieser Photos entsprungen, die sie in den Dreißigern während der Großen Depression aufgenommen haben.«

Mick glaubte den Fehlschlag der ersten Platte durch die Aufnahme einer zweiten mit besonderem Songmaterial wettmachen zu können. Er bestürmte Davidson ununterbrochen mit dieser Idee, bekam aber nur Einwände und Ausflüchte zu hören.

Noch mehr frustriert überredete Mick die Band, eigenes Geld in ein neues Demo zu stecken, Davidson aber weiterhin mit vereinten Kräften zu einer zweiten Platte zu bewegen. Am 15. August fuhren sie mit Steves Laster in die Cargo Studios von Rochdale, die auch von bekannteren Bands wie *The Fall* genutzt wurden und zehn Pfund für eine Aufnahmestunde verlangten. Mick war sicher, daß sich der Aufwand lohnen würde.

Steve, der selbst eine etwas härtere Punkband mit dem Namen *The Hoax* gegründet hatte, erinnert sich: »Mick und Moey wußten an jenem Tag genau, was sie wollten, und hatten vom Beginn der Aufnahmen an alles unter Kontrolle. Sie nutzten jede einzelne Minute aus, waren voll konzentriert: Während Brian und Kevin nervös herumsaßen, erklärten die beiden anderen dem Tontechniker Colin Richardson, wie sie sich die Aufnahmen vorstellten.«

Ein Lied, das die *Elevators* damals aufnahmen, war einem Iren namens Michael gewidmet, der in der Little Peter Street als Wachmann arbeitete. Er brachte nie etwas zu Ende und jammerte stets, wenn er um Hilfe gebeten wurde: »Oh, ich weiß nicht recht, ob ich das kann...« Mick und Moey nannten den Song *Never* und er begann mit der Zeile »Uh, I don't know...«.

Die Demoaufnahmen lohnten sich wirklich: Davidson gefielen die Bänder, und er beschloß, noch eine zweite Platte mit der Band zu wagen. Diesmal bestand er auf einem richtigen Vertrag, was Mick und Moey ausgesprochen recht war. Am 31. August unterschrieben sie den Kontrakt. Einige Tage darauf gingen sie wieder ins Studio, um neues Material aufzunehmen: *Hunchback Of Notre Dame, I See Nothing And Everything* und *Don't Judge Me*. Mick war zufrieden; endlich schien es mit der Band aufwärts zu gehen.

Leider war sein Optimismus fehl am Platz. Wieder verzögerte Davidson die Herstellung und den Verkauf der Platte. Und wieder gab er keine Begründung an, wenn man ihn zur Rede stellte. Davidson gab nicht zu, daß er sich zu jenem Zeitpunkt gar keine Veröffentlichungen mehr leisten konnte, weil er anderen finanziellen Verpflichtungen nachzukommen hatte. Tonys Probleme hätten Mick auch wenig interessiert. Er hatte seinen Vertrag und wollte endlich die Platte auf dem Markt sehen.

Heute erklärt Davidson die damalige Situation so: »Die Punkwelle war eigentlich gelaufen. Man konnte einfach nicht mehr alles wahllos auf den Markt bringen. Eine Band mußte etwas ganz Spezielles haben, um aufzufallen. So etwas fehlte den *Elevators*. Sie übten fünf Tage in der Woche und hätten schon viel mehr Songs haben sollen. Ich konnte mit ihnen kein Risiko eingehen, selbst wenn ich das Geld gehabt hätte.«

Mick und die Band fühlten sich wie in der Falle. Sie wollten von Davidson weg und bei jemand anderen ihr Glück versuchen. Aber der Vertrag band sie an *TJM*. Die Beziehung zu Davidson verschlechterte sich immer mehr. Eines Tages trafen Mick, Moey und Pete schließlich auf zwei Produzenten, die die *Elevators* in ihr neues Independent-Label aufnehmen wollten. Sie meinten, die Band käme leicht aus dem Vertrag mit *TJM* heraus.

Dem war aber nicht so. Davidson machte der Band klar, daß die Band ein Vertragsbruch viel Geld kosten würde.

»Sie haben sich wirklich kindisch benommen«, meint Tony heute. »Ich hatte in die Band investiert und durch sie bereits Geld verloren. Wenn mich die Jungs fallengelassen hätten, wäre es nur fair gewesen, sie dafür einen entsprechenden Preis zahlen zu lassen. Ich war wirklich kein *Big-Brother*-Typ; ich hatte ihnen eine Chance gegeben, als sie niemand haben wollte.«

Die Freunde waren in einer unmöglichen Situation: Sie hatten kaum genug Geld zum Leben; und jetzt sollten sie sich auch noch aus einem Plattenvertrag loskaufen. Sie sahen nicht ein, für etwas zu zahlen, womit sie keinen Penny verdient hatten.

Bei einem Bier fanden sie die Lösung: Wenn Davidson nicht freiwillig mitmachte, mußten sie eben »nachhelfen«.

»Wir glaubten, keine andere Wahl mehr zu haben, als in Tonys Büro einzubrechen und den Vertrag zu stehlen«, gesteht Pete Dervin heute. »Tonys Büro lag im Erdgeschoß, aber es war gar nicht so leicht, unbemerkt hineinzukommen. Man wußte außerdem nie, wann Tony da war und wann nicht; er hing dort oft Stunden herum. Schließlich kamen wir doch rein, konnten aber den Vertrag nicht finden. Mick war stocksauer deswegen. Er fürchtete, daß *TJM* die Band ruinieren könnte.«

Also blieb den Elevators keine andere Wahl, als bei Tony zu bleiben. Verärgert und niedergeschlagen übten sie weiter in ihrem Kellerloch, in dem unentwegt das Wasser an den Wänden hinunterlief. Zumindestens paßte dieses Ambiente ausgezeichnet zu ihrer deprimierten Stimmung.

Kurz vor Weihnachten konnte Mick die Situation nicht länger ertragen. Er stellte Davidson zur Rede und ließ diesmal keine Ausreden gelten: Er wollte wissen, warum Tony die Band nicht gehen ließ, wenn er sowieso nichts für sie tat. Auf einmal war Davidson einverstanden, den Kontrakt zu lösen; er sah trotz Micks guter Stimme keine Zukunft für die Band mehr. Außerdem war er gerade dabei, aus finanziellen Gründen das Konzept von *TJM* zu überdenken.

Silvester stand vor der Tür. Mick und seine Freunde hofften auf das neue Jahr – und auf bessere Zeiten.

14

Der Neuanfang für die Band kam mit Roger Eagle. Der hochgewachsene Talentförderer gilt heute noch als Kultfigur der nordenglischen Musikszene. In den Sechzigern begann er seine Karriere als Discjokkey im Twisted Wheel Club von Manchester. Dort traten Rod Stewart (oder Stuart, wie er sich damals noch schrieb) und die *Yardbirds* auf. Roger hatte viele junge Talente schon früh erkannt und gefördert, zum Beispiel David Bowie und *Led Zeppelin*. 1977 machte er in Liverpool einen Club auf, der landesweit für seine Liveauftritte junger, begabter Bands berühmt wurde. Außerdem wurden dort wichtige Kontakte zwischen jungen Musikern und Produzenten geknüpft. Die *Sex Pistols* hatten dort genauso gespielt wie die *Stranglers,* Elvis Costello oder *Orchestral Manoeuvres In The Dark.*

Roger und sein Partner Peter Fulwell hatten ihren Club Eric's getauft. Bald waren auch die *Elevators* dort gern gesehene Livegäste. Von diesem Club aus versuchten sie einen Neuanfang, der sie in Liverpool populärer und erfolgreicher machen sollte als in ihrer Heimatstadt.

Roger konnte Mick vom ersten Augenblick an gut leiden. Zuerst war er auf ihn bei dem Konzert vor einem Jahr aufmerksam geworden, als sich Mick so begeistert auf seinen Auftritt gefreut hatte, obwohl er völlig durchgefroren war. Roger hatte Respekt vor Leuten, die sich mit Haut und Haaren der Musik verschrieben hatten; Mick gehörte dazu, ebenso wie Roger selbst. Er beschloß, Mick unter seine Fittiche zu nehmen. Zuerst einmal ließ ihm Roger Platten aus seiner umfangreichen Sammlung zukommen, die – nach den Archiven der

BBC – als die zweitgrößte des Landes galt. Er spielte Mick Bluessänger vor, von denen der Junge noch nie etwas gehört hatte. Darunter waren auch besonders rare Importpressungen des legendären Soulsängers James Brown.

Viele Blues- und Soulsongs, die Mick zum ersten Mal zu hören bekam, befanden sich in einem Wurlitzer, der in einer Ecke des Clubs stand. Dort machte Mick auch die anderen aus der Band mit den für sie sensationellen Neuentdeckungen bekannt.

Roger erkor die *Elevators* schließlich zu seiner »Hausband«, auf die er sich verlassen konnte und die für ihn im Notfall einsprang, wenn andere Gruppen kurzfristig abgesagt hatten. Man kann die Bedeutung, die dieser Club für aufstrebende Talente hatte, gar nicht hoch genug einschätzen. Sobald die *Elevators* dort einmal akzeptiert waren, bekamen sie ohne Probleme Gigs im ganzen Raum Liverpool. Im Frühjahr stand bereits fest, daß ihre Zukunft am Mersey liegen würde.

Meist kam die Band am frühen Nachmittag in Liverpool an. Dann nahmen die Freunde die Fähre hinüber nach Birkenhead, um ein paar Biere im Duke of Norfolk zu trinken – in jenem Pub, das die *Beatles* berühmt gemacht hatten. Es überrascht nicht, daß Mick und die anderen dort oft über John, Paul, George und Ringo sprachen. Mick zog manchmal gewagte Vergleiche und behauptete, auch die *Elevators* müßten erst einige Zeit in kleinen Clubs spielen, um ihr Handwerk zu lernen. Zur gleichen Zeit begann sich Mick auf der Bühne wie John Lennon anzuhören. Er trug zudem einen Lennon-Sticker an seinem Trenchcoat. Als ihn Pete Dervin jedoch auf gewisse Ähnlichkeiten zwischen beiden Stimmen aufmerksam machte, war Mick verärgert. Es störte ihn nicht, allgemein mit dem Beatle verglichen zu werden, denn in ihren Biografien gab es tatsächlich einige Parallelen; aber er wollte auf gar keinen Fall wie ein billiges Lennon-Imitat wirken.

Mick konnte persönliche Kritik überhaupt nicht vertragen. Nach einem Konzert im Eric's bezeichnete ihn ein Journalist als »Heulsuse«, was Mick auf die Palme brachte. Er war nicht wegen des abfälligen Wortes an sich aufgebracht, sondern weil der Reporter einen völlig falschen Eindruck bekommen hatte: Mick hatte sich lauthals über eine Vorgruppe beschwert, die die Instrumente der *Elevators* beinahe ruiniert hätte. Der Journalist hatte Micks Jammern mitangehört, ohne die Zusammenhänge zu kennen. Noch dazu schien dem

Reporter dieser Zwischenfall interessanter zu sein als eine objektive Konzertkritik. Die Headline seines Artikels lautete süffisant: »Mama, wir wollen unsere Instrumente zurück!«. Und weiter schrieb er: »Der Frontmann dieser Band ist die größte Heulsuse von Manchester.« Mick sah nicht nur sich selbst, sondern auch die Band beleidigt – denn an jenem Abend hatten sie sogar ausgesprochen gut gespielt.

Wenn weder Martin Kenyon noch dessen Freund Gary Livesey die Band zu ihren Gigs fahren konnten, übernahm dies ein Freund Micks von der Uni: Gwynn Jones mietete in diesen Fällen zumeist einen blauen Sherpa-Laster für neuneinhalb Pfund pro Abend. Der Laderaum des Kleinlasters war vollkommen abgeschlossen und besaß keine Fenster oder Verbindung zur Fahrerkabine. Die Freunde erinnerten die Fahrten im Dunkeln, eingezwängt zwischen Equipment und Instrumenten, stets an einen Trip im Leichenwagen. Für Mick waren diese Fahrten kein Grund für makabre Witze, sondern die reinste Tortur, da seine Kollegen trotz des geschlossenen Wagens ununterbrochen Zigaretten und Cannabis rauchten, bis der dichte Qualm unerträglich wurde. Mick rauchte zwar auch hin und wieder Gras, um stoned zu werden, haßte aber die Wirkung des Rauchs auf seine Stimmbänder. Er versuchte stets einen Platz im Führerhäuschen zu ergattern.

Das war den anderen aber nicht immer recht, besonders nicht Pete. »Wir stritten uns andauernd um den vorderen Platz«, erzählt er heute. »Ich haßte es, hinten drin sitzen zu müssen, weil die anderen alles verrauchten. Mir wurde davon sterbenselend. Mick konnte mich rasend machen: Sobald unser Wagen da war, besetzte er den Beifahrerplatz und rührte sich nicht mehr von der Stelle. Ich war jedesmal verzweifelt, aber Mick gab den Platz nie wieder her. Er spielte sich auf wie eine Diva: ›Schließlich muß *ich* ja noch den ganzen Abend arbeiten!‹ «

Mick war sich anscheinend klar darüber, daß seine Stimme ein Vermögen wert war, und tat alles, um sie nicht zu beeinträchtigen. Er trank immer noch sehr viel Zitronensaft mit Honig. In die fünf oder sechs Gläser Guinness, die er sich vor jedem Auftritt genehmigte, mixte er schwarzen Johannisbeersaft, der angeblich gut für die Stimmbänder sein sollte.

»Er gehörte zu den Menschen, die ständig auf sich achteten«, erzählt Pete. »Er überlegte bei kleinsten Kleinigkeiten, ob sie seine Stimmbänder beeinträchtigen könnten. Eines Tages verlangte er von seinem Vater sogar, nur noch vegetarisch zu kochen; Mick wollte durch den Verzicht auf Fleisch Kraft und Energie für seine Konzerte sparen.«

Mick war auch sehr auf Sauberkeit bedacht. Pete erinnert sich: »Wenn ich bei ihm vorbeikam, um ihn abzuholen, wusch er sich oft gerade noch die Füße – aber nicht so schnell, wie das die meisten Menschen tun, sondern mit Bedacht und sehr gründlich; es wirkte fast wie ein Ritual, jede Zehe kam einzeln an die Reihe.«

Die *Elevators* traten mittlerweile mindestens einmal pro Woche auf, meist sogar als Vorband einer prominenten Gruppe. Der harte Einsatz hatte sich gelohnt: Die Band war professioneller und selbstbewußter geworden. Mick und Moey waren überzeugt, auf dem Weg nach oben zu sein. Die beiden hatten ihre Ansprüche an die Band derart hochgeschraubt, daß sie nach Auftritten nicht selten deprimiert waren; sie hielten sich oft für nicht perfekt genug. Pete Dervin erzählt: »Es kam vor, daß Moey nach einem Konzert hinten im Wagen saß – den Kopf auf seine verschränkten Arme gestützt – und vor sich hinbrütete. Er und Mick nahmen die Konzerte viel ernster als wir und hatten wohl deshalb nie soviel Spaß daran.«

Für Mick war die Karriere so wichtig, daß er sich nicht einmal von Mädchen ablenken ließ. Die Gruppe ließ sich prinzipiell nicht von Groupies umlagern. Selbst wenn sich ihm die Gelegenheit bot, nutzte Mick sie niemals aus. »Eines Nachts wollten zwei Mädchen mit uns zurück nach Manchester fahren«, erinnert sich Pete. »Es war klar, daß sie mit uns ein bißchen Spaß haben wollten. Mick war aber sofort dagegen und fragte mich, was das eigentlich bringen sollte. Also haben wir sie nicht mitgenommen. Ich konnte Mick in diesem Punkt eigentlich nicht so recht verstehen. Ich kapierte nicht, wie er es ohne Freundin aushalten konnte. Einmal hab' ich ihn sogar darauf angesprochen; er sah mich nur verständnislos an, als wäre ich übergeschnappt. Moey brachte ihm gerade Gitarrespielen bei, und Mick behauptete, er hätte deswegen keine Zeit für eine Freundin. Ich konnte mir nicht vorstellen, was eine Freundin mit dem Gitarrespielen zu tun haben sollte. Mick war da anders. Wenn er sich einer Sache widmete, dann absolut und ausschließlich; dann hatte er für nichts anderes mehr Zeit.«

Im März wurde Eric's von der Polizei geschlossen. Roger wurde wegen Steuerhinterziehung angeklagt. Außerdem hatte er zwanzigtausend Pfund Schulden bei verschiedenen Brauereien. Um den Club zu erhalten, organisierte man mit Unterstützung lokaler Zeitungen sogar einen Protestmarsch. Eric's wurde trotzdem nie wieder eröffnet.

Für die *Elevators* war dies ein herber Rückschlag, für Roger Eagle jedoch schlichtweg eine Katastrophe. Er zog sich mit einem Wohnwagen in die Waliser Berge zurück, so weit weg von seinen Gläubigern wie möglich. Er lud Mick häufiger übers Wochenende zu sich ein. Dann diskutierten die beiden über Musik und die Zukunft der *Elevators*.

Trotz seiner finanziellen Probleme besaß Roger immer noch die Kontrolle über *Eric Records*, seiner Plattenfirma in der Rutland Avenue 4, die er mit einem Partner in Liverpool gegründet hatte. Mick war begeistert: Roger wollte mit der Band eine Single produzieren.

Micks Band bekam damit eine unverhoffte Chance: Der Musikmarkt war durch das Abflauen der Punkwelle zusammengebrochen, und selbst bekannte Bands hatten Schwierigkeiten, Plattenverträge zu bekommen.

Am Donnerstag, den 22. Juli, brach die Band zu den fünfzig Kilometer entfernten Cargo Studios in Rochdale auf, um über Nacht die Stücke *You Know What You Told Me* und *Production Prevention* aufzunehmen. Gary Livesey, der nebenbei auch als Taxichauffeur arbeitete, fuhr die Band kostenlos hin und holte sie auch wieder ab. Als die Freunde morgens müde aus dem Studio kamen, wartete Gary bereits auf sie. Mick bedankte sich bei Gary: »Wenn ich einmal reich und berühmt bin, werde ich dir das Fahrtgeld geben.« Gary antwortete scherzhaft: »Okay, das ist ein Deal. Wenn du ihn vergißt, komme ich vorbei und hole mir die Kohle.«

Beide mußten lachen.

Mick hat das Geld für jene zweihundert Kilometer Fahrt bis heute nicht bezahlt, aber Gary ist ihm deswegen nicht böse. »Es hat mir wirklich nichts ausgemacht, sie damals umsonst zu fahren. Es machte mir sogar Spaß, denn auf diese Weise gehörte ich zur Band! Als ich sie abholen kam, haben sie mich im Studio herumgeführt und mir ihre Aufnahmen vorgespielt. Sie waren hundemüde, aber stolz auf das, was sie geleistet hatten. Mick war am meisten überzeugt davon, eines Tages Erfolg zu haben. Ich muß gestehen, daß ich eigentlich nie richtig an ihn rankam; er war mir gegenüber immer reserviert. Irgendwie wirkte er auch in der Band fehl am Platz.«

Die Hoffnungen, die die *Elevators* auf ihre neuen Aufnahmen gesetzt hatten, zerstoben bald, als sich herausstellte, daß Roger Eagle seine finanzielle Situation vollkommen falsch eingeschätzt hatte. Er mußte zugeben, daß er sich in seiner momentanen finanziellen Lage keine Plattenproduktion leisten konnte. Roger versprach aber, den *Elevators* so viele Liveauftritte wie möglich zu verschaffen.

Eagle hielt sein Wort. Micks Band bekam während der darauffolgenden fünf Monate ununterbrochen Engagements und verdiente erstmals recht gut.

Was die *Elevators* von den übrigen Bands unterschied, war die äußerst fruchtbare Teamarbeit zwischen Mick und Moey: Die beiden schrieben ständig neue Songs zusammen.

Ian Moss, der damals immer noch in seiner eigenen Band *The Hamsters* spielte, erzählt: »Die zwei waren ein Spitzenteam und bestärkten sich gegenseitig. Sie wollten beide dasselbe. Mick hatte enormes Selbstvertrauen und brachte Neil dazu, durchzuhalten. Mick war präzise und diszipliniert, Moey dagegen launisch und unzuverlässig. Trotzdem waren sie wie Brüder. Neil stand Mick näher als mir, seinem eigenen Bruder!

Meine Band schwänzte schon mal ein paar Übungstage, um sich zu amüsieren und einen draufzumachen. Das hätten Mick und Moey den *Elevators* niemals erlaubt. In ihrer Band herrschten nicht gerade demokratische Zustände, aber das gaben sie auch ehrlich zu. Die anderen mußten mitziehen, ob sie wollten oder nicht – das hieß zum Beispiel, daß auch an Weihnachten geübt wurde!«

Im Sommer 1980 hatten Mick und Moey bereits über fünfzig Songs zusammen geschrieben! Sie beschlossen, bei einem Auftritt im Mayflower, einem umgebauten Kino in Belle Vue, einen Großteil ihrer Kompositionen zu spielen. Leider kamen nur knapp dreißig Zuschauer zum Konzert. Die meisten Bands hätten sich in einem solchen Fall wohl kaum besondere Mühe gegeben und wären nach kurzer Zeit von der Bühne gegangen. Aber Mick sah die Situation positiv und machte das Beste daraus.

Ian Moss trat damals mit seinen *Hamsters* als Vorgruppe auf. Er erinnert sich: »Die *Elevators* waren fantastisch an diesem Abend. Sie spielten über zwei Stunden, und die Zuschauer waren unglaublich gut drauf. Es herrschte eine fast intime Stimmung – so, als hätte man eine menschliche Jukebox aufgestellt. Kaum eine der renommierten Bands hatte so viele eigene Songs im Repertoire.«

Mick und Moey versuchten oft, Ian und die *Hamsters* in ihrem Vorprogramm unterzubringen. Doch eines Abends war Schluß mit dieser Partnerschaft; denn ein Mitglied der *Hamsters* hatte Brian Turner ein Messer an die Kehle gehalten! Es geschah nach einem Konzert in Nelson bei Burnley, als ein Zuschauer beide Bands und deren Freunde zum Essen eingeladen hatte. Aus irgendeinem Grund ging einer der Jungs mit dem Messer auf Brian los. Ian und die anderen *Hamsters,* die das aufbrausende Temperament ihres Kollegen schon kannten, nahmen den Vorfall nicht weiter ernst. Mick und Moey konnten die Sache jedoch nicht so leicht vergessen; Brian hatte wirklich schreckliche Angst gehabt, auch wenn er unverletzt geblieben war. Der Vorfall beendete die Beziehungen zwischen beiden Bands. Die *Elevators* nahmen auch keine Einladungen zu gemeinsamen Auftritten mehr an, die sie von Ian erhielten. Sie wollten mit den *Hamsters* nichts mehr zu tun haben.

Über ein Jahr lang war Pete Dervin der engste Freund der Band gewesen. Die *Elevators* waren schon nahezu einhundert Mal aufgetreten, und das ständige Herumfahren wurde Pete allmählich zu viel. Er war mit seiner Freundin zusammengezogen, hatte ein neues Auto gekauft und wollte sich als Dekorateur selbständig machen. Da blieb nicht mehr viel Zeit für die Band. Seit sich Roger Eagles für die Band engagierte, distanzierte sich Pete zunehmend: Roger sah Mick als seinen Schützling an und ließ nicht zu, daß diesem jemand zu nah kam. Pete hatte das Gefühl, daß Roger aus diesem Grund alles daran setzte, ihn zu verdrängen. Als Pete eines Tages mit der Band auftauchte, fuhr ihn Roger gehässig an: »Was machst du eigentlich hier?«

Im Grunde wußte Pete, daß er nicht mehr lange der Manager der *Elevators* sein konnte. Im Herbst wurde klar, daß die Tage seiner Zusammenarbeit mit der Band gezählt waren.

Die *Elevators* sollten zum ersten Mal in London spielen, im bekannten Club The Skids, der nahe beim legendären Hammersmith Palais lag. Die Freunde legten ihr Geld zusammen, um den Transport der Ausrüstung bezahlen zu können.

Aber Pete weigerte sich mitzukommen und zu bezahlen. Mick gefiel Petes Verhalten überhaupt nicht.

Noch mehr ärgerte er sich über die Zustände auf der Fahrt nach London. Gary Livesey, der den Transport organisieren sollte, traf dabei keine Schuld; er hatte sich sogar extra frei genommen, um die Band nach London fahren zu können. Aber die Autoverleihfirma wollte Garys Führerschein nicht akzeptieren und weigerte sich, ihm einen Wagen zu überlassen. Gary steckte in der Klemme und rief in Panik bei Bekannten an, um schnell einen Ersatzwagen aufzutreiben. Er bekam nur einen Bautransporter, in dem überall Zementstaub herumlag.

Mick kochte schon vor Wut, als Gary drei Stunden zu spät eintraf. Als er feststellte, wie dreckig und staubig der Laster war, explodierte er. Zum ersten Mal glaubten die anderen, Mick wäre fähig, jemanden zu schlagen.

Kevin Williams fühlte die Gefahr heraufziehen und beschwor Gary, bloß keinen Ton zu sagen und schnell aufzuladen. Es war bereits ein Uhr mittags, und sie mußten sich enorm beeilen, um rechtzeitig für den Aufbau um sechs Uhr in London anzukommen.

Mick saß von Bauschutt umgeben im Laderaum und brütete vor sich hin, als der Laster endlich auf die Autobahn fuhr. Mick konnte vor Wut kaum sprechen; er war sich sicher, daß sie zu spät kommen würden. Gary versuchte Zeit einzuholen und fuhr mit Höchstgeschwindigkeit. Bald war klar, daß die Band rechtzeitig eintreffen würde. Mick hörte wieder auf zu schmollen und gab seine Elvis-Imitation zum besten.

Im darauffolgenden Monat, am 14. September, spielte die Band auf dem sogenannten »Futurama-Festival« in Leeds vor sechstausend Zuschauern in einer Halle. Die Veranstaltung war dazu gedacht, vielversprechenden jungen Bands die Chance zu geben, bekannt zu werden. Die Highlights des zwölfstündigen Konzertmarathons waren Gary Glitter, *Altered Images* und *Soft Cell*.

Dieses Konzert war bis dahin der absolute Höhepunkt in der dreijährigen Karriere der *Elevators*. Leider bekam Gary Livesey erneut Ärger mit seinem Führerschein.

Wieder mußte Gary schnell handeln, hatte aber diesmal etwas mehr Glück: Er organisierte keinen schmutzigen Baulaster, sondern einen antiseptisch reinen Leichenwagen. Das Gefährt war zwar am Auseinanderfallen, dafür aber ausgesprochen sauber.

Die Band machte sich mit Vollgas auf nach Leeds. Die kaputte Hinterachse des Wagens lärmte so laut, daß die Freunde ihr eigenes

Wort nicht verstanden. Sie begannen über ihre makabre Situation – Punkband im ratternden Leichenwagen – zu lachen; ein wenig mulmig mag ihnen vielleicht auch zumute gewesen sein. In jenem Augenblick paßte ihr alter Spitzname jedenfalls wie die Faust aufs Auge: *The Dying Band* machte die Straßen unsicher.

Der Auftritt an jenem Abend wurde zu einem der erfolgreichsten der *Elevators* überhaupt. Das Publikum holte sie mit viel Applaus für Zugaben auf die Bühne zurück. Darüber hinaus wurde das Konzert vom Fernsehen aufgezeichnet: Jede Band bekam die Chance, bei einem ihrer Songs gefilmt zu werden. Die *Elevators* wählten dazu *Production Prevention* aus. Sie hielten die Nummer für besonders günstig, weil sie lang war und ihnen damit mehr Fernsehminuten zufielen. Doch die Wahl war schlecht getroffen: Der Song stammte noch aus ihren frühen Punktagen. Er klang zu monoton und überholt, um eine gute Werbung für die Band zu sein. Doch das war den Freunden zu diesem Zeitpunkt nicht klar.

Auch bei diesem Konzert glänzte Pete Dervin mit Abwesenheit. Als er sich zwei Wochen später noch einmal weigerte, die Band auf ihr zweites Londonkonzert zu begleiten, war er so gut wie draußen.

Eigentlich versäumte Pete bei diesem London-Gig nicht viel. Die Band trat als Vorgruppe von *Wah! Heat* im 100 Club an der Oxford Street auf. Brian Turner war so betrunken, daß er vergaß, seine Gitarre in den Verstärker zu stöpseln. Die Band spielte durchwegs sehr schlecht und hinterließ keinen guten Eindruck. Pete hatte schließlich geschafft, was er unterbewußt wohl erreichen wollte: Er wurde gefeuert.

»Ich wußte, daß die anderen sauer waren«, erzählt Pete heute. »Sie waren der Meinung, daß ich als ihr Manager überallhin mitzufahren hätte. Ich war mir bewußt, daß ich sowieso nicht mehr viel für die Band tun konnte. Nach dem London-Gig sprach ich ein paar Wochen nicht mehr mit Mick. Dann kam er eines Morgens zu mir nach Hause. Ich war gerade mit meinem Auto beschäftigt.

Ich sah ihm an, daß er nervös war; er wußte nicht, wie ich reagieren würde, wenn ich ihn kommen sah. Wir vertrugen uns sowieso nicht mehr gut, seit er sich mir gegenüber wie eine Diva aufführte.

Er begann das Gespräch mit einem Kompliment über mein neues Auto. Dann wollte er den Terminkalender der Band zurückhaben. Darin hatte ich immer alle Auftritte und Termine der Band eingetragen – es war klar, warum er das Buch haben wollte. Es bedeutete im

Klartext: Du bist gefeuert! Ich war nicht überrascht oder enttäuscht und sagte nur ›okay‹. Ich holte das Terminbuch aus dem Haus und gab es ihm. Danach folgte ein ganz merkwürdiger Augenblick, währenddessen wir uns nur stumm ansahen. Die Stimmung war unangenehm. Dann sagten wir ›Tschüs‹, und er verschwand. Ich war nicht gekränkt. Mein Leben hatte eine völlig andere Richtung genommen. Wenn ich ehrlich zu mir war, hatte ich auf diesen Moment hingearbeitet. Ich sah Mick einige Monate später wieder, und unser Verhältnis verbesserte sich wieder. Ich bedauere nur, daß ich ihnen nicht gleich am Anfang die Wahrheit gesagt habe – ich taugte für den Managerjob einfach nicht.«

Für die *Elevators* bedeutete es keinen Rückschlag, Pete zu verlieren. Es tat ihnen leid um den Freund, und sie waren beruhigt, als sie von Mick erfuhren, daß sich alles im Guten hatte klären lassen. Pete kam sogar weiterhin zu ihren Konzerten, wenn er Zeit hatte.

Im Winter 1980 hatte die Band keinen Manager mehr, dafür wurde endlich ihre zweite Platte veröffentlicht. Roger Eagle hatte seine Probleme gelöst und *Eric's Records* im Dezember beauftragt, die Single der *Elevators* auf den Markt zu bringen, die bereits fünf Monate zuvor eingespielt worden war. Moey war immer noch vorsichtig wegen des Finanzamts und ließ sich als Neil Smith auf dem Cover abdrucken. Moey wurde noch vor Mick als Songschreiber genannt.

Roger Eagle hatte sein Wort in jeder Beziehung gehalten: Er hatte versprochen, den *Elevators* Gigs zu verschaffen, und sein Versprechen gehalten. Er wollte die zweite Single der Band veröffentlichen, und auch das war nun geschehen. Auf Roger war Verlaß.

15

Die Single wurde wieder ein Flop, aber die *Elevators* ließen sich wie immer nicht beirren. Sie glaubten weiterhin fest an sich und ihre Musik. Rückschläge schienen ihnen nicht das geringste auszumachen. Immer hofften sie auf den nächsten Song und die nächste Platte, mit denen sie es bestimmt schaffen würden.

Roger Eagle machte sich auch keine Sorgen wegen der schlechten Verkaufszahlen von *You Know What You Told Me*. Wenigstens schrieb die Musikpresse gut über die Single. John Peel von der BBC, der sich einst lustig über die Band gemacht hatte, war so von ihren Fortschritten beeindruckt, daß er sie in seine Mitternachtsshow zu einem Liveauftritt einlud. Mit der Platte wurde niemand reich, sie war aber auch kein Verlustgeschäft. Die Verkäufe deckten gerade die Produktionskosten ab.

Die meisten Singleexemplare wurden in Liverpool und nicht in Manchester verkauft. In ihrer Heimatstadt hielt sich die Begeisterung über die *Elevators* in Grenzen, manchmal kamen nicht mehr als sechs Leute zu ihren Konzerten. In Liverpool hatten sie dagegen eine ansehnliche Fangemeinde. Aus diesem Grund war Mick der Ansicht, die Band solle sich auf die Musikszene von Liverpool konzentrieren – nicht zuletzt, weil ihnen Roger dort regelmäßige Gigs für fünfzig Pfund pro Abend verschaffte und eine weitere Schallplattenaufnahme mit der Band plante.

Mick stand vor einer persönlichen Entscheidung: Sollte er sich eine eigene, günstiger gelegene Wohnung suchen? Er verbrachte immer mehr Zeit im Zentrum von Manchester, entweder um zu studieren oder um in der Little Peter Street zu üben. Auch seine Freizeit verbrachte er in den Pubs der Innenstadt oder bei Konzertbesuchen. Andererseits hielten ihn die Fahrradtrips von Denton nach Manchester und zurück fit für seine Auftritte. Aber die fünfundzwanzig Kilometer lange Fahrt wurde allmählich zur Qual und kostete viel Zeit. Im Grunde wußte Mick, daß es nur vernünftig war, endlich nach Manchester zu ziehen. Aber er machte sich Sorgen, was sein Vater dazu sagen würde. Er und Reg standen sich nach all den gemeinsamen Jahren sehr nahe; die Trennung würde beiden sehr weh tun.

Mick fragte Pete Dervin um Rat. »Mick mochte Reg nicht allein lassen«, erinnert sich Pete. »Er war zwar nicht oft daheim und sah Reg nur selten, aber er hätte seinen Vater niemals verletzen können. Es half Mick, als ich ihm erzählte, daß ich mich mit meinem Vater sogar noch besser verstand, seit ich ausgezogen war – wir hockten uns nicht mehr gegenseitig so stark auf der Pelle. Das erleichterte ihm die Entscheidung, und er beschloß, mit seinem Vater zu reden.«

Reg reagierte verständnisvoll. Er war selbst mit achtzehn zum Militär gegangen und fand es richtig, daß sich ein junger Mann ein eigenes Zuhause suchte. Er machte sich um seinen Sohn auch keine Sorgen. Mick hatte in den vielen Jahren gelernt, auf sich selbst aufzupassen.

Nur die Gegend, in die Mick und Moey ziehen wollten, beunruhigte Reg. Es handelte sich um ein berüchtigtes Slumgebiet in Hulme, am Rande des Stadtkerns von Manchester, in dem die Kriminalitätsrate sehr hoch war. Den beiden Freunden gefiel das Viertel auch nicht besonders, ihnen blieb aber keine andere Wahl: Hulme war am billigsten, etwas anderes konnten sie sich nicht leisten.

Die beiden zogen in eine große Zwei-Etagen-Wohnung ein, die in den oberen Stockwerken eines vierstöckigen Häuserblocks in Otterburn Close lag. In jedem der beiden Stockwerke befand sich ein Schlafzimmer. Das Wohnzimmer lag im hinteren Teil der unteren Etage; hier schrieben die zwei Freunde weiter an den Songs, mit denen sie berühmt werden wollten.

Nur wenige Wochen, nachdem sie eingezogen waren, wurde das Viertel im Sommer 1981 von schrecklichen Unruhen heimgesucht. Mick und Moey merkten, wie gefährlich die Gegend wirklich war, in der sie sich niedergelassen hatten, um die nächsten Lennon und McCartney zu werden.

Trotzdem schrieben sie in dieser unruhigen Zeit einen sehr eingängigen Song mit dem Titel *Searching For The Only One*. Roger fand ihn kommerziell genug, um zusammen mit Pete Fulwell eigens für die Band ein Label zu gründen: *Crackin' Up Records*. Auf die B-Seite der neuen Platte kam eine überarbeitete Version von *Hunchback Of Notre Dame,* einem der ersten Songs der Band, der bereits für *TJM* aufgenommen worden, aber niemals erschienen war.

Im Juli schloß Mick sein Kunststudium ab. Er hatte es geschafft, ausreichend viele Stunden an der Hochschule zu besuchen, um abschließen zu können; doch nirgends wurden die vielen Stunden erwähnt, in denen Mick völlig übernächtigt im Unterricht saß. Ihm wurde offiziell Talent bescheinigt, wobei seine Zeichnungen besser beurteilt wurden als die Gemälde. Außerdem bezeichnete man ihn als sehr sprunghaft, mit einer Neigung, schnell das Interesse zu verlieren und von einer Aufgabe zur anderen zu wechseln.

Mick hatte keinesfalls vor, sich auf seinen Lorbeeren auszuruhen, auch wenn sich der Abschluß recht gut machte. Einstweilen meldete er sich arbeitslos und ging stempeln. Er hielt immer noch an seinem Wunsch fest, in der Musikbranche Karriere zu machen. Als Arbeitsloser hatte er genügend Zeit, sich seinem Lebensziel intensiv zu widmen. Einfach würde es zunächst nicht werden, das wußte Mick. Aber er hatte gelernt, mit wenig Geld auszukommen. Er tröstete sich damit, daß es ihm auch nicht schlechter gehen würde als mit seinem Hochschulstipendium. Außerdem konnte sich seine finanzielle Situation jederzeit ändern; Roger Eagle buchte immer häufiger 50-Pfund-Gigs; darüber hinaus sollte demnächst die neueste Single der *Elevators* herauskommen.

Pete Dervin schlug optimistisch vor, für die Band ein eigenes Konto einzurichten, um den Überblick über die ein- und ausgehenden Finanzen zu behalten: So könnten sie in Zukunft ihre Transporte auch per Scheck bezahlen und müßten nicht immer alles Bargeld zusammensammeln. Sie könnten auch versuchen, etwas zu sparen.

Mick lachte über Petes naive Vorstellung, die Band würde genug verdienen, um zu sparen. Aber die Vorstellung, ein Konto zu haben, gefiel ihm. Das machte die Band zu einer noch ernsteren und wichtigeren Angelegenheit. Außerdem wären die anderen dadurch gezwungen, sich noch bewußter zu engagieren, da jeder einzelne von ihnen Geld einzahlen mußte, um das gemeinsame Konto zu eröffnen.

Pete versicherte, daß auch Empfänger von Arbeitslosenunterstützung einen geringen Betrag verdienen dürften, ohne ihre Unterstützung zu verlieren. Also gab jeder fünfzehn Pfund, und sie eröffneten ein Konto für die *Frantic Elevators* bei der National Westminster Bank Filiale am Crow Point im Zentrum von Denton.

Es war eigentlich nur eine Frage der Zeit, bis Mick und Moey in ihrem gefährlichen Wohnviertel beraubt werden würden. Und so kam es dann auch. Die Einbrecher hatten ein leichtes Spiel mit der Eingangstür – sie traten sie einfach ein. Mick und Moey hatten die Nachbarn zwar gebeten, ein bißchen acht zu geben, aber niemand wollte etwas bemerkt haben. Pete Dervin vermutete sogar, daß die Nachbarn selbst hinter dem Einbruch steckten.

»Immer wenn Mick und Moey ihre Wohnung verließen, bewegten sich die Vorhänge der Nachbarn, als wolle jemand kontrollieren, ob die Luft rein war«, erzählt Pete. »Einmal klopfte ein kleines Kind an die Tür und bat um Orangensaft. Meines Erachtens nach sollte es nur nachsehen, ob noch jemand da war. Wenn niemand aufgemacht hätte, wäre die Wohnung fällig gewesen, da bin ich mir sicher. Nach dem ersten Einbruch rief Mick die Polizei an, aber die konnte nichts machen, es war aussichtslos. Mick regte sich schrecklich darüber auf. Er konnte sich nicht damit abfinden, daß dies ausgerechnet ihm passierte.«

Moey war geradezu besessen von dem Gedanken, die Wohnung könnte nochmals ausgeraubt werden. Er begann sich zur Abschrekkung sogar wie ein Polizist außer Dienst zu kleiden – mit blauem Shirt, schwarzer Hose und Doc-Marten-Schuhen.

Es gelang Roger Eagle, der Band für den Sommer einen regelmäßigen Auftritt im bekannten Liverpooler Adams Club zu verschaffen. Die Band sollte jeden Samstagabend spielen, und für Oktober war das Erscheinen der Platte *Searching For The Only One* geplant. Die Auftritte im Adams waren fantastisch, stellten die Band aber mit der Zeit auf eine harte Konditionsprobe. Mick und die anderen mußten jeden Samstagmorgen über ein kompliziertes Bus- und Bahnnetz nach Liverpool fahren und dort im düsteren Keller eines alten Kaufhauses, in dem auch Rogers Büro untergebracht war, proben. Von dort aus ging es direkt zum Gig in den Club. Danach war es meistens schon zu spät, um nach Manchester zurückzufahren. Also versuchten die Freunde, im alten Keller wenigstens etwas Schlaf zu bekommen. Erst am nächsten Morgen fuhren sie nach Hause zurück.

Mick blieb häufig länger in Liverpool und wohnte bei Roger. Die beiden verband eine enge Freundschaft. Roger beeinflußte Micks Musikgeschmack und half ihm dabei, seine Kenntnisse zu erweitern. Mick begeisterte sich immer mehr für Blues- und Soulmusik, vor allem für James Brown. Er borgte sich oft Ian Moss' Schallplatte *James Brown, Live at the Apollo, Volume 2*. Ian hatte bald das Gefühl, daß die Scheibe nicht ihm, sondern Mick gehörte, weil der sie sich so oft anhörte.

Im Oktober erschien *Searching For The Only One*. John Peel spielte die Platte sehr häufig im Radio und lud die Band erneut ein, in seinem Nachtprogramm live aufzutreten. Auch der Presse gefielen die Aufnahmen. Die Platte stieg in den Independent-Charts nach oben. Aber das machte aus der Single noch lange keinen Verkaufsschlager. Außerdem interessierte sich noch immer keine der großen Plattenfirmen für die Band.

Von Entmutigung konnte aber keine Rede sein. Die *Elevators* machten begeistert weiter wie zuvor. Sie nahmen alle Anstrengungen klaglos auf sich und fuhren von Gig zu Gig, bekamen kaum

Schlaf und standen immer am Rande des Bankrotts. Sie brauchten anscheinend keine materielle Anerkennung. Sie liebten das Gefühl, auf der Bühne zu stehen und Musik zu machen. Das war für sie die Hauptsache. Und sie hatten die Hoffnung immer noch nicht aufgegeben, eines Tages doch noch den großen Durchbruch zu schaffen.

Die Band wurde mittlerweile als »Liverpools finest« angekündigt. Als sie eines Tages in Manchesters The Gallery spielten, feierten sie einen wahren Triumph.

Doch auch der größte Einsatz und Ehrgeiz kann nicht über mangelndes Können hinwegtäuschen. Mick wurde immer unzufriedener mit Brian Turner, der einfach zu schlecht spielte, um jemals professionell zu sein. Es war deswegen schon mehrmals zu kleineren Reibereien gekommen. Brian wußte selbst, daß er die Baßgitarre nicht ausreichend beherrschte. Aber schließlich sahen ihn die anderen vor allem als einen guten Freund an; erst an zweiter Stelle kam Brian, der Bassist.

Wenn es Mick über sich gebracht hätte, Brian ins Gesicht zu sagen, daß sich die Band nach einem anderen Bassisten umsehen müsse, wäre der sicherlich still und leise gegangen. Er hätte es eingesehen. Im Grunde rechnete er schon lange mit seiner »Kündigung«. Aber Mick war einfach nicht fähig, Brian die Wahrheit zu sagen. Um sich Peinlichkeiten zu ersparen, versuchte er ihm die Situation auf indirektem Weg klar zu machen und hoffte darauf, Brian würde begreifen und von sich aus gehen. Moey hatte schon mit Pete Dervin gesprochen, der Brians Nachfolger werden sollte. Sie hatten einen Fotografen bestellt, der Bilder von der Band machen sollte. Als Mick Pete statt Brian mit aufs Foto nehmen wollte, hoffte er, Brian würde verstehen, was damit gemeint war. Doch Pete mochte bei dem Ganzen nicht mitmachen.

»Mir gefiel überhaupt nicht, was da gespielt wurde«, erinnert sich Pete. »Ich fand, Brian hätte ein Recht darauf, daß ihm jemand offen und ehrlich sagte, was los war. Deswegen habe ich mich geweigert, mit aufs Foto zu kommen, und blieb im Hintergrund stehen.«

Tatsächlich brachte es Mick niemals fertig, Brian zu kündigen – und so änderte sich nichts: Brian spielte genauso schlecht wie zuvor, trank immer noch gern und viel und brachte die anderen wie früher mit seinen Witzen zum Lachen.

Die kleine Intrige, die hinter der ganzen Affäre steckte, ist allerdings von großer Bedeutung: Sie deckt einen Charakterzug Micks auf, den später noch andere, die musikalisch mit ihm zu tun hatten, zu spüren bekommen sollten. Mick gab sich so, als ob er ehrlich und geradeheraus über das sprechen könnte, was ihn ärgerte oder bedrückte – ohne dabei auf die Gefühle anderer Rücksicht zu nehmen. Er versuchte in der Band, wie schon auf der Kunstakademie, unnahbar, ja fast herzlos zu wirken – immer bereit, jeden »Angreifer« sofort niederzumachen. In persönlichen Angelegenheiten vermied er in Wahrheit aber jede offene Konfrontation. Hier zeigte er Schwäche; hier versagte sein sonst so starker Wille.

Wenn eine Krise ausbrach, versuchte er sie zu umgehen und das Problem durch Taktieren oder mit psychologischen Spielchen zu lösen.

In beidem sollte er noch zum wahren Meister werden.

Im Winter 1981 rief bei Roger ein gewisser Elliot Rashman an, der für die Unterhaltungsprogramme an der Manchester University verantwortlich war. Er wollte wissen, ob Roger einige Bands zur Verfügung hätte, die an der Uni auftreten könnten. Roger nutzte die Gelegenheit und bot die *Frantic Elevators* zu einem guten Preis an.

Elliot, ein kleiner, etwas bleicher Mann mit dunklem Haar und jüdischer Abstammung, war geradezu verrückt nach Musik. Während seiner Schulzeit im jüdischen Viertel von Higher Crumpsall, im Norden von Manchester, lief er immer mit der neuesten Ausgabe des *New Musical Express* unter dem Arm herum, den er in jeder freien Minute las. Er besaß als erster in der Schule Joni Mitchells *Songs To A Seagull* – sogar als Importschallplatte.

Als Teenager träumte Elliot davon, in einer Band mitzuspielen. Aber er hatte überhaupt kein Talent als Musiker. Mit vierzehn Jahren hatte er kurze Zeit versucht, in einer Band die Baßgitarre zu spielen und war sogar in einem Jugendclub aufgetreten. Aber er war so schlecht, daß er selbst den Stecker herauszog und danach nur noch vorgab zu spielen.

Nachdem er alle Hoffnungen endgültig begraben hatte, selbst Musiker zu werden, beschloß er, sich als Bandmanager zu versuchen. Während er an der Polytechnischen Universität von Manchester Englisch studierte, bekam er Anschluß zu talentierten Musikern im Osten der Stadt, in Disbury, und ließ seine früheren Kontakte zu Leuten aus dem Norden der Stadt langsam einschlafen.

In Disbury schloß sich Elliot einer vielversprechenden jungen

Band mit dem Namen *Albertos Y Los Trios Paranoias* als Roadie an. Als einige Mitglieder dieser Band eine eigene gründeten, die sie *The Mothmen* nannten, wurde Elliot ihr Manager. Er war arbeitslos gemeldet und hatte somit genug Zeit, sich um die Band zu kümmern. Er verschaffte ihr sogar einen Plattenvertrag, bei dem mehrere Singleveröffentlichungen heraussprangen.

Die Band trennte sich Anfang der achtziger Jahre, und Elliot brauchte wieder einen Job. Er arbeitete vorübergehend als Schreiner, stand aber bald wieder auf der Straße. Mit fast dreißig Jahren war er deprimiert, weil er sich immer noch von seiner Ehefrau Lyndsay, die als Grundschullehrerin arbeitete, aushalten lassen mußte. Er hatte das Gefühl, daß für ihn der Zug langsam abgefahren war.

Dann erzählte ihm Michele, die Ehefrau seines alten Schulfreundes David Fryman, daß UMIST – die Universität von Manchester und das Institut für Wissenschaft und Technik – nach jemandem suchten, der Partys, Discos und Ähnliches für die Hochschule organisieren konnte. Das war genau das Richtige für Elliot. Er stellte sich vor und bekam den Job.

Als Elliot hörte, wie Roger Eagle von den *Elevators* schwärmte, war er nicht überrascht. Er hatte Ähnliches auch schon von seinem Freund Tony Bowers – einem ehemaligen »Mothman« – gehört, der die Gruppe live in Manchester gesehen hatte. Also buchte Elliot Micks Band, ohne groß zu überlegen, für die Universität.

Als Elliot die Gruppe einige Wochen später selbst spielen hörte, war er nicht nur zufrieden, sondern begeistert. Die Band spielte wirklich nicht schlecht, aber ihr rothaariger Sänger war etwas ganz Besonderes! Er hatte eine ungewöhnlich gute Stimme und ausgesprochenes Charisma.

Elliot hatte schon immer darauf gehofft, ein begabtes, junges Talent zu finden, das er als Manager zum Star aufbauen konnte. Plötzlich hatte er das Gefühl, daß sein Traum tatsächlich Wirklichkeit werden könnte.

16

Mick saß auf einem Lautsprecher im schäbigen Keller des alten Kaufhauses von Liverpool. Über ihm spendete nur eine nackte Glühbirne grelles Licht. Nicht weit entfernt standen Moey und Brian, die miteinander quatschten und rauchten. Kevin war gerade dabei, seine Drums aufzustellen. Es war Samstag, kurz vor Mittag, und die Band wollte gerade mit den Proben beginnen und sich für den Auftritt im Adams Club vorbereiten. Mick klimperte auf seiner semiakustischen Gitarre herum. Er rückte näher ans Mikrophon und begann zu singen: »Holding Back The Years…«

Kevin hielt inne, als er die schöne Melodie hörte und Micks in sich gekehrtes Gesicht sah.

Als Mick zu Ende gesungen hatte, hätte ihm Kevin gern gesagt, wie gut ihm der Song gefallen hatte, aber er hielt sich zurück; er wußte, daß Mick keine Komplimente mochte, weil für ihn nur harte Arbeit und handfeste Ergebnisse zählten. So sagte Kevin nur: »Na, das ist aber ein hübsches Liedchen!«

Mick nickte: »Ja. Ich hätte gerne, daß ihr es mal probiert.« Er erklärte Kevin, wie er sich den Drumbeat vorstellte. Dann beschrieb er Brian die Bassline, und sie begannen, den Song gemeinsam einzuüben. Sie spielten ihn mindestens ein halbes dutzendmal und brachten die Musik in perfekten Einklang mit dem Text. Alle hatten den Song liebgewonnen.

Seltsamerweise sprach niemand über die Bedeutung der sehr emotionalen und persönlichen Worte. Jedem in der Band war bekannt, daß Mick als Kind von seiner Mutter verlassen worden war. Es war offensichtlich, daß der Song von der Mutter handelte, die Mick nie gekannt hatte. An jenem kalten Januartag in Liverpool waren die Freunde wohl zu sehr damit beschäftigt, den Song richtig einzustudieren, um auf die Bedeutung zu achten, die dahintersteckte. Nicht einmal Moey machte eine Bemerkung, obwohl er das Lied mit Mick zusammen geschrieben hatte.

Die regelmäßigen Auftritte im Adams Club wurden für die *Elevators* zu einem großen Erfolg. Sie traten als Vorgruppe zu etablierteren Bands und Sängern wie Bo Diddley oder *Junior Walker* auf – einem von Micks Favoriten.

Elliot Rashman engagierte die Band für einen zweiten Auftritt an der Universität. Die Freunde konnten Elliot gut leiden und vertrauten auf seine ausgezeichneten Kontakte, durch die er sie mit einflußreichen und bedeutenden Leuten im Musikgeschäft zusammenbringen konnte. Elliot gefiel die Band. Er mochte vor allem Mick. Die beiden schlossen Freundschaft.

Micks Verhältnis zu Moey war jetzt nicht mehr so eng wie früher. Seitdem die Single *Searching For The Only One* erschienen war, begann sich Moey zu verändern. Mick wurde durch den zunehmenden Erfolg der *Elevators* immer selbstbewußter und geselliger. Er ging leidenschaftlich gerne aus und traf sich mit vielen neuen und alten Bekannten. Moey zog sich dagegen immer stärker zurück. Mick liebte die Atmosphäre von vielbesuchten Clubs, wie zum Beispiel der Hacienda, und gehörte gerne zur Szene; Moey blieb lieber daheim und trank sein Bierchen allein. Er ging höchstens mit alten Freunden in ein ungehobeltes Pub wie die Cyprus Tavern. Wie bei einem alten Ehepaar, bei dem beide Partner merken, wie verschieden sie eigentlich sind, begannen Mick und Moey ihre eigenen Wege zu gehen. Selbst wenn sie gewollt hätten, hätten sie es nicht mehr verhindern können.

Mick machte sich jedoch zunehmend Sorgen: Moey schien absichtlich zu verwahrlosen. Oft tat er tagelang keinen Schritt vor die Haustür, aß kaum und trank dafür um so mehr. Er kam nie auf den Gedanken, sauberzumachen oder aufzuräumen. Alle Möbel und Stühle in ihrer gemeinsamen Wohnung waren so mit Staub bedeckt, daß man sich vor Gästen schämen mußte. Als Pete Dervin eines Morgens die Vorhänge aufzog, nachdem er bei Mick und Moey übernachtet hatte, fuhr ihn Moey wütend an und behauptete, er hätte gerade ausprobieren wollen, wie lange er es im Dunkeln aushalten könne. Moey ließ sich immer mehr hängen.

Im Juni 1982 wurde in Spanien die Fußballweltmeisterschaft ausgetragen. Moey ging während der gesamten drei Wochen kein einziges Mal aus dem Haus und sah pausenlos fern.

Pete Dervin, der damals einige Zeit mit ihm verbrachte, erinnert sich an jene Tage: »Wir bauten uns aus den leeren Bierdosen, die sich ansammelten, Pyramiden. Bis zum Endspiel stapelten sich die Dinger bis zur Decke. Wir waren die meiste Zeit über betrunken.«

Abgesehen von der Tatsache, daß er mit einem Gammler zusammenleben mußte, hatte sich Mick an seine neue Heimat in Hulme gewöhnt. Das Leben dort war zwar gefährlich und nicht gerade luxuriös, dafür war man aber frei und ungebunden. Solange Mick bei seinem Vater gewohnt hatte, war es nicht möglich gewesen, ein Mädchen mit nach Hause zu bringen. Er war zwar nie besonders erfolgreich gewesen bei den Frauen, aber vielleicht würde sich das ja jetzt ändern, wo er so viele Affären haben konnte, wie er wollte. Moey war zwar ein ständiges Ärgernis, aber aus irgendeinem Grund – wahrscheinlich wegen der Band – ließ ihm Mick alles durchgehen.

Die *Frantic Elevators* hatten sich eine Zeitlang Hoffnungen gemacht, eine Live-LP aufnehmen zu können. Doch daraus wurde nichts, da ihr Label *Crackin' Up Records* seinem Namen alle Ehre machte und einging. Damit war auch die LP gestorben. Zu allem Überdruß kündigte Roger auch noch an, daß es vorerst keine weiteren Singles mehr geben würde.

Mick war darüber mehr als alle anderen enttäuscht. Ihm und seinem Ehrgeiz war es in erster Linie zu verdanken, daß die Band überhaupt so weit gekommen war. Nun hatten sie mit *Holding Back The Years* endlich eine Nummer, die ein absoluter Hit werden konnte, aber keine Möglichkeit mehr, eine Platte aufzunehmen. Es würde der Band nichts anderes übrigbleiben, als die Single selbst zu produzieren und herauszubringen.

Dazu war erst einmal Geld nötig – und Durchhaltevermögen. Nur wenn die Freunde von der Qualität ihres neuen Songs völlig überzeugt waren, würden sie ihr Vorhaben verwirklichen können: Sie beschlossen, das Risiko einzugehen.

Sie begannen zu kalkulieren: Insgesamt waren tausend Pfund nötig, um die Kosten für die Aufnahme und die Pressung von zweitausend Platten zu decken. Mick und Moey machten einen Termin mit einem Berater der National Westminster Bank aus, um einen Kredit aufzunehmen. Die Stimmung während des Gesprächs war gespannt. Auf Papier machte ihr Plan einen vernünftigen Eindruck: Sie hatten vor, die Platte für neunzig Pence pro Stück zu verkaufen. Das bedeutete im Endeffekt für die Band sogar einen Gewinn von achthundert Pfund – die Rückzahlung des Kredits bereits einkalkuliert. Die Bank war aber anderer Meinung. Für sie war das Vorhaben mehr als riskant. Die Popindustrie war den meisten Investoren viel zu unsicher und unzuverlässig. Dieser Markt war schon für finanziell gesattelte Geldgeber ein unsicheres Pflaster. Der Vertreter der Bank wollte sich nicht auf die Rechnungen einiger junger Männer verlassen, die noch kaum geschäftliche Erfahrungen in dieser Branche gesammelt hatten.

Aber Mick ließ nicht locker. Mit seinem großen Redetalent schaffte er es schließlich doch noch, den Angestellten zu überreden. Auf dessen Frage hin, warum die Band überhaupt ein solches Risiko einginge, antwortete Mick, daß er und seine Freunde erst am Anfang stünden. *Holding Back The Years* sei so gut, daß man den Gewinn sofort in die Pressung weiterer Exemplare stecken könnte. Die Öffentlichkeit müßte nur auf den Song aufmerksam gemacht werden, dann würde alles weitere wie von selbst laufen. Mick klang ausgesprochen überzeugend.

Der Bankangestellte zeigte sich mehr und mehr beeindruckt, insbesondere als Mick ihm erzählte, daß die Band – einschließlich ihres Hausfotografen Richard Watt – ihre ganzen Ersparnisse in dieses Unternehmen steckte. Schließlich bekamen die *Elevators* die Erlaubnis, ihr Konto um die gewünschte Summe zu überziehen. Die Freunde entschlossen sich, ihre zu diesem Zweck gegründete Firma *No Waiting* zu nennen – nach einem alten Verkehrsschild, das Richard in seiner Wohnung am Charles Barry Crescent, die er sich mit Brian Turner teilte, aufbewahrte. Im August mietete die Band die Hologram Studios in Stockport, um jenen Song einzuspielen, auf den sie alle Hoffnungen setzten.

Richard Watt nahm das Foto für das Cover auf. Es zeigte Mick in einer gestreiften Wollweste, wie er sich eine Spielzeugpistole in den Mund hielt. Es war ein seltsames Bild, das eher zur B-Seite mit dem Titel *Pistols In My Brain* paßte. Verglichen mit den Fehlern, die die Band im weiteren Verlauf noch machen sollte, war das Coverfoto jedoch ein bedeutungsloser Fehlgriff.

Mick wandte sich an Steve Mardy, der ihm helfen sollte, im darauffolgenden September die zweitausend gepreßten Singles aus Walthamstow in Nord-Ost-London abzuholen. Steve, der sich mittlerweile schon wie ein Mitglied der *Elevators* fühlte, half gern und mietete einen roten Ford Escort XR_3 für die Fahrt nach London. An einem Mittwochabend zwei Wochen später kam Steve bei Mick und Moey vorbei, um sie für den Trip abzuholen. Zuerst rauchten und tranken sie noch etwas, bevor sie sich gemeinsam nach London aufmachten. Die Firma, die die Pressungen hergestellt hatte, machte erst um halb acht Uhr morgens auf. Mick und Moey schliefen fast die gesamte Fahrt über.

Steve erinnert sich: »Die Fahrt verlief ganz ruhig. Wir kamen bereits um fünf Uhr früh vor der Fabrik an und warteten auf die ersten Arbeiter, um die acht Kisten mit den Platten abzuholen. Mick und Moey konnten sich vor Freude über ihr ›Baby‹ gar nicht mehr einkriegen. Es gehörte ganz allein ihnen – sie hatten es selbst produziert, und niemand hatte ihnen reinreden können.

Bevor wir wieder heimfahren konnten, mußten einige Exemplare bei Leuten aus der Musikbranche und bei einigen Zeitschriften abgegeben werden, auch bei der BBC im Zentrum der Stadt. Ich kannte mich in London überhaupt nicht aus, aber die beiden schienen immer genau zu wissen, wo wir uns gerade befanden. Als wir endlich am Funkhaus ankamen, begann ich mir Sorgen zu machen, ob ich Manchester überhaupt noch rechtzeitig erreichen könnte, um das Auto vor sechs Uhr wieder zurückzugeben. Sonst hätte ich einen weiteren Leihtag bezahlen müssen. Ich sagte den beiden, daß die Zeit allmählich knapp würde. Da gestanden sie mir, daß wir sogar noch nach Liverpool fahren müßten, um ein paar Singles in einem Plattenladen abzugeben! Fragen Sie mich nicht, wie wir es geschafft haben, aber wir waren tatsächlich rechtzeitig wieder in Manchester zurück. Mick und Moey haben von meinem Streß nicht viel mitbekommen und den größten Teil der Fahrt verpennt.«

Die acht wertvollen Kisten wurden bei Brian und Richard untergestellt. Mick und Moey wollten den Vertrieb der Platten wie auch die Werbung dafür ebenfalls selbst in die Hand nehmen. Leider ging beides ziemlich daneben. Den Freunden gelang es zwar, einige Singles in Plattenläden unterzubringen, doch die meisten Scheiben verstaubten anschließend in den Regalen. Selbst wenn die Geschäfte über die Aufnahme besser informiert gewesen wären, hätte der Song höchstwahrscheinlich trotzdem gefloppt, weil die Band so gut wie keine Werbung für ihn machte. Die Musikbranche hatte sich in den vergangenen Jahren nur wenig um die Band gekümmert, zudem war das Interesse an den *Elevators* außerhalb von Manchester und Liverpool sowieso sehr gering. Darüber hinaus war die Punkwelle längst vorbei, doch der Band haftete immer noch ihr altes Punkimage an. Auch das Singlecover war punkig und paßte nicht zum Song *Holding Back The Years,* der melodiös, langsam und rhythmisch war. Das machte die Verwirrung komplett und einen Erfolg der Scheibe so gut wie ausgeschlossen. Das einzige, auf das die *Elevators* bauen konnten, waren ihr unermüdlicher Einsatz und ihr

Glaube an sich selbst. Bei den Verhandlungen mit der Bank hatte ihnen das geholfen. Doch damit allein ließen sich noch keine Platten verkaufen, geschweige denn Schulden zurückzahlen.

Während das Auslieferungsdatum der Single näherrückte und die Spannung stieg, wurden Mick und Moey von der nächsten Katastrophe eingeholt: In ihre Wohnung wurde zum zweiten Mal eingebrochen. Die Diebe nahmen Micks semi-akustische Gitarre, fünfzig Schallplatten und seine wertvollen James-Brown-Musikcassetten mit. Mick war fassungslos, denn die Bänder waren für die Einbrecher vollkommen wertlos, für ihn aber von unschätzbarem Wert. Mick hatte Jahre gebraucht, um sich diese Sammlung anzulegen.

Steve Mardy kann sich noch gut an Micks Reaktion auf den Einbruch erinnern, schließlich half er ihm, seine geliebten Songs im Yanks, einem bekannten Plattenladen von Manchester, wieder aufzutreiben. »Mick liebte afro-amerikanische Musik wie Soul oder Blues über alles. Er konnte eine Ewigkeit damit verbringen, nach bestimmten Aufnahmen zu suchen. Er war ein leidenschaftlicher Sammler. Die gestohlenen Cassetten waren für ihn unbezahlbar und sein ganzer Stolz gewesen.«

Wie es für Mick typisch war, fand er auch etwas Positives an dieser ärgerlichen Situation. Er hatte sich zuletzt nur noch Musik angehört, die lange vor seiner Geburt aufgenommen worden war. Aktuelle Trends hatte er völlig aus den Augen verloren. Vielleicht hatte der Einbruch in dieser Hinsicht auch etwas Gutes, sagte sich Mick. Schließlich war er nun gezwungen, sich anzuhören, was 1982 im Musikgeschäft produziert wurde.

Pete erinnert sich an einen anderen Abend, an dem Mick mit einem Mädchen nach Hause kam und die Haustür ein drittes Mal eingeschlagen vorfand. Er schlich sich in die Küche, weil er den Einbrecher immer noch in der Wohnung vermutete, schnappte sich ein großes Fleischmesser und lauerte ihm hinter der Haustür auf. Aber der Eindringling war schon längst über alle Berge.

Danach hatten Mick und Moey genug; so etwas sollte sich nicht wieder ereignen. »Die beiden hatten einen Plan«, erzählt Pete. »Sie hämmerten von innen eine Menge Nägel in die Eingangstür – jeder, der versucht hätte, sie von außen einzutreten, hätte sich übel verletzt. Die beiden wurden ein wenig hysterisch und ließen nichts Wertvolles mehr in der Wohnung zurück. Moey versteckte sein bißchen Geld sogar in einer Fischdose in der Küche.

Wenn die beiden viel Besuch hatten, durften die Gäste nur nacheinander die Wohnung verlassen, um den Eindruck zu verhindern, es wären alle auf einmal gegangen und niemand mehr zu Hause.«

Die Situation der Band verbesserte sich, als sich der *Melody Maker* bereit erklärte, Micks Band anläßlich der Veröffentlichung ihrer neuen Single zu interviewen. Da sich nur Mick die Fahrt leisten konnte, kam er allein nach London. Er beeindruckte den Reporter so stark, daß das Magazin einen halbseitigen Artikel über ihn und die Single abdruckte. Leider nahm der *New Musical Express* seinen geplanten Artikel über die *Elevators* wieder aus dem Blatt. Dieser Bericht wäre eine fantastische Werbung für die Single gewesen, obwohl er herbe Kritik enthielt: »Als hätten *Led Zeppelin* gerade einen besonders schlechten Tag gehabt«, lautete einer der Kommentare.

Mick und seine Freunde waren mittlerweile etwas müde geworden. Sie hatten geglaubt, es nach der Veröffentlichung ein bißchen leichter zu haben. Doch immer noch stapelten sich die vollen Plattenkisten bei Brian zu Hause, und das Bandkonto steckte beunruhigend tief in den roten Zahlen.

Elliot Rashman war als Unterhaltungsmanager der Universität derart erfolgreich, daß sich auch die Polytechnische Hochschule an ihn wandte. Er wurde allmählich zu einem der bekanntesten Auftrittsvermittler im Norden Englands. Er genoß die Macht, die er hatte, und verteidigte streng seinen Einflußbereich. Er machte jeden, der etwas nicht nach seinen Vorstellungen erledigte, zur Schnecke und kümmerte sich um jedes Detail, das seine Arbeit betraf. Er überprüfte beispielsweise die Motive aller Poster, die in seinem Auftrag aufgehängt wurden. Zudem war er sehr auf sein Äußeres bedacht und trug einen langen, dunklen Mantel und einen schwarzen Filzhut, wenn er als Mann des Showbusiness besonders beeindrucken wollte. Allerdings war er Asthmatiker und von seinem Inhalator abhängig, was nicht ganz zu seinem Image paßte.

Roger Eagle, von Gläubigern geplagt, bat Elliot, den *Elevators* auch weiterhin zu helfen, bis er seine eigenen Probleme gelöst hatte. Elliot buchte die Band sofort für einen Auftritt an der Polytechnischen Hochschule und übernahm Mick regelmäßig einmal pro Woche als Discjockey.

Mick und Elliot verstanden sich mit jeder Begegnung besser. Sie teilten dieselbe Leidenschaft für Musik und wollten beide – was noch wichtiger war – in der Musikbranche bis ganz nach oben kommen. Mick war vielleicht nicht ganz mit der überschwenglichen Art einverstanden, in der ihn Elliot in höchsten Tönen anpries. Etwas Lob tat seinem Ego jedoch nach all den Enttäuschungen der vorangegangenen Jahre sicherlich ganz gut.

Die anderen Bandmitglieder mochten Elliot ebenfalls. Moey war besonders beeindruckt von dessen Begeisterungsfähigkeit und wies seinen Bruder Ian darauf hin, daß Elliot auch ihm helfen könnte.

Keiner vermutete jedoch, daß Elliot mit Mick ganz andere Pläne hatte, bei denen Micks Freunde nur stören würden oder überflüssig waren. Elliot hielt die *Elevators* für eine gute Band, hatte aber seit seiner Zeit bei den *Mothmen* gelernt, daß für halbe Talente oder Trittbrettfahrer im harten Musikgeschäft kein Platz war. Aus diesem Grund hielt er einige in Micks Band für unfähig, Karriere zu machen. Manche von ihnen gingen sogar betrunken auf die Bühne! Langsam weckte Elliot in seinen Gesprächen mit Mick in diesem den Gedanken, die *Elevators* seien nicht die Band, mit der er in Zukunft das erreichen konnte, was in ihm steckte und von dem er träumte.

Im Augenblick war Mick jedoch noch ganz in der Band engagiert: Er setzte immer noch alle Hoffnungen in die Gruppe und verlangte daher hundertprozentigen Einsatz von den anderen. Eines Morgens zum Beispiel kam Kevin nicht zu den Proben. Er hatte zwei triftige Gründe für sein Fehlen: Zum einen lag er mit Grippe im Bett; zum anderen war wegen dichten Nebels der ganze Busverkehr zusammengebrochen.

Plötzlich läutete Kevins Telefon. Mick war am Apparat.

»Wo bleibst du?« wollte Mick wissen.

»Ich kann nicht kommen«, gab Kevin zurück. »Ich fühle mich elend, und die Busse fahren nicht.«

»Ja, ich weiß. Aber die Bahn fährt noch, ich hab' nachgefragt. Nimm einen Zug und komm sofort her«, verlangte Mick.

Dann knallte er den Hörer auf.

Kevin schleppte sich tatsächlich aus dem Bett und zog sich an. Die Fahrt war nicht angenehm. Als Mick ihn sah, meinte er nur: »Kevin, du siehst wirklich schlecht aus. Aber laß uns jetzt an die Arbeit gehen.«

Mick konnte absolut rücksichtslos sein.

Das Erscheinungsdatum von *Holding Back The Years* kam und ging, ohne daß die Musikindustrie davon groß Notiz genommen hätte. Die Platte hätte genausogut nicht erscheinen können. Mick entschied deswegen, die Single nochmals an Discjockeys und Musikmagazine zu verschicken und die Ersterscheinung zu ignorieren.

Die Freunde nannten dieses Manöver »Zweitstart«. Wieder bewies Steve Mardy seine Zuverlässigkeit und überredete eine Freundin bei der BBC, Mick und Moey zu interviewen. Sie hielt zwar ihr Versprechen, verwendete das Gespräch aber nicht. Das Ganze war Steve so peinlich, daß er beschloß, das Interview selbst zu schneiden.

»Jemand hatte uns erzählt, daß wir mehr Chancen mit dem Band hätten, wenn das Interview nicht länger als drei Minuten wäre«, erinnert sich Steve. »Ich habe eine Ewigkeit gebraucht, das Gespräch zu kürzen und dabei noch ein bißchen von *Pistols In My Brain* und *Holding Back The Years* unterzubringen. Eines Nachts habe ich mich sogar ins Funkhaus der BBC geschlichen, um deren Mischpult zu benutzen. Schließlich war der Beitrag drei Minuten und fünfzehn Sekunden lang, und ich war richtig stolz auf mich. Ich hielt das Gespräch für sehr interessant: Mick und Moey erzählten aufrichtig von ihrer Musik. Ich konnte es gar nicht erwarten, bis die Jungs mein Band zu hören bekamen.«

Leider war Steves Mühe vollkommen umsonst. Der Beitrag landete im Müll, ohne daß ihn die Band oder jemand anders zu hören bekam. Steves Freundin überredete zwar einen DJ, *Holding Back The Years* im Radio zu spielen, gab diesem aber keine Hintergrundinformationen, mit denen er den Song hätte ankündigen können.

Steve war bitter enttäuscht: »Die Band fand, der Sendezeitpunkt der Single wäre völlig unpassend und nutzlos gewesen. Man hätte eigentlich erwarten dürfen, daß sich ein DJ aus Manchester wesentlich stärker für eine lokale Band einsetzen würde, zumal diese den Song sogar selbst produziert hatte. Der Typ sagte aber nichts, was die Zuhörer zum Kauf der Platte hätte animieren können. Die Jungs steckten wirklich in einer Pechsträhne.«

Für Mick hatten die Fehlschläge nichts mehr mit Glück oder Pech zu tun. In jenem deprimierenden Dezember begriff er, daß die *Elevators* allmählich von den vielen Rückschlägen und Fehlern zermürbt wurden. Er begann einzusehen, daß es die Band nie bis zur Spitze schaffen würde.

Am Weihnachtsabend ging Mick ins Whitegates Pub in Hyde. Er

wußte nicht, daß es mittlerweile von seinem alten Schulfreund und Drummer Frank Ollerenshaw mitgeführt wurde. Mick konnte vor Frank nicht verbergen, daß es mit der Band nicht mehr so gut lief.

Mit dem neuen Jahr begann für Mick der Anfang vom Ende der *Frantic Elevators*. Er war immer der Motor der Band gewesen und hatte sie mit seiner Energie am Leben erhalten. Nun hatte ihn der Mißerfolg von *Holding Back The Years* doch angeschlagen, und er fühlte sich müde und erschöpft. Er wußte, daß sich in der Band grundsätzlich etwas ändern mußte, wenn er es mit ihr noch einmal versuchen wollte. Er hielt aber immer noch fest zu seinen Freunden, auch wenn ihm klar war, daß Brian und Kevin keine guten Musiker waren. Wenn die Band nach oben wollte, mußten die beiden ersetzt werden. Während Mick und Moey über erneute Studioaufnahmen nachdachten, überlegten sie gleichzeitig, wie sie Kevin und Brian die Kündigung schonend beibringen konnten. Und dann geschah etwas bei den Proben, das Mick befürchten ließ, auch Moey könnte die Zukunft der *Elevators* beeinträchtigen.

Die Band übte gerade einen Bluessong, den Mick geschrieben hatte, als Moey an einer Stelle falsch spielte. Bei jedem erneuten Versuch machte Moey denselben Fehler, und alle mußten wieder von vorne anfangen. Auf einmal kümmerte er sich überhaupt nicht mehr um die anderen und versuchte nur noch, den richtigen Ton zu treffen. Dabei blickte Moey mit gesenktem Kopf auf seine Gitarre und schien die anderen völlig vergessen zu haben. Brian und Kevin sahen sich irritiert an. Zumindestens diesmal waren nicht sie für den Fehler verantwortlich.

Dann sahen sie zu Mick hinüber – sein Gesichtsausdruck sprach Bände: Es war hoffnungslos. So konnte es nicht weitergehen. Die *Frantic Elevators* würden es nie zu etwas bringen!

Mick versuchte, seine Gefühle und Ängste, so gut er konnte, zu verbergen. Mit Unterstützung von Elliot Rashman mietete er sich das Angel Grove Studio in Stockport und nahm einige Songs auf, die er kurz zuvor geschrieben hatte. Sein Vertrauen in die *Elevators* war noch nicht völlig zerstört. Er wollte mit der Band sogar eine neue Single veröffentlichen.

Dazu aber kam es nicht mehr. Die Band ging zwar noch ins Tonstudio, um *When I Go To See Her* und *Haven't Got The Power* aufzunehmen, aber Micks Frustration war für jedermann bereits deutlich zu sehen. Die Songs blieben nichts weiter als Demoaufnahmen.

Steve Mardy war eines Abends im Studio Zeuge, wie Mick und Moey die neuen Tracks mischten. Er erzählt: »Sie waren dabei, sich voneinander zu trennen, und es war für keinen Außenstehenden angenehm, das mitansehen zu müssen. Mick gehörte schon nicht mehr dazu und stürmte wie wild durch den Raum. Niemand konnte es ihm recht machen. Es war klar, daß er im Grunde etwas völlig anderes wollte. Brian bekam immer wieder Rüffel, weil er so oft Fehler machte. Kev' saß mit gesenktem Kopf in einer Ecke und las die Zeitung. Ich fragte vorsichtig, was denn überhaupt los sei und bekam zur Antwort, Mick ließe mal wieder sein künstlerisches Ego heraushängen. Meiner Meinung nach versuchte er aber nur, den Laden in Schwung zu halten, und es machte ihn rasend, daß es ihm nicht mehr gelang. Er fragte sich sicherlich, wofür die Band so lange gekämpft und gearbeitet hatte und warum sie niemand beachten wollte.«

Bei einem Auftritt im Band On The Wall im Februar war das Ende der *Elevators* bereits abzusehen. Die Band hatte dort bereits recht häufig und mit sehr großem Erfolg gespielt. Doch an jenem Abend war ihr Auftritt ein Desaster.

Mittlerweile hatten die Freunde mehrere Bluessongs im Repertoire, vor allem Coverversionen von James Brown und Bo Diddley. Als Mick während des Gigs einen ganz bestimmten Song von der Band verlangte, gestand Moey, daß er sich zu sehr betrunken hatte, um die Nummer spielen zu können.

Mick konnte sich vor Wut kaum fassen. In der Pause erzählte er Ian Moss von seinem schrecklichen Frust: »Zum Teufel, Ian, was geben wir uns überhaupt die Mühe mit den vielen Proben, wenn er dann viel zu besoffen ist, um spielen zu können?«

Ian beruhigte Mick einigermaßen. Nach dem Auftritt gingen sie alle zusammen in die Hacienda und danach nach Hulme, um weiterzutrinken und Joints zu rauchen. Für Ian stand fest, daß es mit der Band so gut wie vorbei war. Noch nie hatte er gehört, daß Mick an Moey etwas auszusetzen gehabt hätte. Für Mick gab es offensichtlich keinen Grund mehr, bei der Band zu bleiben – egal, wieviel er mit den Freunden durchgemacht oder erlebt hatte.

»Die Trennung war unvermeidlich«, meint Ian. »Die Band war wie ein lahmer alter Gaul, der nicht mehr weiter konnte – jemand mußte sich endlich erbarmen und ihm den Gnadenschuß verpassen.«

Wenige Tage später gestand Mick Brian, daß er die *Elevators* verlassen würde und den anderen beim nächsten Treffen Bescheid geben wolle. Brian warnte Kevin und Moey vor. Um fünf Uhr nachmittags warteten sie alle – immer noch leicht geschockt – in Brians Wohnung auf Mick und seine offizielle Erklärung.

Mick fuhr mit dem Fahrrad zu den Proben. Er trat ein und setzte sich auf einen Stuhl. Er machte einen gespannten und gequälten Eindruck. Dann kam er ohne Umschweife zur Sache.

»Ich habe so lange durchgehalten, wie ich konnte«, begann er. »Aber jetzt ist es vorbei. Ich werde gehen.«

Kevin saß schweigend an seinen Drums. Hinter ihm hingen drei große Reklamebuchstaben an der Wand, die Brian und Watty zur Dekoration des Übungsraumes bei einem Trödler gekauft hatten.

Moey rollte sich in seiner typischen Art zusammen – die Arme um die Knie geschlungen – und blickte Mick direkt in die Augen.

»Machst du etwas mit Elliot zusammen?« fragte Moey.

»Ja«, antwortete Mick einsilbig.

Es herrschte eine traurige Stimmung. Niemand war böse geworden. Mick wirkte jetzt nicht mehr so nervös, nachdem er allen die Wahrheit gesagt hatte. Die anderen akzeptierten seinen Entschluß ohne Widerspruch. Da es keinen Sinn mehr machte zu üben, redeten sie noch eine Weile miteinander. Schließlich ging Mick und ließ damit einen wichtigen Teil seines Lebens hinter sich; für ihn und die anderen in der Band war eine lange Zeit harter Arbeit und großer Hoffnungen zu Ende gegangen.

Die drei großen Plastikbuchstaben an der Wand des Übungsraums kommentierten passend das Schicksal der *Frantic Elevators*: Sie bildeten das Wort END.

Kurz darauf kam es zwischen Mick und Moey zur endgültigen Auseinandersetzung. Dabei sprachen sie alles aus, was sie sich bis dahin niemals zu sagen gewagt hatten. Es endete damit, daß Mick auszog und Moey mit einer Miete von zweihundertfünfzig Pfund pro Monat in der Wohnung zurückließ.

Mick machte in dieser Zeit eine emotionale Krise durch. Er hatte seine Freunde und sein Zuhause verlassen. Die Band hatte fünfeinhalb Jahre lang seinen gesamten Alltag bestimmt. Auch für Moey war das Alleinsein schrecklich und beängstigend. Eines Nachts rief er verzweifelt bei Pete an und bat ihn um Hilfe.

»Moey hatte Schüsse gehört und Polizeiwagen, die laut durch die Straßen fuhren«, erinnert sich Pete. »Er hatte furchtbare Angst, so allein in der Wohnung. Er fragte mich, ob ich ihm nicht helfen könne, er wolle ausziehen. Mick sei nicht mehr da, und um ihn herum würde wild geschossen.

Ich sagte ihm, er solle sich nicht aufregen und warten. Ich rief sofort Martin Kenyon an, und wir gingen gemeinsam rüber zu Moey. Wir halfen ihm auch beim Umziehen. In Micks Zimmer war sowieso nicht mehr viel: Nur noch seine Doc Martens, eine Matratze und ein paar Bilder an der Wand. Von da an lösten sich die *Elevators* langsam auf.«

Mick fand eine neue Wohnung im Stadtteil Withington. Ohne davon zu wissen, zog Moey in ein winziges Zimmer ganz in der Nähe ein. Keiner von beiden ahnte, wie nahe sie beieinander wohnten. Und selbst wenn sie es gewußt hätten, hätten sie nicht mehr miteinander geredet.

Moey war von Micks Entscheidung, die Band zu verlassen, völlig niedergeschmettert. Er fühlte sich betrogen, vor allem von Elliot. Ian Moss ist davon überzeugt, daß Mick und Moey noch viele Jahre zusammengeblieben wären, wenn Elliot nicht aufgetaucht wäre. »Mick und Neil waren wie ein altes Ehepaar. Aber da kam Elliot daher und schnappte sich Mick«, erzählt Ian. »Neil hat zuerst von Elliot geschwärmt, wie nett und professionell er wäre und wieviel Gutes er für die Band tun könnte. Als ich Neil später darauf ansprach, zuckte er mit den Achseln und meinte nur, daß sich jeder mal irren könnte.

Es war eine schreckliche Erfahrung für meinen Bruder, als Mick ihn verließ. Sie hatten einst fest aneinander geglaubt und soviel Vertrauen in die Fähigkeiten des anderen gesetzt. Sie hatten gemeinsam harte Zeiten durchgestanden, worauf sie immer stolz gewesen waren. Beide waren stets überzeugt gewesen, ihre Mühen und ihr Engagement würden sie zum Erfolg führen. Sie hatten immer auf ihre nächste Platte gehofft, die ihnen den Durchbruch bringen sollte.

Sogar als *Holding Back The Years* gefloppt hatte, gaben sie ihre Träume nicht auf. Sie schoben die Schuld auf ihre schlechte Public-Relations-Arbeit und die fehlende Vertriebsorganisation. Aber je länger die Durststrecke andauerte, desto schwerer fiel es ihnen, aneinander zu glauben. Es war nicht leicht für einen Außenstehenden, Mitleid mit ihnen zu empfinden – schließlich hatten sie sich selbst in diese Sackgasse manövriert. Sie haben sich nie die Mühe gemacht,

Mick bei einem frühen *Simply Red*-Konzert.

Die Erstbesetzung von *Simply Red* – mit Musikern, die einer nach dem anderen entlassen wurden. Von rechts nach links: Mick, Baßgitarrist Mog, Saxophonist Ojo, Drummer Eddie Sherwood und Gitarrist Dave Fryman.

Mick und Dave Fryman.

Links: Simply Red als Popstars; schon früh ist zu erkennen, daß sich Mick von den übrigen Bandmitgliedern distanziert.

1984: Mick und Dave Fryman bei einem der ersten Auftritte der Band.

Simply Red in der Besetzung von 1987, kurz nach dem Erscheinen von *Men and Women.* Von rechts nach links: Fritz McIntyre, Tony Bowers, Tim Vellet, Sylvan Richardson, Chris Joyce und Mick. (All Action Pictures/D. Raban)

Rechte Seite: Mick hinter der Bühne bei einem Konzert 1987.

Micks Gesicht ist beim Singen von Anstrengung gezeichnet. (All Action Pictures)

Dee, das schöne Model aus Texas. Sie inspirierte Mick zum Song *A New Flame*.

Aziz Ibrahim (rechts) mit seinem Freund Sylvan Richardson. Keiner der beiden blieb lange bei *Simply Red*.

Mick mit dem Baby eines Freundes.

Mick mit seiner Ersatzmutter June Shaw und deren Tochter Gaynor, aufgenommen kurz nach der Veröffentlichung von *Picture Book*.

mit den wichtigen Leuten zu verhandeln, die ihre Platten verkaufen konnten. Und hinterher wunderten sie sich, daß sich niemand für ihre Singles interessierte.

Ich glaube, sie waren beide der Meinung, daß sich die Welt gegen sie verschworen hätte. Sie haben nie zugeben wollen, daß sie selbst schuld an ihrer Misere waren.«

Moey und Kevin wollten die Band nicht einfach aufgeben. Sie änderten den Namen zu *The Frantics* und engagierten einen Saxophonspieler, um der Gruppe ein neues Image zu geben. Aber der neue Mann blieb nicht lange, als er herausfand, daß es sich nicht mehr um die Band handelte, von der er so viel gehört hatte.

Freunde hatten den Eindruck, Moey hielte die Band nur am Leben, weil er hoffte, Mick könnte eines Tages doch noch zurückkommen. Dazu bestanden aber nicht die geringsten Chancen, obwohl sich Mick noch hie und da bei den Proben sehen ließ. Er kam auch zu einem Gig der Band, der in einem Saal über einer Gay-Bar stattfand; die *Frantics* bestanden nur noch aus drei Mann, und Moey übernahm den Gesang. Für alle Fans, die die Band in der alten Besetzung geliebt hatten, war es ein deprimierendes Schauspiel.

»Ohne Mick funktionierte es nicht mehr richtig«, erinnert sich Steve Mardy. »Von der Band war nur noch ein trauriger Rest übriggeblieben. Nach ihrem Auftritt half ich den Jungs, die Instrumente zusammenzupacken. Moey war betrunken. Er empfand die Trennung von Mick wie eine Scheidung und war am Boden zerstört.«

Kurz darauf hatte auch Brian Turner genug und verließ die Band. Moey versuchte nur noch halbherzig, einen Ersatz zu finden, und schließlich löste sich die Gruppe ganz auf.

Moey hatte das Gefühl, als ob ein guter Freund gestorben sei. Er trauerte regelrecht, schloß sich in seinem Zimmer ein und zog die Vorhänge zu. Er sank tiefer und tiefer in Depressionen, begann exzessiv zu trinken, nahm Pillen und aß nur noch Junk Food. Er wollte niemanden mehr sehen.

In diesem Zustand vegetierte er mehr als sechs Monate vor sich hin.

Ian, der währenddessen immer noch mit seinen *Hamsters* auftrat, erinnert sich an die schreckliche Zeit, die sein Bruder durchmachte: »Neil hatte schon immer zu den Typen gezählt, die sich gehen lassen, aber die Sache mit Mick versetzte ihm einen bösen Schlag. Er brauchte am Ende psychotherapeutische Hilfe, um aus seinen Depressionen herauszukommen. Wir waren uns nie besonders nahe gestanden und hatten schlimme Auseinandersetzungen gehabt. In der Zeit, als er zur Therapie ging, kam er jedoch eines Tages zu mir auf eine Party und entschuldigte sich für alles, was er mir angetan hatte. Nie zuvor war er so aufrichtig zu mir gewesen. Ich beschloß danach, ihn aus seinem dunklen Zimmer herauszuholen, und lud ihn ein, mit meiner Band zu proben. Das schien ihm auch zu helfen.«

Dadurch lösten sich die Probleme, die Moey mit Micks Fortgang hatte, aber nicht. Mick versuchte, mit seinem ehemaligen Freund Frieden zu machen, kam aber nicht mehr an ihn heran; Moey zog sich sofort wieder in sein Schneckenhaus zurück. Eines Tages legte er seine Gitarre endgültig beiseite, begann Schach zu spielen und an der Fernuniversität zu studieren, um einen Abschluß zu machen. Er ging auch wieder mit seinen alten Freunden aus.

Die großen Träume, mit Mick zusammen ein berühmtes Songschreiberteam à la Lennon/McCartney zu bilden, waren für Moey schließlich nur noch ferne Erinnerungen.

17

Elliot Rashman war ein begnadeter Geschäftsmann. Als Mick zu ihm kam, um ihn um Rat zu fragen, ergriff Elliot die Gelegenheit beim Schopf. Er schlug Mick vor, sich eine Band mit ausgezeichneten Musikern zusammenzustellen. Elliot wollte ihm persönlich dabei behilflich sein. Von jenem Augenblick im Frühjahr 1983 an verwandte Elliot seine ganze Energie darauf, für Mick geeignete Musiker zu finden. Er schwärmte allen ehemaligen Musikerfreunden aus Didsbury vor, was für ein außergewöhnlich begabter Sänger Mick wäre und daß er das Zeug zum Star hätte. Und weil Elliot selbst davon absolut überzeugt war, brachte er jeden dazu, es auch zu glauben.

Elliot fand drei Musiker: den Drummer Chris Joyce, den Gitarristen Dave Rowbotham und einen Bassisten aus Liverpool. Die drei waren Mitglieder der *Mothmen* gewesen und hatten nach einem neuen Job Ausschau gehalten.

Als sie Mick das erste Mal singen hörten, waren sie stark beeindruckt. Später trafen sie sich in der Polytechnischen Hochschule, um regelmäßig miteinander zu jammen. Ein weiteres Mitglied der ehe maligen *Mothmen,* Tony Bowers, hatte mit staatlicher Unterstützung ein Tonstudio aufgebaut. Elliot schlug nach einigen Monaten intensiver Proben vor, mit der neuen Band ein paar Demobänder aufzunehmen.

Mick war begeistert. Er fand es aufregend, mit neuen Musikern, neuen Songs und einem neuen Sound zu experimentieren. Er war immer noch arbeitslos gemeldet und ständig knapp bei Kasse, aber Elliots Enthusiasmus riß ihn mit. Endlich hatte Mick jemanden gefunden, der dieselbe Kraft und Energie besaß wie er selbst – jemanden, der die Musik und die Band absolut ernst nahm!

Eine befreundete Schauspielerin bot Mick an, ihm Atemtraining zu geben, damit er mehr aus seiner Stimme machen konnte. Bis zu diesem Zeitpunkt hatte Mick noch nie darüber nachgedacht, seine Stimme richtig auszubilden. Er war beim Singen nur seinem Instinkt gefolgt und hatte imitiert, was er von anderen live und auf Schallplatten gehört hatte. Jetzt war er ganz versessen darauf, mehrmals in der Woche ins Musikcollege zu fahren, um richtig atmen zu lernen und sein Gesangsvolumen zu erweitern. Innerhalb von zwei Monaten hatte sich seine Stimme hörbar verbessert. Mit nur dreiundzwanzig Jahren war Mick professionell und erfahren genug, um zu erreichen, was sich Elliot für ihn vorgenommen hatte.

Vorerst jedoch hatte Elliot mit einigen persönlichen Problemen zu kämpfen, die seine Ehe scheitern ließen und die junge Band schließlich zerstören sollten. Er und Lyndsay verstanden sich schon lange nicht mehr so gut, und in jenem Frühjahr beschlossen sie, sich endgültig zu trennen. Das allein hätte die Band in keiner Weise beeinträchtigt, doch Lyndsay begann sich nach einer Weile mit dem Gitarristen Dave Rowbotham zu treffen. Elliot schien sich nicht besonders darüber aufzuregen. Vielmehr begann er sich nun selbst für Daves alte Flamme Louise zu interessieren. Das gefiel wiederum Dave nicht, und er zerstritt sich mit Elliot.

Elliot suchte im Chaos seiner persönlichen Probleme Hilfe bei seinem alten Schulfreund Dave Fryman. Die beiden verband schon lange eine enge Freundschaft. Sie hatten sich allerdings nicht mehr oft gesehen, nachdem Elliot neue Freunde in Didsbury gefunden hatte. Elliot brauchte jetzt einen alten Freund, auf den er sich verlassen konnte, und Dave ließ ihn nicht im Stich. Er lud Elliot sogar zu sich nach Hause in Prestwich ein und hörte geduldig zu, als ihm dieser sein Leid klagte.

Freunde und Bekannte fragten sich allmählich, wie es mit Elliot weitergehen sollte. Er schwärmte weiterhin von Mick und von dessen fantastischer Stimme und seinen hervorragenden Starqualitäten. Er setzte immer noch großes Vertrauen in seinen Schützling. Elliot erzählte gern, wie Mick als kleines Kind von seiner Mutter verlassen worden war – »ganz genauso ist es John Lennon ergangen«, pflegte er zu betonen. Elliot maß diesem Umstand offensichtlich viel Bedeutung zu und bastelte schon ein bißchen am Mythos von Micks Lebensgeschichte.

Dave war erstaunt: Er hatte noch nie erlebt, daß Elliot von jemandem derart beeindruckt war. Elliot versprach ihm, ein Demoband mit dieser ungewöhnlichen Stimme vorbeizubringen. Dave war als Physiklehrer nicht mehr besonders an der Musikbranche interessiert; Elliots Begeisterung hatte ihn aber neugierig gemacht. Wenn nur halb soviel an dem Jungen dran war, wie Elliot behauptete, dann mußte es sich um Frank Sinatra und Mick Jagger in einem handeln.

Am nächsten Tag hörte sich Dave das Band auf seinem Walkman an – und war enttäuscht. »Mick klang wie Noddy Holder von *Slade*«, erinnert sich Dave heute. »Er hatte eine durchdringende Stimme. Ich war ehrlich gesagt nicht sonderlich beeindruckt.«

Elliots Begeisterung blieb trotzdem ungebrochen. Er zeigte Dave ein Foto von Mick, das er für besonders gelungen hielt. Dave dagegen fand es ausgesprochen scheußlich. Er wollte nicht glauben, wie häßlich Mick war. Wie sollte einer, der so aussah und eine so schneidende Stimme hatte, im Popgeschäft jemals eine Chance haben? Elliot ließ sich nicht beirren und ignorierte Daves Zweifel.

Gegen Ende März trafen sich Mick und Dave zum ersten Mal. Es war nicht gerade ein vielversprechender Anfang. Daves Ehefrau hatte zum dreißigsten Geburtstag ihres Mannes eine Überraschungsparty organisiert. Dave erfuhr erst davon, als er an jenem Tag um acht Uhr abends nach Hause kam. Er hatte Überstunden machen müssen und hörte schon von weitem laute Musik aus seinem Haus dröhnen – zu seinen Ehren natürlich. Für den Lärm war Mick verantwortlich. Elliot hatte ihn zur Feier des Tages als DJ angeheuert. Das Haus quoll über mit Freunden, die viel Spaß an Daves Überraschungsfeier hatten. Dave dagegen war todmüde und überhaupt nicht in der Stimmung zum Feiern. Als er Mick dabei erwischte, wie der es sich auf dem Heißwasserboiler in der Küche bequem machen wollte, reichte es ihm.

»Würdest du bitte da runter gehen«, schnauzte er Mick an.

Mick gehorchte, hatte aber ebenso wie Dave keine Lust, das Gespräch weiterzuführen. Als Elliot Dave einige Wochen später zu den Proben der immer noch namenlosen Band mitnahm, machte sie immer noch keinen sonderlichen Eindruck auf den Lehrer: Dave langweilte sich sogar, weil die Musiker nur auf ihren Instrumenten herumübten, ohne etwas wirklich Interessantes zu spielen. Dave verstand beim besten Willen nicht, was Elliot an diesem Jungen so begeisterte.

Trotz der Spannungen zwischen Elliot und Dave Rowbotham blieb die Band den Sommer über zusammen. Über einen Namen für die Gruppe hatte sich noch niemand Gedanken gemacht, ebensowenig wie darüber, was mit dem Demoband geschehen sollte. Mick machte sich langsam Sorgen. Nach einem vielversprechenden Anfang schien nichts mehr voranzugehen. Er wandte sich an Elliot und verlangte neue Musiker, die engagierter und ehrgeiziger wären.

Zunächst besuchte Elliot seinen alten Freund Dave Fryman, der in den Siebzigern in mehreren Bands Gitarre gespielt hatte. Dave war jedoch wie gesagt mit Leib und Seele Lehrer und an keiner Band interessiert. »Kannst du denn sonst niemanden aus Didsbury auftreiben?« fragte er Elliot.

Elliot versuchte es auf anderem Wege und spielte den Geschäftsmann. Er redete unermüdlich auf Dave ein und schwärmte ihm ständig von Micks Talenten vor. Allmählich wurde Dave weich. Elliot erkannte das sofort und erzählte von Platten, die sie bald aufnehmen und veröffentlichen würden. Er wußte, daß Dave diese Vorstellung gefallen würde. »Da steckt viel Geld drin«, malte Elliot seinem Freund weiter aus. Er beschrieb lebhaft, wie Dave und Mick Songs zusammen schreiben und reich und berühmt werden würden. Dave könnte dabei verdammt viel Geld verdienen. Elliot ließ nicht mehr locker.

Schließlich hatte er seinen Freund an der Angel. »Okay, ich mach' mit«, lenkte Dave schließlich ein. Elliot arrangierte sofort ein Treffen mit Mick in dessen Wohnung in Hulme.

Dave war ziemlich unruhig, als er am verabredeten Abend zu Mick nach Hause fuhr. Mick wohnte jetzt am William Kent Crescent und teilte sich die Wohnung mit einem DJ von der Polytechnischen Hochschule. Dave war keineswegs wegen Mick nervös, sondern weil er

Angst hatte, überfallen zu werden. Er hatte gehört, daß der Stadtteil Hulme sehr gefährlich sei. Als er sein Auto geparkt hatte und mit der Gitarre über der Schulter zu Micks Haus hinüberging, sah er sich mehrmals verstohlen um, ob er nicht verfolgt würde.

»Ich hatte ziemlich Schiß«, gibt Dave heute zu. »Hulme war nicht gerade die Gegend, in der ich mich gerne herumtrieb – vor allem nicht im Dunkeln und mit einer teuren Gitarre unterm Arm. Während ich bei Mick anklopfte, machte ich mir schon Sorgen um mein Auto und fragte mich, ob ich es je wiedersehen würde. Ich war auch nicht wild darauf, daß man mir die Reifen zerstach.

Mick war allein zu Haus. Er war zuerst ein wenig befangen, weil wir uns kaum kannten. Dann spielte er mir auf der Gitarre einen seiner Songs vor. Der Titel hieß *Wounded Animal*. Er sang mit viel Leidenschaft, um zu zeigen, was er konnte. Die Situation war ihm überhaupt nicht peinlich – mir schon. Es war wirklich komisch, mit jemandem in einem Zimmer zu sitzen, der einem mit solcher Intensität ein ›Ständchen‹ bringt. Mir war das zuviel. Der Song gefiel mir auch nicht besonders, dadurch fühlte ich mich noch unwohler. Mick sang, als hätte er den Blues gehört, aber nicht begriffen, und nun brachte er ihn ganz falsch heraus. Ich merkte jedoch, daß er tatsächlich eine gute Stimme besaß. Von seinen musikalischen Vorstellungen war ich nicht sonderlich beeindruckt. Ich hatte auch keine Ahnung, was er bis jetzt gemacht hatte oder woher er kam.«

Den nächsten Song, den Mick vorspielte, mochte Dave. Er hieß *Sad Old Red*. Mick hatte ihn geschrieben, nachdem er von einer Freundin verlassen worden war und sich nachts einsam gefühlt hatte. Auch der dritte Song *Every Bit Of Me* gefiel Dave. In den darauffolgenden Wochen trafen sie sich drei weitere Male, um an den Stücken zu arbeiten und sie auszufeilen. Mick hatte einen Grund dafür: Der Boß einer wichtigen Plattenfirma aus New York mit Namen Seymour Stein hatte Interesse gezeigt und wartete auf ein Demo mit Kostproben von Micks Stimme. Das Band wurde tatsächlich aufgenommen, aber Dave war insgeheim erstaunt darüber. Er erinnert sich heute: »Als wir das Band einspielten, dachte ich mir: ›Die können das doch nicht wegschicken, es ist viel zu schlecht!‹ Elliot und Mick schienen das nicht zu bemerken.«

Dave begleitete Mick bei den Demoaufnahmen auf der Gitarre. In Anbetracht späterer Vorfälle ist zu bezweifeln, daß Seymour je von Daves Beitrag erfuhr.

Die Band brauchte vor allem einen Drummer. Der war schnell gefunden: Tony Bowers machte Mick mit Eddie Sherwood bekannt, der in der Musikszene von Manchester ziemlich bekannt war. Elliot, der Eddie gut kannte, brauchte nicht viel Überredungskunst, um ihm die Idee einer neuen Band schmackhaft zu machen. Bei ein paar Dosen Bier hörte Eddie sich die Bänder mit Micks Gesang an. Elliot und Dave erzählten ihm von den geplanten Plattenaufnahmen. Am Ende konnte es Eddie kaum erwarten, mit den Proben zu beginnen.

Die Suche nach einem geeigneten Bassisten wurde schwieriger. Zuerst kam ein Freund Eddies ins Gespräch, war aber nicht der Richtige. Dann spielte ein gewisser Pete Hooker vor, den Mick nicht leiden konnte; also mußte auch dieser wieder gehen.

Kurz vor Weihnachten tauchte dann ein weiterer interessanter Bassist auf: Ian Morris, der bei *Albertos Y Los Trios Paranoias* und den *Smirks* in den Siebzigern gespielt hatte, bevor er zum Fernsehsender Channel 4 gegangen war, um dort in der Soap-Opera-Serie *Brookside* zu spielen. Ian, der von allen nur Mog genannt wurde, war schon seit drei Monaten in der Fernsehserie und wollte als Schauspieler Karriere machen. Aber er änderte tatsächlich seine Pläne, als ihm Elliot von der neuen Band und Mick erzählte. Mog hatte Mick bereits dreimal gesehen und war beeindruckt gewesen. Zum ersten Mal war ihm Mick bei den Proben der *Elevators* in der Little Peter Street aufgefallen. Mog übte damals auch dort und erinnerte sich daran, wie Mick versucht hatte, eine Transportmöglichkeit nach Liverpool zu arrangieren. Beim zweiten Treffen im Grant Arms Pub in Hulme wurde Mog auf Micks gestyltes Aussehen aufmerksam. Schließlich hatte er die *Elevators* im Februar 1982 auf einem Bo-Diddley-Gig gehört, als sie noch unter der Obhut von Roger Eagle standen.

Mog hatte das Konzert gefallen. Als er Mick bei einer seiner Black-Rhythm-Nights an der Polytechnischen Uni besuchte, bestätigte sich der gute Eindruck.

»Ich saß bei ihm in seinem DJ-Cockpit, und wir redeten über die verschiedensten Musikrichtungen«, erzählt Mog heute. »Wir hatten beide ähnliche Ansichten, und ich dachte mir, daß ich mich mit Mick gut vertragen könnte. Ich war von seiner großen Plattensammlung schwer beeindruckt. Unsere musikalischen Vorlieben waren ähnlich extrem und exotisch.«

Am Nachmittag des Heiligen Abends kam Mog bei Mick vorbei,

um vorzuspielen und an einigen Songs mitzuarbeiten, die die Band gerade entwickelte. Mick, Dave und Eddie konnten Mog gut leiden. Mog kam seinerseits mit allen gut zurecht. Er war in der Band willkommen.

Mog stand vor einer Entscheidung, die jedem anderen wahrscheinlich sehr schwer gefallen wäre: Als TV-Schauspieler verdiente er für die Rolle des Mark Gossage in *Brookside* sechshundert Pfund pro Woche. Um sich der Band vollständig widmen zu können, hätte er sich arbeitslos melden müssen. Nur so konnte er zu allen Gigs und Proben kommen. Erstaunlicherweise zögerte Mog keinen Augenblick. Er glaubte, daß die Band groß herauskommen würde und wollte dabei sein. Bereits an jenem Weihnachtsnachmittag ließ er Mick wissen, daß er miteinsteigen wollte.

»Zuerst machte ich mir schon ein bißchen Sorgen, weil ich bereits über ein Jahr lang aus dem Musikgeschäft draußen war«, erinnert sich Mog. »Aber Micks Stimme hatte mich beeindruckt, und ich dachte mir, diese Band wäre einen Versuch wert. An jenem Heiligabend war ich felsenfest davon überzeugt, daß Mick berühmt werden würde. Natürlich stand für mich ziemlich viel auf dem Spiel – meine Schauspielkarriere, das Geld, das ich verdiente, und meine TV-Popularität. Aber für Mick und die Band ging ich das Risiko ohne Zögern ein.«

Schon wieder brach ein neues Jahr an. Mog, Dave und Eddie waren überzeugt, daß es ein gutes Jahr werden würde. Sie vertrauten ganz auf Elliots Geschäftstüchtigkeit und Micks goldene Stimme.

18

Elliot begann sofort mit der Organisation. Anfang 1984 verschaffte er der Band für Dienstag abends und Samstag nachmittags einen Übungsraum an der Polytechnischen Hochschule. Er gab auch Tips, welche Nummern sie einstudieren sollten und welche nicht. Er sprach nie von »der Band«, wenn er Entscheidungen traf, sondern immer von »dem Projekt«. Und er stellte klar, was er von seinem »Projekt« erwartete.

Es war besonders wichtig, daß die Band mit Auftritten Erfahrungen sammeln konnte. Elliot hielt es darüber hinaus für entscheidend, wo diese Auftritte stattfinden würden. Die *Frantic Elevators* hatten selbst in den kleinsten Pubs gespielt, ohne an Rentabilität zu denken. Elliot beschloß, daß die Band bei der Wahl ihrer Auftrittsorte in Zukunft auf Qualität und nicht auf Quantität zu achten hätte. Er wollte die Gruppe nicht zu oft auftreten lassen, um ihre Gigs zu gesuchten und seltenen Ereignissen zu machen. Als einflußreicher Manager konnte Elliot die Band im Grunde überall unterbringen; er mußte sich nur überlegen, wo er ihr wichtigstes erstes Konzert haben wollte. Er entschied sich für die Polytechnische Uni. Mick war dort bekannt und beliebt. Das Publikum würde die Band willkommen heißen und nicht zu kritisch sein, sollten die Jungs wirklich nicht in Topform sein. Elliot wollte vermeiden, daß die Band schon beim ersten Auftritt entmutigt wurde.

Er buchte sie für Anfang März als halbstündiges Vorprogramm des singenden Cockneypoeten Billy Bragg ein. Nun mußte entschieden werden, welche Stücke sie in den dreißig Minuten spielen wollten. Die Bandmitglieder waren noch nicht lange genug zusammen, als daß sie neue Songs hätten entwickeln können. Mick hatte ein paar Texte geschrieben – *Open Up The Red Box, Something Burning, So Green, Tear The Valentine Up* und *So Mean*. Es hätte jedoch zuviel Zeit in Anspruch genommen, diese Songs bühnenreif einzustudieren. Bis jetzt hatte die Band nur *Sad Old Red, Wounded Animal* und *Every Bit Of Me* im Repertoire. Das reichte nicht aus, um eine halbe Stunde zu bestreiten. So einigten sie sich darauf, ihr Programm mit Coverversionen aufzufüllen, unter anderem mit einer langsamen Variante des Songs *Heaven* von den *Talking Heads*.

Noch schwerer, als die Auswahl der Songs, war es, sich auf einen Namen für die Band zu einigen. Sie hatten nicht die geringste Vorstellung, wie sie sich nennen sollten, und verbrachten Stunden damit, in Filmbüchern, auf Plattenhüllen und sogar in der Bibel nach Inspirationen zu suchen. Entweder war es Mick oder Elliot – das ist heute nicht mehr ganz klar –, der sich eines Abends den BBC World Service anhörte und diesen Namen vorschlug. Niemandem gefiel *World Service* wirklich, andererseits gab es auch keinen besseren Vorschlag.

Dave Fryman blamierte Elliot vor dem ersten Auftritt schrecklich, weil er keine Ahnung hatte, für wen die Band eigentlich die Vorgruppe machte. Dave hatte zwar den Namen Billy Bragg mitbekommen, wußte aber nicht, wer dieser Sänger eigentlich sein sollte.

Dave erinnert sich heute: »Elliot war ganz stolz, mir an jenem Abend Billy Bragg persönlich vorstellen zu können. Ich hatte mich lange nicht mehr mit der Musikszene beschäftigt und war mit dem Unterrichten beschäftigt gewesen, also fragte ich laut und unbefangen, wer dieser Typ überhaupt sei. Elliot wäre am liebsten im Boden versunken vor Scham. Ich hatte ihn öffentlich bloßgestellt.«

Der Auftritt verlief reibungslos. Die Hochschule war überfüllt, und die Band kam gut bei den Zuschauern an. Elliot war im allgemeinen zufrieden mit der Leistung der Band, brachte aber hinterher in der Garderobe doch einige Kritikpunkte an. Elliot hatte geplant, daß Mick nach der letzten Nummer allein mit seiner Gitarre auf der Bühne zurückbleiben sollte, um den Song *Every Bit Of Me* solo zu singen. Seinen Bandkollegen hatte diese Idee nicht sonderlich gefallen – sie räumten aber trotzdem wie ausgemacht die Bühne, machten aber dabei ziemlich viel Lärm. Mick hatte sich gestört gefühlt, worüber sich Elliot beschwerte.

Die Herren Fryman, Sherwood und Morris hatten zum ersten Mal zu spüren bekommen, wie sehr Elliot um die Vorrangstellung seines Schützlings bedacht war. Es sollte für sie eine Warnung sein, welche Rolle sie in der Band spielen durften und welche nicht.

Elliot hatte sich bereits monatelang über das Image der Band Gedanken gemacht. Die Gruppe brauchte etwas ganz Spezielles und Einzigartiges, was sie von anderen unterschied. Elliot diskutierte lange und oft mit Mick, um dieses gewisse Etwas zu finden, das sie suchten. Nach einer solchen Marathonunterredung Anfang April kam Mick zu den Proben und verkündete: »Ab heute heiße ich *Red*. Ihr dürft mich nur noch Red nennen.«

Der Name mag für Mick vielleicht nur eine Chance gewesen sein, seinen roten Haaren, unter denen er ein Leben lang gelitten hatte, endlich etwas Positives abzugewinnen. Vielleicht aber steckten auch tiefere Überlegungen dahinter. Während der Collegezeit war der französische Expressionist Matisse Micks Lieblingsmaler gewesen. Die bevorzugte Farbe der französischen Expressionisten war Rot. Rot ist außerdem die Farbe des Blutes, der Leidenschaft und des Lebens. Man könnte auch vermuten, die Farbe Rot symbolisierte Micks extrovertierten Charakter und seine dominante Persönlichkeit. Kunstwissenschaftler behaupten, der Expressionismus sei der musikalischste aller Stile und passe vorzüglich zu Soul, Funk und Blues.

Was auch immer Micks Beweggründe gewesen sein mögen – die anderen fanden es ziemlich lächerlich, ihn plötzlich *Red* nennen zu müssen. Für Mick und Elliot spielte der neue Name jedoch eine wichtige Rolle, und sie versuchten ihn in der lokalen Presse bekannt und populär zu machen.

Der Name machte auch die leidige Suche nach einem Bandnamen einfacher. *World Service* wurde endgültig verworfen. Die Auswahl konzentrierte sich jetzt auf mehrere Varianten, die das Wort »Red« enthielten: *Oh-Red, Just Red, All Red, Simply Red* und *Red And The Dancing Dead*. Für ihren zweiten Gig an der Polytechnischen Uni, bei dem sie die Aufheizer für den vielversprechenden Komödianten Alexei Sayle aus Liverpool spielen sollten, wählten sie den Namen *Red And The Dancing Dead* aus.

Für diesen Auftritt wollte Mick eine Bläsersektion zur Band hinzunehmen. Mog spielte zeitweise in einer Jazzgruppe – dem *Oscar Bernhard Ensemble* – und engagierte den Altsaxophonspieler Neil Fitzpatrick und den Trompeter Ojo für den Abend.

Beide Männer erwarteten eine lockere, freundliche Atmosphäre, als sie zu den Proben in die Uni kamen. Aber weit gefehlt – die Stimmung war gegen sie. Besonders Mick und Elliot behandelten sie kühl und unfreundlich. Die beiden waren froh, als man ihnen sagte, daß sie ihre Parts von Tonbändern lernen könnten und nicht mehr extra zu den Proben vorbeikommen müßten.

»Ich glaube nicht, daß Elliot mehr als zwei Worte mit mir gewechselt hat«, erinnert sich Neil. »Mick tat extrem geschäftsmäßig und vermittelte den Eindruck, der Boß zu sein und zu bestimmen – nicht durch das, was er sagte, sondern wie er alles unter Kontrolle hielt. Er war der Bandleader, und Elliot wuselte überall herum, damit ja alles so lief, wie Mick es haben wollte. Ich sollte nur ein paar kurze Einlagen auf dem Sax spielen. Ich war mir nicht bewußt, daß sie gerade erst dabei waren, die Band aufzubauen und deswegen etwas nervös sein könnten.«

Am Abend des Auftritts – am Samstag, den 31. März – sollte Neil merken, wie ernst sich *Red And The Dancing Dead* nahmen.

Neil erinnert sich: »Sie waren alle fürchterlich steif. Ihre Musik war astrein – etwas rauh, mit einem guten Beat zum Tanzen. Dem Publikum hat's gefallen. Aber irgendwie war die Stimmung hinterher gedrückt, als wären sie trotzdem enttäuscht. Sie saßen alle mit gesenktem Kopf da. Mick sah sogar richtig unglücklich aus. Dabei hatte er gar keinen Grund zum Trübsal blasen. Als ich mit meinen Einlagen fertig war, hatte ich mich ein bißchen unter die Zuschauer gemischt, um die Reaktionen auf die Band mitzubekommen. Die Jungs kamen wirklich gut an. Ich versuchte die anderen in der Garderobe etwas aufzumuntern und erzählte ihnen, wie gut sie gewesen waren. Da ich nur kurzfristig dabei war, hatte ich mehr Abstand und schätzte die Situation realistischer ein. Ich sah, wie unvernünftig sie reagierten und daß sie viel zu streng mit sich waren. Die Zuschauer hatten sich jedenfalls hervorragend amüsiert, und das war die Hauptsache. Es gab keinen Grund, sich aufzuregen.

Mick und die anderen konnten das nicht so locker sehen. Sie nahmen ihren Job wirklich sehr ernst. Sie wollten die Welt mit ihrer Musik aus den Angeln heben und hielten den Auftritt für verpatzt.«

Unter den Zuschauern an jenem Abend war auch John Bradshaw, der mit Mick seit Beginn des neuen Jahres zusammenwohnte. Ihm hatte der Auftritt nicht nur gefallen, er war sogar hellauf begeistert. Mick hatte ihm einige Freikarten überlassen, ohne zu sagen, was ihn erwartete. John hatte keine Ahnung gehabt, wie professionell Mick wirklich war.

Daheim schwärmte er Mick aufrichtig vor, wie beeindruckt er gewesen war. »Dir ist es wirklich ernst mit dem Musikgeschäft, nicht?« fragte er Mick. »Du willst dabei bleiben?«

Mick nickte. »Ja. Und es gibt drei Dinge, die ich in meinem Leben erreichen will: Ich möchte mit James Brown auftreten, im Old Trafford Cricket Ground spielen und einen Nummer-Eins-Hit in Amerika landen.«

John hat diese Worte niemals vergessen. »Mick war sich sicher, daß er diese Dinge eines Tages auch erreichen würde«, erinnert er sich. »Er sagte das in einem Ton der Gewißheit, der keinen Zweifel ließ. Mick glaubte fest an sich. Er hatte einen eisernen Willen.«

Elliot stellte nach dem Auftritt an der Hochschule erfreut fest, daß man in Manchester über die Band zu reden begann. Seine Taktik des Sich-rar-Machens schien sich auszuzahlen. Nun war die Zeit für die Band gekommen, vor einem anspruchsvolleren Publikum aufzutreten.

Elliot suchte nach einer Auftrittsmöglichkeit in einem elitären, nur für eingeweihte Kreise zugänglichen Etablissement. Zu solchen Konzerten in der Insiderszene pflegten auch Talentsucher der großen Schallplattenfirmen zu kommen. Elliot entschied sich für den Manhattan Club, einen kleinen Kellerclub in Spring Gardens im Bankenviertel von Manchester, der nur hundert Leute faßte. Am 31. Mai sollte das Konzert stattfinden, und Elliot informierte einige Talentsucher über den bevorstehenden Auftritt. Die Wichtigsten sparte er aber absichtlich aus. Sie sollten über die Gerüchteküche der Branche mitbekommen, daß ein kleines Ereignis bevorstand. Das würde sie fraglos neugierig machen, und sie würden vorbeikommen, um ja nichts Wichtiges zu verpassen.

Der Bandname war noch immer ein Problem. Keiner mochte *Red And The Dancing Death,* also wurde dieser Name aufgegeben. Damit blieben nur noch drei Möglichkeiten auf der Liste übrig: *All Red, Just Red* und *Simply Red*. Für den Gig im Manhattan entschied sich die Band für *Just Red.* Bis zum 31. Mai war dieser Name in aller Munde. Elliots Plan ging auf. Nun mußte die Band auf der Bühne einhalten, was Elliots Promotionarbeit versprochen hatte.

Mick war mittlerweile der unbestrittene Chef der Band. Beim Aufstellen der Geräte machte er sich die Hände nicht mehr schmutzig. Er irritierte und frustrierte die anderen in der Band, wenn er ihnen seine neuen Ideen nicht verständlich machen konnte. In solchen Augenblicken begann er mit den Armen zu fuchteln und mit der Faust zu drohen; er sah dabei aus wie ein übergeschnappter Dirigent, dem die Nerven durchgegangen waren. Dave, Eddie und Mog starrten ihn in solchen Fällen nur entsetzt und verwirrt an. Je weniger sie begriffen, worauf Mick hinaus wollte, desto mehr regte er sich auf, und das blockierte die anderen noch mehr. Die Spannungen nahmen zu.

Dave Fryman erinnert sich: »Mick sprach andauernd von James Brown als seinem großen Vorbild. Aber ich glaube nicht, daß er überhaupt eine Vorstellung von einem eigenen Stil hatte. Es war für uns in der Band immer sehr schwierig herauszufinden, wie er sich einen Song vorstellte. Mick gestand mir einmal, daß er sehr ungeduldig sei. Da war also dieser Typ, der mit den Armen wedelte oder in die Luft boxte und immer wieder sagte, er wolle dies oder das. Wir kapierten natürlich nicht, was er meinte und bemühten uns, es beim Üben herauszufinden. Wenn etwas falsch war, wurde Mick böse, und wir mußten wieder von vorne anfangen. Das Ganze war eigentlich ein Affentheater, lächerlich und bescheuert.«

Dave behauptete, Mick hätte zuwenig von Musik verstanden. »Oft versuchte ich ihm klar zu machen, daß gewisse Akkorde oder Riffs an bestimmten Stellen einfach nicht funktionierten – die Tonlage sei falsch und kein Übergang möglich. Micks einziger Kommentar dazu war dann immer nur ein nichtssagendes ›Oh‹.«

Bis zum Mai 1984 waren Mick und Mog zum Kern der Band geworden: Beide waren arbeitslos gemeldet und hatten genügend Zeit, um sich der Musik zu widmen. Dave arbeitete immer noch als Lehrer, und Eddie hatte eine kleine Tochter, um die er sich kümmern mußte. Dave war nach der Arbeit meist viel zu erschöpft, um sich besonders für die Band engagieren zu können. Da die Gruppe noch nicht viel eigenes Material hervorgebracht hatte, schlug Dave vor, jeder solle sich ein Weilchen zurückziehen, um Songs zu entwickeln. Mick legte diese Bemerkung sofort als Ausdruck mangelnden Interesses aus und erklärte Mog eines Abends, daß er Dave aus der Band haben wolle. Mog, der Daves familiäre und berufliche Verpflichtungen kannte, redete Mick diesen Gedanken wieder aus.

Mick und Mog verbrachten immer mehr Zeit miteinander. Beide liebten nicht nur Musik, sondern betranken sich auch gern. Nach den Proben gingen sie stets gemeinsam aus, ob in die Jazzdisco The Venue, in die Hacienda oder in irgendeinen anderen Club, der ihnen zusagte. Danach hörten sie bei Mick oder Mog zu Hause Musik und redeten bis tief in die Nacht hinein. Mog erinnert sich, nicht selten erst um vier oder fünf Uhr morgens nach Hause geradelt zu sein.

Beide verband eine Vorliebe für die indische Küche. Weil sie es sich nicht leisten konnten, häufig in Restaurants zu essen, begann Mick zu kochen. Er kaufte das billigste Fleisch und schaffte es, für nicht mehr als fünfzig Pence ein Essen zusammenzuzaubern.

In jener Zeit begannen in Großbritannien die Minenarbeiter gegen die Schließung ihrer Gruben zu streiken. Mick und Mog stammten beide selbst aus der Arbeiterklasse und sympathisierten als überzeugte Labour-Anhänger mit den Anliegen der Kumpel. Mog nahm eine Fernsehdokumentation über eine berühmte walisische Grube auf, die geschlossen werden sollte. Der bewegende Bericht brachte ihn und Mick sogar zum Weinen. »Mick ist der einzige Kerl, mit dem ich jemals zusammen geheult habe«, gesteht Mog. »Wir waren dicke Freunde.« Die beiden hatten aber vor allem viel Spaß zusammen. Mick brachte Mog mit seiner perfekten Imitation des Gewerkschaftsführers Arthur Scargill zum Lachen. Auf Partys war Mick jedoch schnell beleidigt, wenn sich Mog mit anderen amüsierte. Mog wurde überall als TV-Star erkannt, was Mick überhaupt nicht gefiel.

Mick wollte selbst im Rampenlicht stehen. Ihm paßte es nicht, wenn jemand anderer Aufmerksamkeit erregte und er daneben stand und nicht beachtet wurde.

Der Gig im Manhattan Club war ein voller Erfolg. Die Bühne war ein bißchen eng, dafür war die Band nahe am Publikum und kam besonders intensiv und überzeugend rüber. Nach jeder Nummer gab es frenetischen Beifall. Sie spielten neben Coverversionen auch ein paar Originalkompositionen. Einen der Coversongs – *Money's Too Tight (To Mention)* – hatte Dave vorgeschlagen. Er hatte das Lied in der Schule verwendet, um die Probleme der Armut vorzuführen. Der Song sollte noch große Bedeutung für Micks Karriere haben. Er stammte von der amerikanischen Band *The Valentine Brothers* aus dem Jahr 1981 und war seinerzeit kein Hit gewesen.

Trotz des großen Erfolgs verließ der Saxophonist Neil Fitzpatrick die Band nach dem Gig. Er war nicht böse deswegen; schließlich war er nur für zwei Auftritte engagiert worden. Er hatte sich nie eine Zukunft mit der Band ausgerechnet. Mick war interessiert daran, weiter mit Bläsern zu arbeiten und sprach deswegen mit Tony Bowers, der das Studio betrieb, in dem Mick unter Elliots Anleitung ein Demotape aufgenommen hatte.

Nach ihrem Triumph im Manhattan Club verbreitete sich in Manchester die Neuigkeit von einer Band mit einem jungen, dynamischen Sänger, der eine außergewöhnliche Bühnenpräsenz besaß.

Just Red mit ihrem rothaarigen Frontmann wurden zum heißesten Musiktip der Stadt.

Elliots größte Sorge war das Image der Band. Er versuchte mit Mick ein Konzept zu erarbeiten, das auf die Band aufmerksam machen sollte. Die beiden hielten sich oft mit Kleinigkeiten auf, die den anderen in der Band recht nebensächlich erschienen – zum Beispiel, was sie anziehen und wie sie sich auf der Bühne benehmen sollten. Mog mußte sogar einen Anti-Atomkraft-Sticker von seiner Baßgitarre entfernen, der Elliot störte. Elliots Begründung klang für Mog reichlich überspannt: Die Band könne nie eine US-Tour bekommen, wenn sich die Band *gegen* die Bombe aussprach.

Das wirkte ein bißchen weit hergeholt aus dem Mund eines Managers, der seiner Band noch nicht einmal eine Tour im eigenen Land organisiert hatte.

Um den sozial engagierten Mog zu beschwichtigen, wollten Mick und Elliot einen Gig zugunsten der streikenden Minenarbeiter arrangieren. Sie lösten dieses Versprechen jedoch nie ein.

Elliot war der Meinung, die Bandmitglieder sollten sich kleiden, als hätten sie bereits den Durchbruch geschafft und wären erfolgreiche Popstars. Genau das wollte Mog vermeiden. Er fiel schon genügend in der Öffentlichkeit auf, das reichte ihm. Überall belästigten ihn *Brookside*-Fans. Er wollte nicht noch mehr Aufsehen erregen.

»Ich habe Elliot klargemacht, daß ich die Nase voll hatte, ständig erkannt zu werden«, erzählt Mog. »Und es würde noch schlimmer werden, wenn wir uns auffallend kleideten. Elliot hörte mir nicht zu. Er kam eines Tages mit einer Ausgabe von *Vogue* daher und zeigte mir das Foto einer sündteuren Lederjacke. Er meinte, sie wäre gerade das Richtige für mein Image; außerdem sollte ich die Zeitschrift öfters lesen. Ich machte das auch, las aber selbstverständlich nur die neuesten Ausgaben, die gerade herauskamen. Daraufhin sagte mir Elliot, daß er eigentlich die älteren Jahrgänge gemeint hätte. Er hatte manchmal wirklich verrückte Ideen!

Ich und Dave sagten ihm, daß wir alt genug wären, um selbst bestimmen zu können, was wir anziehen wollten. Außerdem hatten wir gar nicht genug Geld für aufwendige Klamotten. Ich war arbeitslos und mußte von sechsundzwanzig Pfund im Monat leben. Wie sollte ich mich mit so wenig Geld ausstaffieren wie einer aus dem *Vogue*-Magazin? Wenn ich zweihundert Pfund pro Woche verdient hätte, dann hätte ich mir einen guten Haarschnitt und was Tolles zum Anziehen zugelegt.

Elliot machte ständig Terror wegen unseres Images. Vor jedem Auftritt wollte er wissen, was wir anziehen würden. Einmal ist er doch glatt mit Dave einkaufen gegangen und hat ihn in einen schrecklichen grauen Anzug gesteckt. Dave kam damit zu den Proben und sah aus wie einer von den *Dire Straits*. Mick und ich schauten uns stumm an und wunderten uns wohl beide, was bloß in Dave gefahren war. Mick wußte nicht, daß die Idee dazu auf Elliots Mist gewachsen war. Mick tauchte dann in der nächsten Zeit häufiger mit neuen Klamotten auf. Ich denke, Elliot hat sie ihm bezahlt.

Wenn sich Elliot nicht gerade um unser Äußeres kümmerte, fand er etwas anderes, über das er sich aufregen konnte – über unsere Musik zum Beispiel. Es kam vor, daß ihm ein Song in der einen Minute gefiel und in der nächsten plötzlich nicht mehr. Erst machte er uns Mut und dann zur Schnecke. Er hat seine Anforderungen immer höher geschraubt. Wir waren schließlich so angespannt, daß wir unter dem Druck zu leiden begannen. Es ging allen so, und wir waren immer froh, wenn Elliot endlich verschwand und wir in Ruhe proben konnten. Wir hofften jedesmal inständig, daß er sich nicht wieder blicken ließ.

An Mick hatte Elliot selten etwas auszusetzen. Er schmeichelte ihm sogar, wenn andere dabei waren. Wir haben das nie getan. Wenn wir einen Song, den Mick geschrieben hatte, für schlecht hielten, sagten wir ihm ehrlich unsere Meinung.«

Nach dem erfolgreichen Manhattan-Gig arrangierte Elliot für den 12. Juni einen weiteren Auftritt in einem angesehenen Club, im Band On The Wall. Beim Soundcheck kam es allerdings zwischen Ojo und Tony Bowers, der Neil Fitzpatrick am Altsaxophon abgelöst hatte, zu einem bösen Streit. Nach dem Auftritt verließ Ojo die Band, und Tony ließ ausrichten, daß er mit *Just Red* ebenfalls nichts mehr zu tun haben wolle.

Im Verlauf des Sommers trennte sich Elliot endgültig von seiner Frau und zog mit Mick zusammen in ein Haus in Northenden. Elliot hatte eine Zeit lang nebenbei eine zweite Band mit dem Namen *Little Douglas* gemanagt, gab sie aber auf, nachdem er alle Hoffnung und Energie auf *Just Red* konzentrierte. Obwohl die Versuchung groß war, mehr Gigs für die Band zu organisieren und damit Kasse zu machen, hielt sich Elliot zurück. Er lehnte sogar Auftrittsangebote ab. Er hielt an seiner Taktik fest, die Band rar und damit gefragt zu machen – getreu der Devise, je größer die Nachfrage, desto höher der Wert. Die Band verbrachte den Sommer daher fast ausschließlich mit Proben und der Aufnahme eines weiteren Demobandes.

Vor den Sommerferien spielte die Band am 23. Juni für den Sommerabschlußball der Polytechnischen Hochschule. Kurz zuvor hatten Mick und Elliot den Namen der Band ein weiteres Mal geändert. *Just Red* hatte ihnen nicht mehr gefallen; auch die anderen in der Gruppe waren mit dem neuen Namen einverstanden: Von nun an nannte sich die Band *Simply Red.*

Simply Red nahmen drei Musiker vom Manchester College of Music auf, die die Bläsersektion bilden sollten. Tim Kellett spielte Trompete und hatte schon in einer anderen Band – *The Durutti Column* –

Erfahrung gesammelt. Er kam mit zwei Freunden zu den Proben an einem Sonntagmorgen. Noch bevor die drei ihr Können unter Beweis stellen konnten, gingen sie schon wieder – Schuld daran war Micks arrogantes Benehmen.

Mog mußte sich bei ihnen für Micks Unverschämtheit entschuldigen. Er erzählt: »Mick hatte miese Laune und war besonders ätzend und unsensibel an jenem Tag. Die Jungs machten auf dem Absatz kehrt, und ich mußte sie zurückrufen. Ich versuchte sie zu beschwichtigen und versicherte ihnen, daß Mick sich schon wieder einkriegen würde; er wäre nur gerade in etwas schlechter Stimmung. Ich weiß nicht, was Mick zu ihnen gesagt hat, aber sie hatten sicher allen Grund, beleidigt zu sein. Wahrscheinlich hat er sich wieder wie ein arrogantes Arschloch aufgeführt. Jedenfalls hatten die drei von seinen Allüren sofort die Schnauze voll.«

Mog konnte die neuen Musiker schließlich doch noch zum Bleiben bewegen. Der Sommer verging, und die Erweiterung der Band bewährte sich gut. Elliot hatte das Gefühl, die Band wäre bald soweit, sich um einen Plattenvertrag zu bemühen. Bei den Konzerten im Manhattan Club und im Band On The Wall waren Talentsucher bereits auf die Gruppe aufmerksam geworden. Was die Band nun brauchte, um die Plattenfirmen zu überzeugen, war ein spektakulärer »Showauftritt«, mit dem sie alle von den Sitzen rissen. Das verlangte wohlüberlegte Vorbereitungen.

Der Band fehlten jedoch immer noch genügend Eigenkompositionen; sie brauchten eine schnelle, einprägsame Nummer, mit der sie ihr Auftrittsprogramm eröffnen konnten. Dave Fryman hatte ungewöhnlich viel Zeit, da Schulferien waren, und rief eines Tages bei Mick und Elliot an: Er glaubte, das Problem mit der Eröffnungsnummer gelöst zu haben. Mick mochte den Song, den Dave geschrieben hatte, und setzte sich mit ihm zusammen, um weiter daran zu arbeiten. Mick entwickelte die Texte zu Daves Melodie, die einen guten Drive besaß. Sie nannten den Song *No Direction.*

Elliot schlug vor, *Holding Back The Years* wiederzubeleben. Die anderen Bandmitglieder kannten das Stück noch gar nicht. Mick zögerte, den Song wieder ins Programm zu nehmen – wahrscheinlich, weil er ihn mit jemandem geschrieben hatte, den er lange nicht mehr gesehen hatte. Schließlich war Mick doch einverstanden, und sie begannen, den alten Song einzustudieren.

Die Band wurde im September nochmals um ein Mitglied erweitert. Um ihrem Sound das richtige Volumen zu geben, suchten *Simply Red* nach einem Keyboardspieler. Einer der Rausschmeißer an der Hochschule machte Mick und Elliot auf den geeigneten Musiker aufmerksam: Sein Name klang, als ob er ein in Glasgow geborener Deutscher wäre. Es handelte sich aber vielmehr um den arbeitslosen Sohn eines schwarzen Predigers.

Er hieß Fritz McIntyre. Er beherrschte nicht nur das Keyboard, sondern auch eine Menge anderer Instrumente. Und er war brillant!

Für Fritz bedeutete das Angebot der Band einen spektakulären Durchbruch. Er war fünfundzwanzig, hatte bereits mit den verschiedensten Bands in Manchester gespielt und sich sogar als Sessionmusiker versucht, aber niemals großen Erfolg gehabt. Er war seit mittlerweile fünf Jahren arbeitslos gemeldet und wollte mit einer Band, die er eigentlich nicht ausstehen konnte, auf Tour gehen – nur um seinen Depressionen zu entfliehen. Im letzten Moment entschied er sich, doch in Manchester zu bleiben und dort weiterhin sein Glück zu versuchen.

Dann bekam er einen Anruf, der sein Leben verändern sollte. Mick war am Apparat.

Fritz war mit seiner positiven Lebenseinstellung und Freundlichkeit bei allen Bandmitgliedern sofort sehr beliebt. Mog hatte jedoch eine Befürchtung: Von nun an würde nicht nur ihm, sondern auch Fritz Eddies schlechtes Timing an den Drums auffallen – das konnte Ärger geben. Doch Fritz hielt sich mit Kritik zurück und sagte lieber nichts. Er wollte wohl keinen Ärger machen, weil er erst so kurz dabei war. Eddies Spiel wurde jedoch immer schlechter. Seine Tage mit der Band waren gezählt.

Alle vermuteten, Cannabis wäre schuld an Eddies zunehmenden Problemen. Wenn er in den Pausen ein paar Züge geraucht hatte, konnte er sich nicht mehr erinnern, was er kurz zuvor gespielt hatte. Mog, der Nichtraucher war, verbot daraufhin, daß während der Proben Cannabis geraucht wurde.

Mog erinnert sich heute: »Ich hatte das Zeug früher auch geraucht, aber damit aufgehört, als ich merkte, daß ich danach nicht mehr richtig spielen konnte und alles vergaß. Wir hatten jedesmal nur drei Stunden Zeit für die Proben, und davon ging viel Zeit drauf, um das Equipment aufzubauen. Da konnten wir uns diesen unnötigen Ärger nicht auch noch leisten. Wir mußten sowieso höllisch aufpassen, damit wir bis zum Sonntag nicht vergaßen, was wir am Dienstag einstudiert hatten. Manchmal hatte ich das Gefühl, daß ich noch mit fünfzig dastehen würde, um *Something Burning* richtig hinzukriegen. Unsere Arbeit war mir wirklich wichtig, und Eddie brachte mich mit seinen falschen Einsätzen auf die Palme.«

Mick wollte sein Image verändern. Er sah die einfachste Lösung in einem ganz neuen Haarschnitt. Eine Freundin, die in einem modischen Friseurladen in der Innenstadt von Manchester arbeitete, verpaßte ihm einen extrem kurzen Schnitt an den Seiten und im Nakken, ließ das Deckhaar aber unberührt.

Mick erklärte der Band stolz, er wollte sich jetzt nur noch das Deckhaar wachsen lassen und die Seiten immer kurz rasieren. Ihm mag sein neuer Look gefallen haben – die anderen fanden ihn ausgesprochen lächerlich: Er betonte Micks abstehende Ohren. Sie wagten aber nur, sich heimlich über Micks Aussehen lustig zu machen.

Dave Fryman erinnert sich: »Wenn wir mit unseren Instrumenten im hinteren Teil eines Lasters mitfahren mußten, was ziemlich öde war, konnten wir bereits über die kleinste Kleinigkeit lachen, um etwas Abwechslung in die Sache hineinzubringen. Mick saß vorne, und wir merkten auf einmal, daß sich seine Silhouette mit dem Licht veränderte und seine Ohren noch mehr auffielen als sonst. Einer von uns flüsterte ›Holding back the ears‹, und wir konnten uns gar nicht mehr beruhigen vor Lachen; wir gackerten wie kleine Kinder. Der Spruch wurde zum *Running Gag* – Mick wußte natürlich nichts davon!«

Elliot war der Meinung, daß das Image der Band endlich auffällig und einheitlich genug wäre und begann mit den Planungen für den großen »Show-Gig«.

Elliot wollte alles auf eine Karte setzen und soviel Werberummel machen, wie in seiner Macht stand. Der Gig mußte groß genug sein, um aus *Simply Red* – einer Gruppe mit ein paar wenigen Auftritten – eine heißbegehrte Band zu machen, die einen Plattenvertrag wert war.

19

Zuerst rief Mick Chris Paul von der Stadtzeitung *City Life* an. Er machte Paul folgenden Vorschlag: Die Band würde sich mit der Zeitung die Einnahmen des Gigs teilen, wenn sie dafür freie Anzeigen und einen Werbeartikel bekam. Elliot führte sein Angebot weiter aus: Viele einflußreiche Leute aus der Plattenbranche würden an jenem Abend anwesend sein. Der Auftritt wäre ein heißer Tip und würde viel Geld bringen. Schließlich stünde die Band kurz vor dem Durchbruch, und der Augenblick wäre für die Zeitung günstig, mit einzusteigen. Sie müßte nur ein bißchen Platz in ihrer Ausgabe zur Verfügung stellen und bräuchte sich ansonsten um nichts zu kümmern.

Die Zeitung machte mit, da es kein zu großes finanzielles Risiko bedeutete, für den Gig Werbung zu machen. Das Magazin hatte die Band auch schon bei früheren Auftritten unterstützt. Chris Paul hatte Mick und Mog einige Monate zuvor sogar interviewt.

Die Werbemaschinerie war angelaufen. Nun mußte ein geeigneter Auftrittsort gefunden werden. Er sollte größer sein als das Band On The Wall, aber auch nicht zu groß, damit die Halle gefüllt werden konnte. Elliot fand den idealen Ort: Einen alten Disco-Club in der Oxford Street von Manchester, in dem angeblich einst Jimmy Savile aufgetreten war. Die bunten Teppiche der Innenausstattung hatten zwar mit den Jahren etwas an Farbe verloren, aber das störte nicht weiter. Es war wichtig, daß der Club einen guten Ruf hatte und bei den wöchentlich stattfindenden Konzerten bis zu tausend Zuschauer aufnehmen konnte. Er war perfekt für die Band. Mick störten nur die Plastikpalmen und Netze auf der Bühne. Aber auch das war ihm letztendlich egal: Die Leute würden kommen, um die Band spielen zu hören und nicht, um die Inneneinrichtung des Clubs zu bewundern.

Der Club hieß The Tropicana. Am Donnerstag, dem 1. November, sollte dort die junge Band ihr Talent unter Beweis stellen.

Im Oktober setzte die Werbung ein. Elliot, der nur ein winziges Budget zur Verfügung hatte, nutzte jetzt alle Gefälligkeiten aus, die er bei seinen Freunden im Musikgeschäft gut hatte. So bekam er den Entwurf für das Werbeposter umsonst und den Druck der Plakate zum halben Preis. Er mietete ein Equipment der Spitzenqualität von den Strawberry Studios in Stockport – zu einem lächerlich niedrigen Preis. Die Lightshow entwarf er selbst.

City Life veröffentlichte zweimal ganzseitige Anzeigen und sorgte dafür, daß die Plakate an den richtigen Stellen aufgehängt wurden. Das Logo des Posters hatte der Künstler Chris Peake aus Manchester entworfen: Der Schriftzug zeigte das Wort *Red* – in Anlehnung an die kyrillische Schrift – mit einem spiegelverkehrten R und einem senkrechten Strich durch das D. Keiner in der Band hegte besondere Sympathie für den Kommunismus, aber das Logo gefiel ihnen. Bald verbreitete es sich wie ein Lauffeuer: Die heißeste Band der Stadt war wieder da und sollte ein Konzert geben!

Um die Schallplattenbosse auf das Konzert neugierig zu machen, wendete Elliot dieselbe Taktik an wie damals beim Auftritt im Manhattan Club. Er gab nur einigen Bescheid, die übrigen sollten durch Mund-zu-Mund-Propaganda von dem bevorstehenden Ereignis erfahren. Auch die Demobänder verschickte er unter diesem Gesichtspunkt: Er gab sie an wenige, aber besonders wichtige Leute weiter, die über viele Kontakte verfügten. So machte er auch jene Firmen neugierig, die sich sonst nie um die Band gekümmert hätten: Sie würden herausfinden wollen, an was die Konkurrenz interessiert war.

Einige Tage vor dem Gig mußte Elliot die Vorgruppe *The Rhythmaires* feuern, weil ihm zu Ohren gekommen war, die Band hielte Verbindungen zu Faschistenkreisen. Anstatt dessen engagierte er eine Solotanznummer von der Polytechnischen Hochschule.

Zum Konzert kamen circa fünfhundert Leute. Niemand wußte, wieviel Vertreter von Plattenfirmen wirklich anwesend waren, aber es gab eine lange Gästeliste, und hinterher hieß es, fast alle wichtigen Leute wären da gewesen. Die Band spielte fünfzig Minuten lang die Songs, die sie einen Sommer lang geübt hatten, darunter auch eine Funky-Version von *Holding Back The Years*. Bereits wenige Wochen später schien *Elektra UK,* eine Tochtergesellschaft des mächtigen US-Giganten *WEA,* an einem Vertrag mit *Simply Red* interessiert.

Keinem in der Band war verborgen geblieben, daß sich die Firma ernsthaft um sie bemühte. Simon Potts, einer der Repräsentanten von *Elektra UK,* hatte die Gruppe sogar schon bei den Proben beobachtet und mit Elliot gesprochen. Niemand wußte allerdings, daß Mick und Elliot bereits detaillierte Bedingungen für einen Vertrag ausgearbeitet hatten, noch bevor Potts überhaupt mit einem realen Angebot aufwartete.

Dave erinnert sich: »Eines Tages erklärte uns Elliot, wie der Deal aussehen würde – wir waren vollkommen überrascht. Das Projekt sollte den Namen *Simply Red* tragen, und Mick und er würden die Managerpositionen übernehmen. Der Rest der Band sollte einen Sub-Kontrakt unterzeichnen.«

Mog wurde hellhörig und fragte nach den Urheberrechten an den Songs.

»Nun, die fallen Mick zu«, gab Elliot zu.

»Mog wurde stinksauer«, erinnert sich Dave. »Es war klar, daß wir nur die zweite Geige spielen sollten, und das gefiel uns nicht besonders. Im Klartext hieß das, daß nur Micks Name auf dem Plattenvertrag stehen würde. Er und Elliot hatten das anscheinend schon länger so geplant.«

Dave und Mog verlangten sofort eine Unterredung mit Elliot, um die Situation zu klären.

Mog erzählt: »Uns paßte es nicht, daß Mick für alle Songs die Rechte einstecken sollte – auch für die Musik, die *wir* machten und mit der er gar nichts zu tun hatte. Er hätte die Nummern zum Beispiel einfach fürs Fernsehen verkaufen können, ohne uns zu fragen; wir hätten keine müde Mark gesehen. Wir machten Elliot klar, daß es zwei Möglichkeiten gab, eine Band zu führen: Entweder bestimmt ein ›Genie‹, was die anderen zu tun und zu lassen haben, oder – und so wird es in den meisten Bands gehalten – die Mitglieder entwickeln alle Ideen gemeinsam und gleichberechtigt. Wir hatten bis zu jenem Zeitpunkt alles zusammen ausgearbeitet: Mick oder einer von uns hatte eine Grundidee, die dann in der Gruppe weiterentwickelt wurde, bis ein fertiger Song dabei herauskam. Wir hatten bis dahin völlig unentgeltlich gearbeitet, in der Hoffnung, für unseren engagierten Einsatz irgendwann einmal belohnt zu werden. Nun war es soweit, aber der Sänger wollte allen Ruhm für sich allein kassieren. Das mußte böses Blut geben.

Elliot erklärte uns, die Plattenfirma wolle nur mit dem Management der Band abschließen, das wiederum uns bezahlen würde. Er versuchte uns zu überzeugen, daß dieses System aus den verschiedensten Gründen besonders günstig sei und daß viele andere Bands auch so geführt würden. Aber ich und Dave waren nicht zu überzeugen. Elliot und Mick hatten uns mit dieser Konstruktion in der Tasche und konnten jeden feuern oder einstellen, wie es ihnen gerade in den Sinn kam.«

Die Konfrontation endete damit, daß Elliot garantierte, sich die Sache nochmals zu überlegen. Einige Tage später gab er etwas nach und versprach, ein spezielles Arrangement zu treffen, das Mogs und Daves Anteile an den Songs sichern sollte. Das war den beiden immer noch zu vage.

»Der neue Vorschlag klang gut, war aber immer noch nicht fair genug«, meint Mog heute. »Elliot wollte uns einreden, daß die Band weiterhin gemeinsam Entscheidungen treffen würde, aber das war Augenwischerei. Wir sollten mit Mick ein paar Alben machen, dann würde er versuchen, eine Solo-LP zu veröffentlichen, und wir wären abgeschrieben. Von wegen ›Band‹! Im Grunde waren da nur zwei, Elliot und Mick, die wie Vater und Sohn ein Unternehmen leiten wollten. Wir sollten ihre Angestellten sein.«

Zu diesem Zeitpunkt war noch kein Vertrag mit *Elektra UK* unterzeichnet. Im Gegensatz zu Mog und Dave waren die drei Blasmusiker von der Aussicht auf den bevorstehenden Deal begeistert. Sie wollten dafür sogar ihr Studium am Musikcollege aufgeben, um der Band noch mehr Zeit widmen zu können.

Mog riet ihnen jedoch zur Vorsicht – sie sollten vorerst einmal lieber abwarten und sehen, wie sich die Dinge entwickeln würden. Er selbst fühlte sich nicht mehr ganz wohl in der Band, seit Mick und Elliot das Ruder an sich reißen wollten. Die anfängliche Euphorie über den bevorstehenden Erfolg war einem Gefühl der Unsicherheit und gegenseitigen Mißtrauens gewichen. Die Stimmung in der Band hatte sich dadurch total verändert. Mick und Elliot hatten nur noch das Image der Band im Kopf. Mog fragte sich schon, wohin das alles noch führen sollte.

Und dann, Ende November, war Mog von Eddies Schlagzeugspiel so genervt, daß er einige unvorsichtige Schritte unternahm, die ihn schließlich seinen Platz in der Band kosten sollten.

Mog und Mick saßen eines Abends bei einem Bier in einem Billardsalon, als Mog das Gespräch auf Eddie brachte. Sie hatten auch schon früher über Eddie diskutiert, dabei hatte sich Mog aber – wie Fritz – immer sehr zurückgehalten. Mittlerweile hatte Mog keine Lust mehr, Eddies Schlampereien hinzunehmen und machte seinem Ärger endlich Luft.

Mog erinnert sich: »Durch Eddie verlor ich das Vertrauen in mein eigenes Spiel und hatte manchmal sogar das Gefühl, selbst schlecht zu spielen. Ich gestand Mick, daß ich nicht mehr mit Eddie zusammenarbeiten könnte und ihn aus der Band haben wolle.

Mick war nach kurzem Nachdenken einverstanden, wollte Eddie aber fairerweise noch drei Chancen geben, sich zu beweisen und zu verbessern. Ich schüttelte den Kopf und meinte, daß es sich hier nicht um das Zuspätkommen in einer Firma handelte, was man sich einfach abgewöhnen könne. Eddie sei schlecht, und eine Band könne mit einem schlechten Drummer nun einmal nichts anfangen.

Mick hatte schon früher darüber nachgedacht, Musiker zu feuern, es aber nie übers Herz gebracht. Ich überzeugte ihn schließlich, daß er Eddie loswerden mußte. Ich hab' ihm wohl das Gefühl vermittelt, daß absolut nichts dabei ist, jemanden rauszuschmeißen.«

Mick entschied, daß Eddie ein letztes Mal beim Gig in der Sheffield Lead Mill am Ende des Monats mitspielen sollte. Mog hatte nicht die geringste Ahnung, daß dies auch seine Abschiedsvorstellung bei *Simply Red* sein sollte.

Am Abend des Konzerts wußten alle außer Eddie Bescheid – niemand hatte den Mut aufgebracht, ihm die Wahrheit zu sagen.

Dave war von der Situation angewidert, sah aber nicht ein, daß es seine Aufgabe in der Band sein sollte, ihm die unangenehme Nachricht zu übermitteln. »Ich fühlte mich ganz beschissen an jenem Abend«, gesteht er heute. »Nach dem Tropicana-Gig hatte Elliot Eddie immer ›unser Schmuckstück‹ genannt und jedem erzählt, wie gut er sei. Jetzt sollte er ohne Vorwarnung rausfliegen; er tat mir wirklich leid. Als ich erfuhr, daß er gehen müßte, konnte ich es gar nicht fassen. Für mich war das eine ausgemachte Sauerei. Sie hätten sich früher überlegen sollen, daß er nicht gut genug war und ihn gleich am Anfang feuern sollten. Jetzt war er schon so lange dabeigewesen. Und sie hatten ihm ständig neue Hoffnungen gemacht.

Ich selbst hatte überhaupt keine Probleme mit Eddie. Zugegeben, er hielt den Rhythmus nicht wie ein Uhrwerk ein, sondern beschleunigte immer ein bißchen, dafür hatte sein Spiel einen ganz eigenen, unverwechselbaren Charakter. Es stimmt schon, daß Fritz dadurch einige Probleme bekam. Mog war sogar der Meinung, daß man mit Eddie in kein Aufnahmestudio gehen könne.«

Als Elliot Dave erzählte, daß sich Mog über Eddies mangelndes Können aufgeregt hatte, machte er eine Bemerkung, die er später bereuen sollte: »Seltsam, daß ausgerechnet Mog das sagen muß.«

Vielleicht kam Elliot in diesem Augenblick auf die Idee, auch Mog loszuwerden und ihn durch seinen alten Freund Tony Bowers zu ersetzen, der nicht nur Saxophon, sondern auch Baßgitarre spielen konnte. Für Eddie hatte Elliot ebenfalls einen Ersatz im Auge: Chris Joyce, ein ehemaliges Mitglied der *Mothmen.*

Für die meisten Musiker ist es ein ganz besonderer Augenblick, wenn sie am Rande der Bühne, neben dem Sänger und Frontmann, die Backing-Vocals singen dürfen. Bei *Simply Red* war stets Mog diese Ehre zugefallen. Er hatte sein Mikro immer ganz vorne neben Micks Mikrophon stehen. Beim Soundcheck für das Sheffield Konzert aber mußte er von Mick und Elliot entsetzt erfahren, daß er sich von nun an bei den anderen Musikern der Band im Hintergrund der Bühne zu halten habe. Mog war darüber so aufgebracht, daß er sich an das Konzert an diesem Abend kaum mehr erinnern kann. Er weiß nicht einmal mehr, ob er tatsächlich hinten oder vorne auf der Bühne stand. Eins steht für ihn jedoch fest: Die Entscheidung, ihn nach hinten zu verbannen, mußte bereits lange vor dem Gig gefallen sein. Nachdem das Konzert vorbei war, stürmte er von der Bühne und versuchte sich in einem nahegelegenen Pub wieder zu beruhigen.

Mog erzählt: »Als ich auf die Bühne kam, sagte mir Mick oder Elliot – ich weiß nicht mehr genau –, sie hätten sich überlegt, ob ich es mit meinem Mikro nicht ein bißchen weiter hinten probieren wolle. Mir fiel auf, daß Daves Mikro immer noch vorne neben Micks stand. Ich kochte! Mein Ego ist nicht gerade mickrig, und ich hab' verdammt viel Selbstvertrauen – das braucht man auch, wenn man Schauspieler werden will oder in einer Band spielt. Deswegen hatte ich den Moment immer genossen, wenn wir drei vorne auf der Bühne gemeinsam sangen. Das war ein absolut geiles Gefühl. Ich konnte es nicht fassen, daß man mir diesen Spaß nehmen wollte. Ich bin einfach frustriert davongelaufen.«

Mog mußte an jenem Abend noch eine weitere Erniedrigung über sich ergehen lassen. Seine Freundin hatte ihm speziell für diesen Gig einen bunt-schillernden Anzug genäht. Mog wollte damit wie ein Popstar aussehen – so wie es ihm Elliot immer gepredigt hatte. Doch als ihn Mick und Elliot in der Garderobe mit dem neuen Anzug sahen, verboten sie ihm, damit auf die Bühne zu gehen.

»Ich fragte mich, was zum Teufel die zwei an meinem Anzug auszusetzen hatten«, erinnert sich Mog. »Es kam zum Streit; sie machten das Ganze noch peinlicher für mich, indem sie mir sagten, ich solle mir ein Beispiel an Fritz nehmen, der sich was Anständiges zum Anziehen gekauft und die Haare ordentlich geschnitten hätte.«

Mog hatte keine andere Wahl; die Zeit vor dem Auftritt war zu knapp, um lange herumzustreiten, und so zog er seine alten Kleider wieder an.

»Sie machten soviel Lärm um nichts«, meint Mog. »Fritz trug irgendwas im Military-Stil, und sie drehten es so hin, als würde er sich Mühe geben, und mir wäre die Band egal. Das stimmte nicht, und ich hätte in meinem Anzug ganz ausgezeichnet ausgesehen.«

Mog brachte das Konzert, so gut er konnte, hinter sich. Er hatte ziemlich schlechte Laune. Aber es sollte noch schlimmer kommen: Nach dem Gig wollte die Band zurück in den Umkleideraum. Dort besprachen sich Elliot und Mick gerade mit dem Vertreter einer Schallplattenfirma und ließen die anderen nicht hereinkommen. Mog, der schon genug Ärger an diesem Abend geschluckt hatte, fühlte sich regelrecht gedemütigt. Er konnte sich nicht vorstellen, womit er eine solche Behandlung verdient hatte.

Eddie wußte immer noch nicht, daß sein letzter Auftritt mit *Simply Red* gelaufen war. Dave lud ihn nach dem Gig in ein chinesisches Restaurant ein. So sehr er auch die Wahrheit sagen und Eddie trösten wollte – er brachte es einfach nicht fertig. »Die Stimmung war ziemlich angespannt, und ich hab' mich ganz mies dabei gefühlt«, gibt Dave heute zu.

Mog machte sich etwas weniger Sorgen über seine Zukunft, als ihn Mick einige Tage später darum bat, mitzukommen, um Eddie zu kündigen. Im Albert Pub in Rusholme stellten sie ihren Drummer vor vollendete Tatsachen; Eddie war am Boden zerstört. »Ist es mein Aussehen?« wollte er wissen. »Ziehe ich mich vielleicht falsch an?«

»Nein«, antwortete Mick. Mog war direkt und erklärte, daß es an Eddies Spiel läge, das nicht aufnahmereif sei.

Ungefähr eine Woche darauf begegnete Mog zufällig dem Saxophonisten Neil Fitzpatrick auf der Straße und erzählte ihm, daß Eddie gefeuert worden war. »Sei vorsichtig«, meinte Neil im Scherz. »Du bist der nächste.«

Mog lachte nur.

Am Sonntag, nachdem Eddie die Band verlassen hatte, freute sich Dave auf einen geruhsamen Nachmittag; er nahm an, die Proben würden ausnahmsweise ausfallen. Er hatte sich geirrt. Um halb drei Uhr klingelte das Telefon: Mick wollte wissen, was mit Dave los sei; die Band hielte ein wichtiges Meeting ab, um einen Nachfolger für Eddie zu bestimmen.

Dave meinte nur, er wüßte sowieso keinen Ersatzmann. »Ach«, antwortete Mick, »dann bleibst du schön daheim, bis wir einen neuen Drummer gefunden haben und dir Bescheid geben, ja?«

»Genau«, gab Dave schnippisch zurück.

Schon im selben Augenblick, in dem er den Telefonhörer auflegte, hatte Dave das ungute Gefühl, einen großen Fehler gemacht zu haben. Langsam machte sich eine gewisse Paranoia unter den Bandmitgliedern breit, die nun auch Dave erfaßte. Seit Eddie gefeuert worden war, fühlte sich keiner mehr sicher in der Band. Dave hatte Elliots Drängen, endlich das Unterrichten aufzugeben und sich ganz der Band zu widmen, nicht nachgegeben, weil ihm seine Zukunft in der Musikbranche zu unsicher schien. Jetzt hatte er auch noch ein wichtiges Treffen geschwänzt. Alles zusammen könnte leicht als Desinteresse ausgelegt werden, überlegte Dave.

Er entschied, lieber doch noch in die Hochschule zu fahren, um sich dem Treffen der anderen anzuschließen.

Die Band testete zunächst einen Drummer, der bei den *Smirks* mitgespielt hatte. Mick hielt ihn aber für ungeeignet, weil er nicht genug Erfahrung mit Soulmusik hatte. So mußte weitergesucht werden. Mick und Elliot wohnten mittlerweile nicht mehr in Northenden. Elliot war mit dem Schlagzeuger Chris Joyce zusammengezogen und lebte in der Altwook Road in Didsbury. Bei einer Unterredung in Whalley Range, wo Mick mit Brian Turner wohnte, schlug Elliot Chris Joyce als Drummer vor, den weder Mick noch Mog leiden konnten. Mog blieb in dieser Frage absolut unnachgiebig. »Niemand bringt mich dazu, mit Chris zusammenzuarbeiten«, beharrte er fest. Ironischerweise sollte das gar nicht nötig werden, wie Mog später feststellen mußte. Denn insgeheim arbeitete Elliot schon daran, Mick zu überreden, Mog durch Joyce an der Baßgitarre zu ersetzen. Mog würde tatsächlich nie mit Joyce zusammenarbeiten müssen.

Für gewöhnlich rief Elliot Mog mehrmals täglich an, um mit ihm die verschiedensten Fragen und Probleme zu klären. Doch nach jenem Treffen meldete er sich nicht mehr. Auch Mick ließ nichts von sich hören. Aus Tagen wurden Wochen des Schweigens. Mog schwante nichts Gutes. Er war fast genau ein Jahr bei der Band, und seine Zukunft sah beileibe nicht mehr so rosig aus wie damals.

Nach drei Wochen klopften Mick, Dave und Elliot plötzlich unangemeldet an Mogs Haustür. Mog las aus ihren betretenen Mienen sofort heraus, weswegen sie gekommen waren. Mick und Elliot hatten Dave mitgenommen, weil sie Mog die Nachricht von seinem Rausschmiß nicht alleine überbringen wollten.

Dave erinnert sich noch gut an diesen Tag: »Elliot rief mich an und sagte mir, daß ich mitkommen sollte, weil sie Mog feuern wollten. Als ich wissen wollte, wieso er gehen mußte, erinnerte mich Elliot daran, daß ich selbst gesagt hätte, Mog sei nicht besser als Eddie – so ungefähr jedenfalls. Sie versuchten es so hinzudrehen, als ob ich für Mogs Rausschmiß verantwortlich wäre. Dabei hatte ich bloß eine nebensächliche Bemerkung gemacht; ich hatte mich doch nur über Mog gewundert, sonst nichts.

In meiner Situation blieb mir nichts anderes übrig, als mit zu Mog zu gehen, schließlich hatte ich Angst: Elliot lag mir ständig in den Ohren, ich solle meinen Job aufgeben. Um mich herum wurde ein Bandmitglied nach dem anderen gefeuert. Ich dachte nur noch an mich und daß es mich als Nächsten erwischen könnte. Also traf ich mich mit den beiden in der Hochschule. Dann fuhren wir zu Mog nach Hause. Ich war extrem nervös.«

Die Konfrontation mit Mog war peinlich und gespannt. Obwohl Mick und Elliot Dave mitgenommen hatten, redeten nur sie mit Mog. Sie behaupteten, Simon Potts hätte von der Band eine wesentlich höhere musikalische Qualität verlangt, damit der Vertrag abgeschlossen werden könne, und Mog würde den neuen Anforderungen angeblich nicht genügen.

Mog flippte aus, als er das hörte.

Heute beschreibt er jene unangenehme Dezembernacht so: »Ich sagte ihnen ins Gesicht, daß sie nur Unsinn erzählen würden. Sie wollten mich nur loswerden, weil ich nicht zu allem Ja und Amen sagte und mir nichts gefallen ließe. Es ging in Wirklichkeit um Bandpolitik, nicht um Musikqualität. Ich hatte mir von ihnen nichts vorschreiben lassen, weder meine Klamotten noch die Mikrophone noch sonst irgendwas. Vor allem hatte ich mich nicht damit abfinden können, Micks und Elliots Vorrangstellung zu akzeptieren. Es paßte ihnen nicht, daß ich immer widersprach.

Ich war an der Sache mit Eddie schuld, das gebe ich zu. Aber ich glaube, wir beide wären auch so gefeuert worden. Es war klar, was Mick und Elliot wollten. Sie versuchten uns einzureden, es ginge ihnen nur um das Wohl der Band. In Wirklichkeit ging es nur um Mick und darum, ihn groß herauszubringen. Noch ein Jahr zuvor war ich ihnen gut genug gewesen, weil sie mich unbedingt gebraucht hatten. Jetzt störte ich nur noch und mußte verschwinden.

Jener Abend verlief sehr häßlich und unangenehm. Ich war so schrecklich wütend, weil sie alles auf mein Gitarrespiel schoben und versuchten, mich anzulügen. Aber sie reagierten nicht einmal auf meine Vorwürfe und schauten mich nur dumm an. Dave sagte überhaupt nicht viel. Diese Geschichte hatten sich die beiden anderen ausgedacht.«

Dave empfand die Situation als grauenvolle Farce und fragte sich, wieso er diese Szene eigentlich mitansehen mußte. Heute erinnert er sich so daran: »Auf der Heimfahrt fühlten wir uns ganz beschissen, und jeder schwieg vor sich hin. Zweifellos mußte Mog nur gehen, weil er sich nicht alles gefallen ließ. Was mir so weh tat, war, daß Elliot ihm diese fadenscheinigen Ausreden auftischte: ›Mog könne nicht gut genug spielen‹ – daß ich nicht lache! Es war bestimmt Absicht, daß Elliot Mog dasselbe vorwarf, weswegen Eddie hatte gehen müssen. Es klang wie auswendig gelernt. Ich konnte zuerst gar nicht glauben, was ich da hörte.«

Mog verfiel in Depressionen, die Monate andauern sollten. Nicht nur seine musikalischen Träume waren zerbrochen – auch eine Freundschaft war ruiniert. Mick war sein engster Freund gewesen, mit dem er viel erlebt und durchgemacht hatte. Was Mick an diesem Abend getan hatte, und vor allem, wie er es getan hatte, hinterließ einen bitteren Nachgeschmack.

Mog fühlte sich von seinem Freund verraten.

20

Eines Abends kurz nach Weihnachten klingelte bei Dave Fryman das Telefon. Tony Bowers war am Apparat.

Überrascht fragte Dave, wie Tony an seine Nummer gekommen war.

»Hm... Elliot hat sie mir gegeben«, antwortete Tony zögernd.

»Und wozu?« wollte Dave wissen.

»Er hat mir gesagt, daß Mog nicht mehr dabei ist«, gab Tony zu. »Ich wollte fragen, ob ich nicht vielleicht miteinsteigen könnte?«

Dave wollte ehrlich zu Tony sein und sagte: »Weißt du, Mick will dich nicht in der Band haben.«

»Könntest du nicht ein gutes Wort für mich einlegen?« fragte Tony.

Dave hatte Tony durch Elliot kennengelernt und wußte, daß er ein fähiger Musiker war. Er fand, Tony könnte der Band nicht schaden.

»Also gut«, meinte Dave. »Ich sehe, was ich tun kann.«

Kurz darauf klingelte wieder das Telefon. Diesmal war es Elliot.

»Hat dich vielleicht gerade Tony angerufen?« wollte er von Dave wissen und weiter: »Ich weiß, daß Mick Tony nicht leiden kann. Aber ich denke, daß du gut mit Tony auskommst. Könntest du nicht versuchen, Mick zu überreden?«

Dave willigte ein. Einige Tage später trafen sich alle bei Elliot zu Hause; Tony war aus dem Haus geschickt worden, weil sie über ihn beraten wollten.

Dave versuchte, Mick von Tonys Fähigkeiten zu überzeugen. Er brachte viele vernünftige Argumente vor, zum Beispiel, daß Tony ein guter Musiker sei, der sein Handwerk verstünde, der mit jedem gut auskäme und so weiter. Außerdem würde die Band keine Zeit mehr mit der Suche nach einem neuen Musiker verlieren, wenn sie sich für Tony entschied.

Nach einer Stunde war Mick endlich einverstanden. Damit war ein weiterer Freund Elliots in der Band.

Eine Woche später gestand Elliot, daß er Tony dazu angehalten hatte, bei Dave anzurufen. Er war sehr zufrieden mit sich, daß sein Plan aufgegangen war.

»Elliot hatte seinen Willen durchgesetzt«, meint Dave heute. »Er hatte mich nur dazu benutzt, seine Spuren zu verwischen, so daß Mick nicht merkte, daß er dahinter steckte. Inzwischen bin ich mir sicher, daß er Chris und Tony von Anfang an dabei haben wollte und seine Chance gekommen sah, als der Ärger mit Eddie anfing. Er war sogar noch stolz drauf, daß er mich getäuscht hatte. Ich fühlte mich wie ein Idiot. Ich weiß nicht, warum er mir nicht reinen Wein eingeschenkt hat. Ich hätte ihm doch gern geholfen.

Nachdem Chris und Tony eingestiegen waren, avancierten sie zu den Lieblingen; Fritz und ich waren nun die Außenseiter. Sie schienen es als nächstes tatsächlich auf Fritz abgesehen zu haben, aber der wurde irgendwie mit allem fertig. Einmal gestand er mir ehrlich: ›Ich bleibe hier im Sattel, koste es, was es wolle.‹ «

Gegen Jahresende 1984 bekam Dave große Probleme.

Elliot setzte ihn zunehmend unter Druck und verlangte von ihm, endlich seinen Posten als Lehrer aufzugeben. Mick machte keinen Hehl daraus, daß er Daves bisherige Weigerung als Desinteresse auslegte. Dave war allmählich versucht nachzugeben. Seit mehr als sieben Jahren unterrichtete er immer denselben Stoff und begann sich zu langweilen. Doch dann änderte sich seine Situation schlagartig, als ihm während der Weihnachtsferien ein besserer Lehrposten mit mehr Gehalt angeboten wurde.

Die Entscheidung machte ihm sehr zu schaffen: Sollte er sich ganz der Band widmen oder den Job annehmen und wie bisher nur abends spielen? Seine Frau Michele hatte ihren Beruf aufgegeben und damit die Lage zusätzlich kompliziert – Dave konnte jeden Penny gut brauchen. Er hatte auch nicht vergessen, wie unsicher seine Position bei *Simply Red* im Prinzip war. Er hatte selbst hautnah miterlebt, wie schnell Mitglieder der Band in Ungnade fallen konnten und gehen mußten. Wer garantierte, daß es ihm nicht genauso ergehen würde? Ohne seine Anstellung als Lehrer stünde er in diesem Fall ziemlich schlecht da.

Dave wollte kein zu großes Risiko eingehen. Er nahm die Beförderung an, erzählte aber niemandem in der Band davon. Um Micks Argwohn zu beschwichtigen, stürzte er sich bei den Proben mit aller Energie und Leidenschaft in die Arbeit.

»Mein Gefühl sagte mir, daß ich die Beförderung annehmen mußte«, erinnert sich Dave. »Ich wußte, wie es in der Band zuging, und kannte Elliot gut genug, um mir lieber den Rücken freizuhalten. Sollte freilich einmal ein Plattenvertrag unterzeichnet und die finanzielle Situation geregelt worden sein, wollte ich mir die Sache nochmals durch den Kopf gehen lassen.«

In den drei folgenden Monaten machte Dave einen Alptraum durch, aus dem es kein Entrinnen zu geben schien. Tagsüber mußte er sich den gewachsenen Anforderungen seines Jobs stellen; abends sollte er den Popstar mimen und musikalisch produktiv sein. Die Ungewißheit über seine Zukunft in der Band machte ihn zusätzlich verrückt. Und was war mit den angeblichen Bedingungen der Plattenfirma?

Diese hatte bereits einen Vertrag ausgearbeitet, aber Mick und Elliot waren mit einigen Punkten noch nicht einverstanden. Sie hatten beide schon schlechte Erfahrungen mit Verträgen gemacht und wollten sich diesmal absichern. Zudem brachten sie genügend Selbstvertrauen und eisernen Willen auf, um das Angebot – wenn nötig – auch abzulehnen.

Im Februar bekamen sie endlich das, was sie sich schon lange erträumt hatten: einen festen Plattenvertrag mit sechzigtausend Pfund Vorschuß, der auch die Urheberrechte an den Songs gebührend honorierte. Dave und Fritz wurden als Co-Autoren einiger Songs anerkannt und im Vertrag als solche genannt. Doch davon wußten sie noch gar nichts.

Elliot kam eines Tages bei Dave vorbei und hielt ihm eine Fotokopie des 60 000-Pfund-Schecks von *Elektra* unter die Nase. »Wir haben es geschafft«, rief Elliot triumphierend aus. »Und du bist dabei, Dave!« Elliot erklärte, daß das Geld auf die Bank käme und davon jedem in der Band – Mick eingeschlossen – fünfzig Pfund in der Woche ausgezahlt würden.

Elliot und Mick einigten sich darauf, Mog und Eddie für ihre Mühen, die sie in die Band gesteckt hatten, zu entschädigen. Die beiden sollten je tausend Pfund Abfindung bekommen. Das war kein besonders großherziges Angebot, aber weder Mog noch Eddie waren in der Lage, es abzulehnen.

»Wie viele Leute hätten sich 1984 mit einem Jahresgehalt von tausend Pfund zufrieden gegeben?« fragt sich Mog heute. »Ich hatte sechshundert Pfund pro Woche mit meiner Fernseharbeit verdient und war für die Band aus der Serie ausgestiegen, weil ich an sie geglaubt hatte. Ich hatte sehr viel zu den Songs beigetragen, die auf dem ersten *Simply Red*-Album erscheinen sollten – ganz zu schweigen von den Auftritten, bei denen ich dabei war und durch die die Plattenfirmen erst auf uns aufmerksam wurden. Ich hatte wirklich mehr verdient, als mit lumpigen tausend Pfund abgespeist zu werden – ich konnte es mir jedoch nicht leisten, das Geld abzulehnen.

Was die mit mir gemacht haben, hat mich böse mitgenommen. Ich habe mich nach meinem Rausschmiß richtiggehend verkrochen und bekam schlimme Depressionen. Ich verlor mein musikalisches Selbstvertrauen und zweifelte an meiner Fähigkeit, überhaupt in einer Band spielen zu können. Manchmal bin ich bei Auftritten mit anderen Bands einfach mittendrin von der Bühne gegangen, weil ich die Nerven verlor.

Meine Freunde konnten gar nicht verstehen, was mit mir los war. Durch die Sache mit Mick und Elliot traute ich keinem mehr und litt unter einer Art Verfolgungswahn. Es dauerte ein volles Jahr, bis ich mein Selbstvertrauen einigermaßen wiedergefunden hatte.

Als ich versuchte, wieder auf die Beine zu kommen, erzählte ich einer Freundin, die im medizinischen Bereich arbeitet, was ich durchgemacht und wie ich in jüngster Zeit gelebt hatte. Sie empfahl mir, wegen meiner Depressionen unbedingt einen Arzt aufzusuchen. Sie meinte, mein Zustand wäre derart bedenklich, daß ich wahrscheinlich Medikamente benötigte.«

Viele Leute – Mick eingeschlossen – sind heute noch der Meinung, Mog und Eddie hätten mit der Abfindung durchaus zufrieden sein können. Man muß den beiden jedenfalls zugute halten, daß sie mehrmals die Gelegenheit gehabt hätten, aus ihrer Mitwirkung in der Band nachträglich Geld zu machen. Beiden wurden bereits große Geldsummen angeboten, wenn sie an Enthüllungsstories mitarbeiten würden, die die »wahren Hintergründe« von *Simply Red* zeigten, aber keiner ist jemals auf so eine Offerte eingegangen.

Mit dem Plattenvertrag in der Tasche konnte sich Dave ernsthaft überlegen, ob er seine Anstellung als Lehrer aufgeben wollte oder nicht. Fünfzig Pfund waren zwar weniger, als er in der Schule verdiente, aber auf lange Sicht waren die finanziellen Aussichten in der Musikbranche besser. Es war zwar peinlich, den erst kürzlich angetretenen Job an der Schule schon wieder aufzugeben, noch bevor die Ferien begonnen hatten, doch Dave sah keine andere Möglichkeit. Er war die vergangenen Monate kaum zum Schlafen gekommen, und jetzt, wo sich die ganze Mühe endlich lohnen sollte, konnte er eigentlich nicht gut nein sagen. Er konnte *die* Chance seines Lebens, reich und berühmt zu werden und ein angenehmes Leben zu führen, nicht verstreichen lassen. Aus einem Traum war mit dem Vertrag über Nacht Realität geworden.

Also gab er seinen Beruf auf und wurde Vollzeitgitarrist bei *Simply Red*.

Eigentlich hätte Dave nach all dem Streß eine kleine Verschnaufpause gebraucht, in der er sich auf seine neuen Lebensumstände einrichten konnte. Die Umstellung ging ihm ein bißchen zu schnell. Er mußte sich jetzt ausschließlich ums Gitarrespielen kümmern und nicht mehr um die Kinder in der Schule.

Die Schallplattenfirma hatte unterdessen einen Aufnahmetermin in Holland arrangiert, wo die Band ihre erste Single aufnehmen sollte: *Money's Too Tight* und drei weitere Songs, die auch auf dem geplanten Debutalbum erscheinen sollten. Zuvor mußte die Band allerdings sämtliche Nummern in Manchester so lange üben, bis sie perfekt saßen.

Elliot und Mick waren Simon Potts von *Elektra* äußerst dankbar, daß der Vertrag zustande gekommen war. Aber einige Dinge, die er sagte und tat, machten ihnen Sorgen. Nachdem der Vertrag unterzeichnet worden war, behandelte Potts Mick und die Band wie sein persönliches Eigentum, über das er frei verfügen konnte. Mick fühlte sich manipuliert. Einige Monate später sollte er einen Song über diese unangenehme Seite der Musikindustrie schreiben: *Jericho*. Anfang des Jahres machten er und Elliot sich jedoch noch keine großen Gedanken.

Eines Tages tauchten Mick und Elliot unangekündigt mit der Band im Büro der Plattenfirma auf und luden sich bei Potts selbst zum Essen ein. Sie wollten ihm eins auswischen und hatten das Gefühl, er hätte ihren kleinen »Überfall« verdient. Es war aber eher ein kindischer und unvernünftiger Einfall, der den übrigen Musikern äußerst unangenehm war.

Dave ist die Erinnerung daran immer noch peinlich: »Als wir ins Büro kamen, gingen Mick und Elliot zu Potts, um mit ihm zu reden. Wir warteten unterdessen in einem Vorzimmer bei einem Angestellten, der nicht wußte, was er mit uns machen sollte. Wir haßten es, dumm herumzusitzen, und verstanden nicht, wieso uns die beiden mitgeschleppt hatten. Sie hätten allein gehen sollen.

Im Warteraum stand eine Bar, und einer von uns fragte, ob er was zu trinken haben könne. Potts verbot es ihm. Es herrschte eine ganz blöde Stimmung. Ob es ihm recht war, uns alle auf Firmenkosten einzuladen oder nicht, weiß ich nicht. Elliot und Mick waren jedoch entzückt, als er es tat.«

Während des Mittagessens fragte Potts Dave nach seinem Job an der Schule. Aus irgendeinem Grund wollte ihm Dave nicht sagen, daß er gekündigt hatte, und meinte nur, daß er eigentlich unterrichten sollte, aber nie hinginge. Die Frage war trotzdem seltsam, und Dave wunderte sich, warum Potts sie ihm gestellt hatte.

Dave hätte schwören können, daß etwas faul war.

Etwas später besuchte der amerikanische Plattenproduzent Stewart Levine, der für das erste *Simply Red*-Album *»Picture Book«* verantwortlich zeichnen sollte, ein Konzert der Band in London. Sein Verhalten nach dem Gig gab Dave noch stärker den Eindruck, daß etwas nicht stimmte.

»Damit fing eine ganz merkwürdige Zeit an. Ich ahnte, daß etwas Unangenehmes vorging«, erzählt Dave. »Levine sprach viel und oft mit Tony und Chris, schien aber an mir kein Interesse zu haben. Ich begann mich ausgeschlossen zu fühlen. Leute lachten mich an, aber ich konnte ihnen ihre Freundlichkeit nicht abnehmen. Ihre Gesichter sahen falsch aus. Ich versuchte mir einzureden, daß ich unter Verfolgungswahn litt und mir alles nur einbildete. Aber ich konnte mein ungutes Gefühl nicht loswerden.«

Dave versuchte sich ausschließlich auf die bevorstehende Arbeit zu konzentrieren. Es gab noch viel zu tun, wenn die Band im folgenden Monat zu den Aufnahmen nach Holland fahren wollte.

Glücklicherweise schien sich wenigstens Elliot nicht verändert zu haben. Er kannte Dave schon sehr lange; beide waren sogar gemeinsam mit ihren Ehefrauen in Urlaub gefahren. Dave vertraute seinem Freund. Er hatte ihn gebeten, ihn von allen Vorgängen sofort in Kenntnis zu setzen und nie anzulügen. Wenn Probleme auftauchten, wollte Dave sofort davon erfahren und sie mit Elliot beseitigen oder ausdiskutieren. Dave war immer ehrlich zu Elliot gewesen und erwartete dasselbe von seinem Freund.

Es tat daher gut, als Dave nach Hause kam und Elliot mit seiner Frau Michele nett plaudernd vorfand. Wenigstens das war so wie immer. Dave war beruhigt.

Dann begann sich Michele seltsam zu benehmen. Wenn Dave nach den Proben nach Hause kam und sich darauf freute, seine Frau zu sehen, mit der er normalerweise über alles reden konnte, fand sie Ausflüchte, um nicht daheim sein zu müssen. Das ging eine ganze Woche so.

Dave war zu müde, um zu bemerken, daß ihm seine Frau nicht mehr in die Augen sehen konnte.

Die Band probte tagsüber in einem Nachtclub, der The Boardwalk hieß. Er lag nicht weit von jener stillgelegten Baumwollfabrik entfernt, in der Mick und die *Elevators* sich in ihrem feuchten, düsteren Keller Tag für Tag die Seele aus dem Leib gespielt hatten. Für Mick schien jene Zeit unendlich weit zurückzuliegen.

In jenen Jahren hatte er sich – naiv und unerfahren wie er war – bereits über den Vertrag mit *TJM* unendlich gefreut. Mittlerweile verdiente er genug Geld, hatte einen Vertrag in der Tasche und wußte einiges mehr über die Rücksichtslosigkeit im Musikbusiness. Mick glaubte jedoch, daß schlechte Erfahrungen notwendig seien, um es zu etwas zu bringen.

Es erschien wie eine Ironie des Schicksals, daß die alte Fabrik abgerissen werden sollte. Auch die *Dying Band,* die dort einst gespielt hatte, gab es nicht mehr. Mick mußte jetzt alle Erfahrungen, die er seit jenen Tagen gesammelt hatte, in die Zukunft investieren.

Die Band fuhr gemeinsam auf einen Einkaufstrip nach London, um sich für die im März bevorstehende Reise nach Holland einzukleiden. Alle Musiker wohnten im Hotel – außer Mick, der bei einer Studentin namens Joanne übernachtete, in die er sich einige Monate zuvor verliebt hatte. Die junge Frau war ein paar Jahre lang mit Elliots Schwager gegangen. Im Haus ihres damaligen Freundes im Norden Londons hatte sie Mick kennengelernt; Elliot hatte ihn mitgebracht, um mit ihm in Ruhe über den Vertrag beraten zu können. Joannes Beziehung zu Mick verursachte viel Ärger in Elliots Familie. Man gab ihm die Schuld daran, daß Joanne ihren langjährigen Freund verlassen hatte. Zudem hielt Elliot in dieser Angelegenheit fest zu Mick. Jedesmal, wenn Mick nach London kam, traf er sich mit Joanne, und ihre Beziehung wurde ernster.

Am Sonntag, den 3. März, sollte die Band nach Holland fliegen. Sie fuhren alle gemeinsam zum Flughafen von Manchester. Gespannt und erwartungsvoll checkten sie ihr Gepäck ein und begaben sich in die Abflughalle. Während sie auf den Aufruf ihrer Flugnummer warteten, setzte sich Mick neben Dave. »Hör zu, Dave«, begann Mick, »wir haben es dir nicht vorher sagen wollen, aber Simon Potts will dich aus der Band haben.«

Dave wurde übel; er glaubte, ein Tausendtonner habe ihn überfahren.

21

Dave fühlte sich wie betäubt. Er konnte nicht sprechen. Er hätte auch nicht gewußt, was er hätte sagen sollen. Er starrte Mick ins Gesicht, während sein Gehirn versuchte, das eben Gehörte zu verarbeiten, aber er konnte einfach keinen klaren Gedanken fassen.

Mick erzählte weiter, daß Potts einen anderen Gitarristen in die Band bringen wolle. »Aber wir wollen dich«, sagte er in überzeugtem Ton. Dem stimmten Elliot und die anderen laut zu: »Ja, wir wollen dich, Dave!«

»Wir wollten dir eigentlich bis nach der Reise nichts sagen«, meinte Mick.

Wieso zum Teufel tut ihr es dann doch, dachte Dave.

»Wir haben so ein Gefühl, daß Potts den anderen ins Studio mitschicken will«, erklärte Mick weiter. »Es ist sogar möglich, daß er bereits da ist, wenn wir ankommen.«

Dave saß stumm da und hörte nur zu. Auf einmal ergaben alle seine Vorahnungen und die seltsamen Beobachtungen, die er gemacht hatte, einen Sinn. Er fühlte sich so beschämt und betrogen. Man hatte ihn mitgeschleift, als Mog gefeuert wurde. Dann hatte man ihn benutzt, um Tony in die Band einzuschleusen. Und in dem Augenblick, in dem er selbst Hilfe und Unterstützung gebraucht hätte, hatten ihn die anderen im Stich gelassen und angelogen. Niemand hatte auch nur ein Fünkchen Anstand bewiesen und ihn rechtzeitig vorgewarnt.

Mick und die anderen wurden nicht müde, Dave zu versichern, daß sie ihn in der Band behalten wollten und auf seiner Seite stünden. Aber das half ihm kein bißchen, seine Übelkeit loszuwerden. Seine Gedanken drehten sich im Kreis und liefen immer wieder auf dieselbe Erkenntnis hinaus: Verdammt, ich stecke tief in der Scheiße. Ich hab' meinen tollen Job aufgegeben, und das ist jetzt die Quittung.

Dave hatte recht. Die Dinge standen schlecht für ihn: Er hatte eine Hypothek abzubezahlen und mußte mit fünfzig Pfund in der Woche auskommen. Er glaubte zu fühlen, wie die Situation mit jeder Minute, die er dasaß, schlimmer wurde.

Heute ist es schwer für ihn, sich an jenen schrecklichen Augenblick am Flughafen zu erinnern oder darüber zu sprechen. Dave gehörte nie zu den Typen, die andere Menschen mit ihren Problemen belästigen wollen.

»Ich kann nicht genau beschreiben, was ich in jenem Moment empfand«, beginnt Dave. »Ich war wie gelähmt, fühlte mich zum Kotzen elend und machte viele Emotionen gleichzeitig durch. Mick hörte sich an, als versuche er, auf einen Fünfjährigen einzureden. Ich weigerte mich zu glauben, was er mir erzählte. Ich war irgendwie weit weg, als würde ich auf einem anderen Stern sitzen.

Ich sagte nichts – ich *konnte* nichts sagen. Ich ließ die Wogen einfach über mir zusammenschlagen. Wenn ich schreiend aufgestanden wäre und Elliot an die Gurgel gegangen wäre, hätte ich mich wahrscheinlich um einiges besser gefühlt. Wenn ich noch unterrichtet hätte, wäre ich wahrscheinlich aufgestanden und gegangen. Ich hätte sie alle einfach stehenlassen. Sollten sie doch engagieren, wen sie wollten! Für mich wäre die Band gestorben gewesen. Ich wäre sogar noch pünktlich zum Nachmittagsunterricht in die Schule gekommen. Sie hätten mich alle mal am Arsch lecken können, diese Idioten.

Aber ich war in einer schrecklichen Klemme, in meinem Kopf drehte sich alles, und ich konnte mich nicht von der Stelle rühren. Ich war so verletzt und brachte keinen Ton heraus.«

Elliot, Mick und die anderen hatten wohl lange selbst nicht gewußt, wie sie mit dem Problem umgehen sollten. Sie hatten sich bis zu diesem Zeitpunkt Potts Drängen beharrlich und erfolgreich widersetzt, wurden aber unruhig, als Potts ihnen ankündigte, der neue Gitarrist warte bereits in Holland. Sie wollten Dave auf jeden Fall die Peinlichkeit ersparen, seinem geplanten Nachfolger gegenübertreten zu müssen, ohne Bescheid zu wissen. Andererseits befürchteten sie, Dave würde vor Enttäuschung die wichtige Reise nicht mehr mitmachen wollen.

Als Manager der Band – und erst recht als Freund – hätte Elliot Dave von der laufenden Intrige gegen ihn informieren müssen. Aus irgendeinem Grund hatte Elliot es nicht getan. Er hatte sogar Daves Frau Michele die Wahrheit gesagt. Schließlich hatte Mick die Hiobsbotschaft überbringen müssen, was ihm nicht leichtgefallen sein kann.

Kurz darauf wurde der Flug nach Amsterdam aufgerufen. Dave hatte keine andere Wahl, als die Sache durchzuziehen und mitzufliegen.

»Ich fühlte mich höllisch schlecht«, erzählt Dave weiter. »Sie erwarteten von mir, daß ich einfach wie bisher weitermachte und das Ganze vergaß. Schließlich wollten sie mich ja in der Band behalten. Ich sollte mich wohl freuen, mit ihnen ins Studio gehen zu dürfen. Ehrlich gesagt, fühlte ich überhaupt nichts mehr.«

Dave ging an Bord der Maschine und fürchtete sich vor dem, was ihm in Holland bevorstand.

Von dem Moment an, als er Stewart Levines überraschtes Gesicht sah, bis zu dem Augenblick zwei Wochen später, als die Band das Studio verließ, machte Dave eine Hölle durch. Noch nie hatte ihm Musik so wenig Freude bereitet. Er konnte nicht glauben, wie ihn das, was er sich jahrelang erträumt hatte, derart frustrieren konnte. Niemand sagte ihm, daß er die Band verlassen sollte, aber er hatte sein Vertrauen in die Menschen, die er für seine Freunde gehalten hatte, verloren. Dave fühlte sich ausgestoßen. Am liebsten hätte er die Band einfach verlassen – aber wohin hätte er gehen sollen?

Verständlicherweise reagierte Dave bisweilen zu überempfindlich. Er faßte jedes Wort von Levine und sogar von Mick als Feindseligkeit auf. Das blieb nicht ohne Konsequenzen auf seine Arbeit. Dave wurde unkooperativ und schwierig.

Heute gibt er zu, daß er damals nur noch das Notwendigste machte, weil ihm meist sowieso nicht klar war, was Mick von ihm verlangte. Er erzählt: »Zuerst habe ich geglaubt, ich müßte mit großartigen Ideen aufwarten, weil ich bei den Aufnahmen dabei sein durfte. Ich machte also ständig Vorschläge. Aber Brillanz war anscheinend nicht gefragt. Ich sollte wohl nur einen ziemlich langweiligen Background-Rhythmus spielen, aber das hatte mir niemand ausdrücklich gesagt. Daher stand ich häufig herum und fragte mich, wozu ich überhaupt anwesend war; sollte ich Gitarre spielen oder Kopfstände machen? Nichts, was ich tat, paßte Mick – einmal war ich zu laut, dann zu leise und so weiter. Das ging mir mit der Zeit auf die Nerven.

Im Grunde verlangten sie viel weniger von mir, als ich mir einbildete. Aber ich bekam ständig Probleme, weil Mick seine Songs immer nur um zwei Akkorde herum anlegte – damit bleiben einem Gitarristen nur bedingte Variationsmöglichkeiten.«

Dave verspürte einen Widerwillen dagegen, daß Chris und Tony jene Songs einspielen durften, die er, Mog und Eddie über ein Jahr lang entwickelt und einstudiert hatten. Noch schlimmer war allerdings, daß er mitanhören mußte, wie Levine mit Potts am Telefon über den neuen Gitarristen sprach.

Die Stimmung wurde durch Daves musikalische Differenzen mit Levine noch gedrückter. Als Dave sich erlaubte, zum Song *Picture Book* Vorschläge zu machen, nahmen die anderen Anstoß. Später sollte sich jedoch herausstellen, daß Daves Songkonzept richtig gewesen war: Bei der Aufnahme wurde keine Gitarre verwendet, so wie er es vorgeschlagen hatte.

Zum psychischen Druck, unter dem er zu leiden hatte, bekam Dave schließlich auch noch Probleme mit seinen Augen. Um das Bandimage nicht zu stören, mußte Dave Kontaktlinsen tragen und entwickelte plötzlich eine Allergie gegen die Reinigungsflüssigkeit der Linsen. Seine Augen brannten und waren rot entzündet. Er besaß eine Kassenbrille, die er nur zum Lesen am Abend benutzte, wenn er allein war. Nun mußte er mit dieser Brille ins Studio kommen, ob er wollte oder nicht. Mick und der Band gefiel das nicht. »Wenn ich die Linsen drin hatte«, erinnert sich Dave, »bekam ich rote Augen wie Christopher Lee in *Dracula*. Andererseits sah ich mit Brille wie eine Kreuzung zwischen Morrissey und Groucho Marx aus.«

Humorvolle Augenblicke waren während der Aufnahmen selten und kurz. Mick brachte die Band zum Lachen, weil er darauf bestand, von der holländischen Studiocrew *Red* genannt zu werden. So fragten die Toningenieure – mit schwerem Akzent – »Hey, wo ist Red« oder »Wie läuft's denn, Red?« Niemand aus der Band konnte sich überwinden, Mick so zu nennen – sie hätten vor Lachen kein weiteres Wort mehr herausgebracht.

Nach zwei Wochen Studioarbeit hatte die Band vier Songs aufgenommen: *Money's Too Tight (To Mention), No Direction* und *Open Up The Red Box*. Für die Aufnahme von *Picture Book* kamen die drei Blasmusiker extra aus Manchester herübergeflogen. Levine erklärte Mick jedoch, daß sie zu schlecht seien.

Als die Band wieder zurück nach Manchester flog, war die Zukunft der Bläsersektion ungewiß. Und Daves Agonie nahm noch lange kein Ende, als er zu Hause in Prestwich ankam.

Michele ertrug es nicht mehr, ihrem Mann zu verheimlichen, daß sie von seiner drohenden Entlassung aus der Band gewußt hatte. Sie gestand, daß sie von Elliot vor der Hollandreise eingeweiht worden war, und versuchte, ihrem Mann die Gründe für ihr Schweigen zu erklären. Dave konnte es nicht fassen. Er war schockiert und angeekelt.

Danach ging es mit Daves Ehe schnell bergab.

»Als ich aus Holland zurückkam, gab es einen bösen Streit zwischen mir und meiner Frau«, gibt Dave heute zu. »Ich war so entsetzt von dem, was hinter meinem Rücken gelaufen war, daß ich vollkommen ausgeflippt bin. Ich hab' ihr eine schreckliche Szene gemacht.

Ich fühlte mich von Michele betrogen. Sie kannte Elliot doch schon etliche Jahre und wußte, daß mit ihm nicht zu spaßen war – vor allem nicht in einer Angelegenheit, die mich betraf!

Sie erklärte mir, wie schrecklich sie sich fühle und daß sie nur das Beste für mich gewollt hätte. Vielleicht waren ihre Absichten gut gemeint gewesen, aber sie hätte *mir* vertrauen müssen und nicht Elliot.

Es war ausgesprochen dumm von ihr gewesen, mich so zu hintergehen. Ich konnte ihr einfach nicht verzeihen. Wir waren seit unserem achtzehnten Lebensjahr zusammen und bereits neun Jahre verheiratet. Aber von diesem Augenblick an ging unsere Beziehung bergab.

Unsere Ehe war schon vor meiner Hollandreise nicht mehr in Ordnung gewesen, aber dieser Vorfall verschlimmerte unsere Probleme. Sie hätte mich nicht wie einen Idioten behandeln und mir statt dessen die Wahrheit sagen sollen; ihr Verhalten hat uns noch stärker entfremdet. Zwei Jahre später haben wir uns getrennt. Unsere Ehe war am Ende. Ich hab' ihr nie verziehen.«

Kurz darauf berief Elliot in einem Pub ein Treffen ein. Er verkündete, daß die Blasmusiker gehen mußten. Mick suchte einige Wochen darauf nach einem Soultrompeter, und so kam Tim Kellett zur Band. In der Zwischenzeit kämpfte Dave darum, seine unsichere Position bei *Simply Red* zu verbessern. Niemand kam noch einmal auf die Affäre um Daves Mitgliedschaft zu sprechen. Elliot schien nur am Image der Band interessiert zu sein und machte einige Bemerkungen, wie beispielsweise, daß Dave ein bißchen dünn aussehe und »etwas klein geraten« wäre. Bemüht, es allen recht zu machen, kaufte sich Dave ein paar Schuhe mit hohen Absätzen und eine Lederjacke.

Damit ging er zu Elliot. »Ich fühle mich jetzt wirklich wie ein Popstar«, meinte Dave scherzend. Elliot faßte die Bemerkung nicht als

Witz auf: »Mick ist der Star, das weißt du! Er wird auch alle Interviews geben.« Es schien, als ob Elliot Dave warnen wollte, sich keine allzu großen Hoffnungen zu machen.

Dave erzählt: »Ich wunderte mich, als mir Elliot sagte, daß ich zu klein wäre. Was soll man auf so etwas antworten? Die hohen Schuhe, die ich mir danach zulegte, haben extrem gedrückt und mich fast umgebracht; ich fühlte mich dadurch noch schlechter. Einmal hat mich Mick sogar angeschnauzt, ich müßte gehen, wenn ich nicht endlich meine Socken hochziehen würde – wo gibt's denn so was! Ich konnte so viel Unverschämtheit gar nicht fassen. Wie soll man da noch Spaß an der Musik haben und inspiriert sein?

Ich hätte Mick am liebsten gesagt, er solle sich zum Teufel scheren. Aber das konnte ich mir in meiner Situation nicht erlauben, was mich rasend machte. Ich hatte das Gefühl, absolut abhängig zu sein und um jeden Penny betteln zu müssen. Das war nicht mehr ich.«

Mehr und mehr litten auch die anderen unter Micks Egoismus. Seit dem Abschluß des Plattenvertrags wurde immer deutlicher, daß sich Mick als der eigentliche Star des Unternehmens sah. Elliot sprach zwar stets von »der Band«, Mick dagegen ließ keinen Zweifel aufkommen, um wen sich in Wirklichkeit alles zu drehen hatte.

Kurz nach den Aufnahmen zur ersten Single kehrte die Band nochmals nach Holland zurück, um mit der BBC für die Sendung *Old Grey Whistle Test* ein Interview aufzunehmen. Mick war rechtzeitig im Studio; die anderen aber kamen zu spät, weil sie auf Elliot gewartet hatten. Aufgebracht wollte Mick wissen, wo sie so lang geblieben wären. Alle freuten sich, daß endlich einmal Elliot der Sündenbock war. Während des Interviews wurde Mick nach seinen musikalischen Ambitionen gefragt. »Ich möchte zu den ganz Großen wie zum Beispiel Aretha Franklin gehören«, antwortete er unbescheiden.

Der Streß riß für die Band in diesem Frühling nicht ab. Das Album mußte fertig produziert werden. Außerdem sollten in den Monaten Mai und Juni zwei besonders wichtige Konzerte stattfinden. Beim ersten handelte es sich sicherlich um den absoluten Höhepunkt in der bisherigen Karriere von *Simply Red* – vor allem für Mick: Die Band sollte an drei aufeinanderfolgenden Tagen im Hammersmith Odeon als Vorgruppe für James Brown auftreten! Das erste Konzert war für den 25. Mai angesetzt. Damit würde einer jener drei großen Wünsche in Erfüllung gehen, die Mick seinem Mitbewohner John Bradshaw einst genannt hatte.

Beim anderen Gig handelte es sich um einen Showauftritt, den die Firma *Elektra* organisiert hatte. Für dieses Konzert war das International im Victoria Park von Manchester gebucht worden. Das Publikum sollte aus sorgfältig ausgewählten VIPs und Musikkritikern bestehen.

Die Anspannung entlud sich, als die Band im Boardwalk an der Little Peter Street zu proben begann. Mick warf Dave vor, nicht bei der Sache zu sein und regte sich schrecklich auf. Dabei schimpfte er vor sich hin, er hätte ein Album fertigzustellen und an seine Karriere zu denken.

Tony Bowers sah Dave mitfühlend an und murmelte »*seine* Karriere, hast du gehört?« Das einzige, woran Dave in diesem Moment noch denken konnte, war, daß ihn Micks Karriere womöglich sein Zuhause und vielleicht auch seinen Verstand kosten könnte.

Dave mußte zu seinem Leidwesen feststellen, daß Mick einige weitere unangenehme Verhaltensweisen besaß, die mit dem Plattenvertrag und seinem Ehrgeiz gar nichts zu tun hatten: Dabei ging es um Billard. Bei den Proben hatte Dave nämlich einen Billardtisch entdeckt.

»Willst du spielen?« fragte ihn Mick.

»Okay«, antwortete Dave.

»Hast du zwanzig Penny für den Tisch?« wollte Mick wissen.

Dave zahlte für das Spiel, und Mick gewann. Danach fragte er, ob Dave noch eine weitere Runde spielen wolle.

Dave hatte Lust, meinte aber, daß Mick die nächsten zwanzig Pence bezahlen müsse.

Mick weigerte sich – er hätte schließlich das Spiel gewonnen, also würde er auch nichts zahlen.

Mick gab nicht nach und spielte lieber allein weiter – mit seinen eigenen zwanzig Pence!

Dave wundert sich noch heute über Micks Einstellung. »Er hatte gerade einen großen Plattenvertrag unterzeichnet und das Geld gar nicht nötig. Aber ihm ging's ums Prinzip. Er glaubte, daß sich Gewinner alles erlauben können und war davon überzeugt, daß ich für das Spiel aufzukommen hätte. Ich fand seine Haltung bemitleidenswert und konnte nicht begreifen, daß er sich nicht schämte. Mick wollte immer gewinnen. Ich glaube nicht, daß er je ein guter Verlierer wäre.«

Die Band bekam für eine ganze Nacht – von neun Uhr abends bis neun Uhr morgens – einen Aufnahmetermin in den Strawberry Studios von Stockport. Für eine Flexi-Disk, die dem Magazin *Jamming* beigelegt werden sollte, mußte der Song *Something Burning* aufgenommen werden. Damit ging Daves emotionale Achterbahnfahrt in die nächste Runde.

Micks begrenztes musikalisches Wissen scheint damals den Musikern der Band tatsächlich Probleme bereitet zu haben. Seine Songs konzentrierten sich auf zwei Grundakkorde, wodurch Dave und Fritz enorme Schwierigkeiten bekamen. Beide waren talentiert und erfahren genug, um mit ihren Instrumenten fast jede Situation zu meistern, aber Micks eingeschränkte Möglichkeiten setzten auch ihnen Grenzen; ihnen blieb ein viel zu kleiner musikalischer Spielraum. In jener Nacht in Stockport wäre Mick beinahe verzweifelt. Die Band schien nicht zu begreifen, wie er sich den Song vorstellte.

Fritz ging mit dem zunehmenden Druck und Micks Frustration gut um. Er blieb stets ruhig und probierte auf seinem Keyboard immer neue Möglichkeiten aus. Nach fünf anstrengenden Stunden hatte er endlich das gefunden, was Mick vorschwebte. Dave wußte genau, daß er für das lange Herumexperimentieren und Micks Frust verantwortlich gemacht werden würde, auch wenn ihn keine Schuld traf. Als er Fritz am frühen Morgen nach Hause fuhr, war er sich sicher, daß ihm Mick Vorwürfe machen würde. »Wart' ab«, meinte er zu Fritz, »ich krieg' noch eins aufs Dach wegen heute nacht!«

Am kommenden Sonntag ging Dave aus. Als er zurückkam, erzählte ihm seine Frau, daß Mick inzwischen angerufen hätte.

»Er hat gesagt, daß du draußen bist«, sagte sie. »Er möchte, daß du ihn zurückrufst.«

Mick wartete auf Daves Rückruf, weil schon zwei Wochen später die James Brown-Gigs stattfinden sollten. Er hatte Michele angedeutet, daß Dave noch eine Chance hätte, wenn er sich auf den Konzerten bewähren würde und beim Publikum gut ankäme.

Darüber kann Dave heute nur lachen. »Wie sollte ich mich denn beim Publikum bemerkbar machen? Es gab nur einen, der die Aufmerksamkeit auf sich lenken würde, und das war Mick.«

Trotzdem rief Dave zurück.

»Du weißt also schon, was los ist?« fragte Mick.

»Ja«, seufzte Dave.

»Bist du böse?« wollte Mick wissen.

»Nein.«

»Wirst du bei James Brown noch mitmachen?«

»Ja«, meinte Dave, »ich denke schon.«

Unbegreiflicherweise – oder sollte man sagen dummerweise? – klammerte sich Dave an die letzte Hoffnung, die ihm noch blieb. Er bildete sich tatsächlich ein, noch eine Chance zu haben und in der Band bleiben zu können.

Da Mick endlich seinem großen Idol begegnen sollte, wurde er bei den Proben, die in einer alten Fabrik in Oldham stattfanden, noch autoritärer und bestimmender. Er verlangte unbedingte Perfektion.

Dave hatte natürlich keine Chance mehr. Auch wenn er die Band bald verlassen sollte und nur noch geduldet wurde, erwartete man von ihm den vollen Einsatz. Aber es gab nichts, was er Mick recht machen konnte.

Er hatte einige Ideen, um *Holding Back The Years* noch attraktiver zu machen. Ein Musiker, der zur Unterstützung der Band für die Proben vorübergehend engagiert worden war, fand Daves Vorschläge auch gut, aber Mick blockte brutal ab: »Wir brauchen keine scheiß Schnörksel«, zischte Mick zurück. Mick sprach neuerdings abfällig von »Schnörkseln«, wenn er Daves Gitarreneinlagen meinte. Dave solle mit seinem Instrument im Hintergrund bleiben und sich ruhig verhalten.

Mick sprach sowieso nicht mehr viel mit Dave. Die meiste Zeit kehrte er ihm den Rücken zu und vergaß einmal sogar, ihm in einer Teepause einzuschenken. Man mußte Mick auf sein Versehen aufmerksam machen, worauf er meinte: »Oh, entschuldige Dave, ich hab' dich übersehen. Hab' ganz vergessen, daß du da bist.«

»Ich befand mich in einer unmöglichen Lage«, erinnert sich Dave. »Mick war ziemlich unsensibel und tat mir mit jedem Wort weh. Alle Vorschläge, die ich machte, lehnte er ab. Ich sagte bald gar nichts mehr und dachte mir nur, ›Rutsch mir doch den Buckel runter‹.«

Kurz vor den anstehenden James Brown-Konzerten drehte die Band noch ein Video zu *Money's Too Tight* in einem Billard-Salon in Kilburn, im Norden Londons. Nach einigen Unklarheiten durfte Dave bei den Dreharbeiten mitmachen. Außerdem unterstützte er die Band noch bei einem Live-Auftritt für Capitol-Radio. Mittlerweile begann er sich besser zu fühlen. Zumindestens waren klare Verhältnisse geschaffen, und Dave wurde wieder er selbst.

Am 25. Mai, einem Samstag, machte sich die Band auf ins Hammersmith Odeon. Um fünf Uhr nachmittags wurden die Musiker von *Simply Red* Zeuge, wie Micks Selbstvertrauen und Sicherheit vor ihren Augen zusammenschrumpfte.

Seit Jahren war Mick ein großer Fan von James Brown gewesen. Auf der Suche nach Song-Raritäten seines Idols war er Stunden durch Schallplattenläden gezogen. Er hatte sich immer wieder dieselben Stücke angehört, um von Browns Stil zu lernen. Mick hatte sich schon lange gewünscht, seinem Vorbild gegenüberzutreten. Aber als er endlich die Gelegenheit bekam, den Altmeister des Soul kennenzulernen, ihm die Hand zu schütteln oder mit ihm zu reden, verließ ihn der Mut, und er kniff.

Die Band baute gerade ihr Equipment auf, als Dave einen kleinen Mann im braunen Anzug und mit Brille nur zehn Schritt entfernt von sich stehen sah.

Der Mann mochte unscheinbar aussehen, aber Dave erkannte ihn sofort: Es war James Brown.

Auch die anderen hatten den großen Sänger bemerkt.

Verstohlen blickten sie nach Mick, einer flüsterte: »Mann, das ist James Brown.«

Mick reagierte nicht.

»Mick, willst du ihm nicht guten Tag sagen?« fragte Dave.

Mick gab keine Antwort. Er starrte auf James Brown, als ob er intensiv nachdächte.

»Aber Mick, da steht James Brown!« beharrte Dave. »Gehst du denn nicht zu ihm rüber?«

»Nein!« Mick schüttelte den Kopf.

»Geh doch hin und stell dich vor!« Dave gab nicht auf.

Mick sah nervös aus. Er erschien hin- und hergerissen und wirkte eingeschüchtert.

Dann drehte er sich um und beschäftigte sich wieder mit dem Bühnenaufbau.

Niemand weiß, wieso Mick diese einmalige Chance verstreichen ließ. Vielleicht wollte er sich seine Illusionen nicht zerstören lassen, indem er sein Idol kennenlernte. Vielleicht war er auch nur zu stolz, um seine Bewunderung auszudrücken. Wahrscheinlich hatte er auch Angst, Opfer der berüchtigten schlechten Laune James Browns zu werden und sich vor den anderen zu blamieren.

Mick zog es vor, beim Singen auf der Bühne aus sich herauszugehen. Er bot bei allen drei Konzerten ganz hervorragende Vorstellungen; auch die Band kam beim Publikum ausgezeichnet an. Der große Erfolg ließ Dave wieder hoffen: Vielleicht würde Mick seine Meinung doch noch ändern und ihn in der Band behalten – hatte er nicht alles getan, was man von ihm verlangte?

Einige Tage später wußte Dave, daß es vorbei war. Mick und Elliot begannen sich über das Musikvideo zu *Money's To Tight* und den bevorstehenden Auftritt im International zu unterhalten, als Dave feststellen mußte, daß er in ihren Plänen nicht mehr vorkam.

»Wir hatten ein Treffen, um einige Dinge zu besprechen«, erzählt Dave. »Ich fragte vorsichtig, ob sich etwas am Personal ›ändern‹ würde. Die beiden schwiegen betreten. Es war gräßlich! Die Atmosphäre wurde unerträglich. Um die Stille zu beenden, fragte ich schnell nach dem Video, das wir uns ansehen wollten.«

Eigenartigerweise wurde Dave immer noch nicht offiziell gefeuert. Er war sogar noch bei einem kurzen BBC-Auftritt dabei.

»Wir spielten ein paar Songs in diesem alten BBC-Theater in Hulme«, berichtet Dave weiter. »Die Stimmung war wie immer gedrückt, nur weil ich mir erlaubt hatte, schnell zum Mittagessen zu gehen. Ich verstand die Welt nicht mehr. Nach den Aufnahmen packte ich meine Gitarre und ging endgültig. An diesem Morgen hatte ich das letzte Mal Kontakt zur Band. Ich konnte Micks Anblick nicht mehr ertragen und wünschte mir nur noch, er würde endlich verschwinden – so weit war es gekommen!

Mick erzählt immer, wie nah wir uns gestanden hätten, aber das ist nicht wahr. *Niemand* kann Mick nahestehen – der Ausdruck *›ihm nahestehen‹* ist schon ein Widerspruch in sich. Mick hat gelernt, skrupellos zu sein. Nachdem er den Vertrag in der Tasche hatte und seine Karriere startete, wurde er als Mensch immer unangenehmer, für mich jedenfalls.

Zum Schluß habe ich ihn sogar gehaßt!«

22

Sylvan Richardson war aufgeregt. Er wußte nicht viel über *Simply Red* – nur, daß sie die heißeste Band in Manchester sein sollten. Schon seit Monaten sprach man überall in der Stadt von dieser

Gruppe. Es hieß, daß sie an ihrem ersten Album arbeitete. Als Sylvan von Elliots Partner Andy Dodd gefragt wurde, ob er für einen Job in der Band vorspielen wolle, sagte er sofort zu. Für den zwanzigjährigen arbeitslosen Gitarristen bot sich die Chance seines Lebens.

Sylvan wurde weniger auf seine musikalischen Fähigkeiten hin getestet. Mick und Elliot wußten, daß er ein guter Musiker war. Sie wollten vielmehr herausfinden, wie er sich auf einer Bühne verhielt und ob er in die Band paßte.

Sylvan sollte sich auf dem Gig im International beweisen. Die Proben für dieses Konzert erstreckten sich über zwei Wochen. Für Sylvan war dies eine Zeit neuartiger und seltsamer Erfahrungen. Zum ersten Mal arbeitete er mit Musikern zusammen, die nicht seine Freunde waren. Die Atmosphäre war professionell und ernst: Hier wurde nicht mehr zum Spaß gespielt, hier ging es ums Geschäft.

»Diese zehn Übungstage waren eine anstrengende, aber positive Erfahrung«, erzählt Sylvan heute. »Ich merkte recht schnell, daß sich die Band große Ziele gesetzt hatte und einen hohen Standard anstrebte. Mick besaß unheimlich viel Energie und wußte, was er von der Band wollte. Das Management arbeitete ebenso zielstrebig. Alles erinnerte mich an eine gut geölte, ruhig und präzise laufende Maschine. Bei den Proben hatte man das Gefühl, die Jungs wollten die Welt erobern.

Man durfte keinen Augenblick durchhängen. Einmal kam ich ein bißchen zu spät und brachte meine Freundin mit. Mick nahm mich sofort beiseite und stellte klar, daß ich nicht zu spät zu kommen hatte und niemanden mitbringen durfte. Ich konnte ihn zwar verstehen, war jedoch von seinem unnachgiebigen Ton irritiert. Bei Mick wußte man, woran man war. Er sagte einem gerade heraus, was er erwartete. Es war schließlich auch sein Recht, streng zu sein. Er war der Boß und hatte seinen eigenen Stil, die Band zu leiten. Das mußte von den Musikern akzeptiert werden. Anders kann man eine Band nicht führen.

Was die Musik betrifft, war es für mich nie schwer zu verstehen, was er haben wollte. Und wenn er nicht bekam, was er sich vorgestellt hatte, redete er nicht lange um den heißen Brei herum.«

Sylvan setzte alles daran, ein vollwertiges Mitglied von *Simply Red* zu werden. Er wußte, daß er wahrscheinlich nie wieder eine solche Chance bekommen würde. Während der Proben gab man ihm jedoch keinen Hinweis, ob er tatsächlich bleiben könnte. Er war sich seiner Qualitäten als Musiker absolut sicher und wußte, daß seine Vorschläge zu einigen Songs gut gewesen waren, weil Mick sie gelobt und eingearbeitet hatte. Aber über seine Aussichten, auch nach dem Gig in der Band zu bleiben, klärte ihn niemand auf.

In der zweiten Woche ertrug er die Spannung nicht mehr und fragte Fritz direkt: »Was ist los? Habe ich den Job oder nicht? Ich will ihn wirklich und möchte jetzt wissen, woran ich bin!«

Fritz versuchte, Sylvan zu beruhigen: »Reg dich nicht auf. Du wirst es schon noch rechtzeitig erfahren.«

Sylvan blieb nichts anderes übrig, als abzuwarten und weiterhin sein Bestes zu geben. Er hätte sich nur gewünscht, endlich zu wissen, woran er war.

Am Ende der zweiten Woche kamen Elliot und Andy bei den Proben vorbei, um alles nochmals abzuchecken. Sylvan nutzte die Gelegenheit und fragte Elliot: »Passe ich nun zu euch oder nicht?«

»Warte ab bis nach dem Gig«, lautete Elliots knappe Antwort.

Die Show im International war eine Herausforderung. *Simply Red* mußten sich vor einem anspruchsvollen und kritischen Publikum beweisen. Viele einflußreiche Journalisten wurden erwartet, die wissen wollten, ob die neue Band auch hielt, was die Gerüchte versprachen. Auch Neil (oder Moey) Moss, Micks alter Freund aus den *Frantic-Elevator*-Tagen, sollte kommen. Mick und er hatten ihre Differenzen beigelegt. Mick freute sich, daß Moey für einen Song von *Simply Red* Tantiemen erhalten sollte: Zu *Holding Back The Years* hatte Mick seinen ehemaligen Freund als Co-Autoren angegeben. Damit würde Moey zumindest etwas für jene vielen Songs entschädigt werden, die er mit Mick zusammen geschrieben hatte. Moey war von Micks Geste gerührt. Er wußte noch nicht, daß sie ihm fünfzigtausend Pfund einbringen sollte!

Am Ende der siebzigminütigen Vorstellung hatte die Band alle Songs der kommenden LP *Picture Book* gespielt, und jeder, der sie an diesem Abend live erlebt hatte, wußte, daß diese Gruppe wirklich *heiß* war. Nach dem erfolgreichen Gig waren alle Beteiligten – die Band, das Management und die engsten Freunde – in bester Stimmung und ausgesprochen erleichtert. Nur Sylvan blieb ein wenig nervös, weil seine Zukunft von diesem einen Konzert abhängen sollte. In seinem blauen Seidenhemd und der weißen Hose – beides war von einer Freundin entworfen worden – hatte Sylvan hervorragend ausgesehen. Er hatte auch musikalisch sein Bestes gegeben.

»Gut gemacht!« lobte Mick Sylvan während der ruhigen Feier nach dem Konzert. Elliot eröffnete dem Gitarristen in der für ihn typischen Art ohne jegliche Vorankündigung: »Du bist drin!«

Sylvan lief sofort zu seinen Eltern, die draußen warteten, und übermittelte ihnen die freudige Botschaft. Er glühte vor Stolz und Freude.

Zwei Jahre später sollten sich die Eltern noch ernste Sorgen um ihren Sohn machen müssen, als von seinen großen Träumen nur noch Scherben übrig geblieben waren.

Kurz nach dem Auftritt im International kam die erste Single *Money's Too Tight (To Mention)* auf den Markt. Der Song wurde sehr oft im Radio gespielt. Dave, der bei den Aufnahmen noch dabeigewesen war, mußte ihn sich jeden Morgen anhören, wenn ihn sein Radiowecker aus dem Schlaf riß. Dave wußte nicht recht, was er von seiner Situation halten sollte: Wenn er die Nummer im Radio hörte, hatte er das Gefühl, immer noch dazuzugehören, obwohl er nicht mehr in der Band spielte. Es wurde noch schlimmer, als Dave seinen Nachfolger in einer Fernsehshow zum Playback eines Songs »spielen« sah, dessen Gitarrenriffs noch von ihm selbst aufgenommen worden waren. Und als sich Dave die Musikvideosendung *Top Of The Pops* anschaute, sah er sich noch selbst als Mitglied von *Simply Red* im Fernsehen.

Dave verfiel in tiefe Depressionen, aus denen er sich lange Zeit nicht mehr lösen konnte.

»Ich gestehe das nicht gern«, sagt Dave heute, »aber ich hab' damals nicht nur meinen Job, sondern auch meinen Verstand verloren. Ich war nur noch ein Häufchen Elend.

Ich konnte nicht anders: Ich mußte mir diese TV-Show ansehen, um meinen Nachfolger zu betrachten. Als ich ihn sah, verstand ich sofort, wieso er drin war. Er blieb brav im Hintergrund und war schwarz, was dem Image der Band nutzte. Ich fühlte mich wie betäubt, als ob ich gerade aus einer Ohnmacht erwacht wäre.

Nach der Ausstrahlung der Videohitparade *Top Of The Pops* gratulierten mir meine Bekannten zum vermeintlichen Erfolg. Ich mußte jedem erzählen, daß ich nicht mehr dabei war. Als dann auch noch das *Old Grey Whistle Test*-Programm gezeigt wurde, ging der ganze Mist von vorne los: Ehemalige Arbeitskollegen freuten sich und beglückwünschten mich zu meinem großartigen Durchbruch.

Wenn ich ihnen gestand, daß ich aus der Band geflogen war, guckten sie mich nur verdutzt an und fragten ungläubig, ob sie richtig gehört hätten.

Als ich etwas später wieder anfing, Teilzeit zu unterrichten, fragten mich einige meiner Schüler, ob ich nicht bei *Simply Red* dabeigewesen sei. Dann wollten sie natürlich wissen, warum ich ausgestiegen war. Ich wurde pausenlos an diese Sache erinnert; es gelang mir nicht, der Vergangenheit zu entkommen.

Es war nicht gerade meine beste Zeit. Ich bin zwar nicht in der Klapsmühle gelandet, aber meine Depressionen nahmen beunruhigende Ausmaße an. Ich hatte mein Selbstvertrauen total verloren und konnte nicht einmal mehr Gitarre spielen.

Eigentlich hatte mir Elliots Verhalten den Rest gegeben – seine Lügen und Intrigen, die mich damals am Flughafen wie eine Breitseite trafen. Wenn ich jetzt zurückblicke, wäre ich noch gern beim ersten Album der Band dabeigewesen. Dann hätte ich etwas in der Hand gehabt, auf das ich richtig stolz sein könnte. Ich könnte allen Leuten die Platte vorspielen und zu ihnen sagen: ›Das da bin ich, hört ihr? Wie findet ihr mich?‹ Wenn ich aufrichtig bin, war ich nie wirklich überzeugt davon, daß ich es schaffen würde. Ich habe mich von Anfang an immer zu sehr in den Hintergrund drängen lassen.

Ich konnte nie Stolz für meine Arbeit und meinen Einsatz für die Band empfinden. Das haben sie mir kaputtgemacht. Zum Schluß glaubte ich wirklich, ich sei selbst an allem schuld, wäre ein miserabler Gittarist und hätte mich lächerlich gemacht.

Wirklich krank gemacht hat mich jedoch Elliots Verhalten. Ich hatte ihn inständig gebeten, mich über alle Probleme auf dem laufenden zu halten und mich gegebenenfalls zu warnen. Er hat mich trotzdem auflaufen lassen. Elliot ändert seine Meinung von einem Tag auf den anderen und wehe dem, der nicht sofort mitzieht. Vielen ist es ja nicht anders ergangen wie mir; ich frage mich, was die getan haben, um eine solche Behandlung zu verdienen?

Ich habe gelesen, daß Mick behauptet, wir wären einfach zu schlechte Musiker gewesen und hätten deshalb die Band verlassen müssen. Das ist einfach nicht wahr. Wir konnten alles spielen, was von uns verlangt wurde. Wer etwas anderes behauptet, ist ein Lügner!«

Ende Juli 1985 gingen *Simply Red* mit ihrem neuen Gitarristen Sylvan Richardson in die Londoner RAK Studios, um ihr erstes Album *Picture Book* aufzunehmen. Vom ersten Augenblick an, als sie das Studio betraten, wurden die Bandmitglieder von *Elektra* hofiert, als seien sie bereits Stars. Man hatte sie während der zwei Wochen Aufnahmezeit in luxuriös ausgestatteten Apartmentwohnungen untergebracht. Im Studio sorgte eine Verköstigungsfirma für das leibliche Wohl und servierte Mittag- und Abendessen in einem eleganten Speisezimmer. Die Band war von früh morgens bis spät abends im Studio.

Sylvan war sich erst jetzt bewußt, wie ernst die Band genommen wurde und welches Glück er gehabt hatte.

Sylvan erinnert sich heute: »Als ich merkte, wie toll wir untergebracht waren, dachte ich: ›Mann, wir haben's geschafft.‹ Ich hatte ursprünglich geglaubt, ich müßte bei meiner Tante, die draußen in London-Balham lebte, auf dem Fußboden schlafen. Aber dann bekamen wir diese wunderschönen Apartments mitten in der Stadt.

Boy George kam mal im Studio vorbei, setzte sich in eine Ecke und hörte uns eine Weile lang zu. Er verstand sich prächtig mit Mick.«

Während Sylvan aus dem Staunen nicht mehr herauskam, erfüllte sich für Mick und Elliot nur der erste Schritt zu dem, was sie sich schon lange vorgenommen hatten. Es war der Auftakt zu ihrem »Fünf-Alben-Feldzug«, mit dem sie die Musikwelt erobern wollten. Dieses Vorhaben war kein Geheimnis. Sogar Sylvan hatte Mick schon von seinen geplanten fünf »Killer-LPs« reden hören – danach wollte sich Mick einen Bart wachsen lassen, in der Karibik zur Ruhe setzen und malen.

»Mick und Elliot waren vollkommen überzeugt davon, ihren Plan tatsächlich verwirklichen zu können und die Welt im Sturm zu nehmen«, erzählt Sylvan. »Sie motivierten mich dadurch, machten mir aber auch angst. Denn es wurde mir klar, wie rücksichtslos die beiden waren, wenn es darum ging, ihr Ziel zu erreichen. Sie würden jeden feuern oder anheuern, wie es ihnen gerade in den Kram paßte.«

Während der Aufnahmen zu *Picture Book* betonte Mick unaufhörlich, wie er sich das Image von *Simply Red* vorstellte: »Ein Solosänger, von einigen Musikern begleitet« – und so und nicht anders sollte die Band sich in der Öffentlichkeit darstellen. Trotzdem waren die Bandmitglieder entsetzt, als sie zum erstenmal das Coverdesign für das Album sahen: Auf der Vorderseite war nur eine Großaufnahme von Mick zu sehen, die ihn mit einer braunen Schiebermütze aus den dreißiger Jahren zeigte. Vom Rest der Band war keine einzige Aufnahme zu finden. Zuerst schwiegen alle betreten, bis sich einer ein Herz faßte und aussprach, was alle dachten: »Wieso ist da keiner von uns drauf?«

»Nun, man kann ein Image leichter und einprägsamer gestalten, wenn man sich auf einen einzelnen konzentriert und nicht auf sechs Personen«, versuchte Elliot zu erklären.

Wieder herrschte betretenes Schweigen. Sie starrten weiter auf das Cover. Insgeheim fragte sich jeder, was hier eigentlich gespielt wurde.

»Es war eine ganz üble Sache, die da lief«, erzählt Sylvan weiter. »Das Management mußte von dem Entwurf gewußt haben – und Mick natürlich auch. Aber die Band wurde einfach übergangen und nicht gefragt. Wir haben das Cover erst zu sehen bekommen, als es fertig produziert und nicht mehr zu ändern war. In gewissem Sinn hatte Elliot mit seiner Begründung ja recht, aber darum ging es doch gar nicht. Er hatte immer von der Wichtigkeit der Band und ihres Images geredet, und als es darauf ankam, wurden wir einfach ausgeklammert. Das gefiel uns nicht besonders.

Die Plattenfirma wollte ursprünglich nur Mick als Soloact unter Vertrag nehmen, aber Elliot hat dafür gesorgt, daß wir als Band akzeptiert wurden. Anscheinend hatte er nun seine Meinung geändert, was das Cover deutlich bestätigte. Jeder von uns hatte erwartet, ein Bild von sich auf der Albumhülle wiederzufinden, und nun war für jeden klar, was die Band in Wirklichkeit war: die *Mick Hucknall-Show* und sonst nichts.

Ich habe mit den anderen nicht mehr viel über die Angelegenheit gesprochen, aber aus einigen Bemerkungen hörte ich heraus, daß sich ein gewisser Widerwille breitmachte. Natürlich hat sich niemand laut bei Mick beschwert. Die Parole hieß: ›Haltet Mick lieber bei Laune und sagt zu allem Ja und Amen!‹ Wenn er ausgehen wollte, hingen sie an seinem Rockzipfel, um bloß keinen Fehler zu machen. Aber da hörte der Spaß für mich auf. Ich hasse es, um jemandem so herumzuschleimen. Das sollte freilich entsprechend negative Konsequenzen für mich haben.«

Interessanterweise hatte Mick das Büro verlassen, als den anderen der Coverentwurf gezeigt wurde und Elliot über dessen Gestaltung Rechenschaft ablegen mußte. Es scheint, daß Mick eine Konfrontation bewußt vermied. Möglicherweise wollte er sich die Peinlichkeit ersparen, sich vor der Band rechtfertigen zu müssen und es nicht zu können.

Simply Red waren in Italien früher berühmt als in ihrem Heimatland. Bald nach der Veröffentlichung von *Picture Book* wurde vom Fernsehen ein Liveauftritt der Band aus einem alten Amphitheater übertragen, und die italienischen Mädchen verliebten sich auf der Stelle in die Jungs. Die Verkaufszahlen von *Money's Too Tight* stiegen danach rasch in die Höhe. Als die Band bei einem Popfestival des italienischen Fernsehens auftrat, wurde sie von kreischenden Fans belagert. Es war der Anfang einer geradezu hysterischen Begeisterungswelle, die bis heute anhält.

Mit der steigenden Popularität erfuhr die Band auch eine exklusivere Behandlung: Man holte sie in überlangen Limousinen ab, buchte sie in den teuersten Hotels ein und führte sie in die besten Restaurants. Fernseh- und Radiostationen standen Schlange, um Interviews zu bekommen. Zeitungen und Magazine verfolgten sie, um Stories zu ergattern. Die Bandmitglieder fühlten sich geschmeichelt von der Verehrung, die ihnen entgegengebracht wurde. In Italien waren *Simply Red* Superstars – jedoch nur in Italien.

Es wundert nicht, daß Mick die Begeisterungsstürme und Ehrerbietungen ganz besonders schätzte. Die Medien waren vor allem an ihm interessiert. Zuerst hatte das Management geplant, Mick keine Interviews geben zu lassen und diese Aufgabe den fünf anderen Bandmitgliedern zu überlassen. Aber das funktionierte nicht. Journalisten und Fernsehproduzenten wollten Mick haben und beachteten die übrigen Bandmusiker kaum. Je mehr Interviews Mick gab, desto mehr Spaß fand er daran. Er sonnte sich in seinem Ruhm und genoß die Aufmerksamkeit, die er erregte. Langsam begann er selbst, an die *»Mick Hucknall-Show«* zu glauben.

Sylvan erzählt, wie sich Mick immer wichtiger nahm. »Er veränderte sich langsam, zuerst kaum merklich. Er wurde nicht von heute auf morgen arroganter und egoistischer. Er wollte nur immer öfter im Mittelpunkt stehen – egal in welcher Situation. Er war schon früher nur an sich selbst interessiert gewesen, aber dieser Charakterzug kam nun immer deutlicher zum Vorschein. Er bezog alle Ovationen auf sich, die Band vergaß er dabei allmählich. Am Ende gab ausschließlich er Interviews, und nur er wurde in den Zeitungen abgebildet. Ich habe mich darüber geärgert, weil so etwas in einer Band eigentlich nicht vorkommen dürfte.

Mick machte die Lage noch schlimmer dadurch, daß er schreckliche Wutanfälle bekam, wenn etwas nicht nach seiner Façon lief. Schon die winzigste Kleinigkeit brachte ihn auf die Palme. Einmal legte er sich sogar mit unserem Fahrer an, der uns zu einer Verabredung bringen sollte; wir dachten, die beiden würden eine Rauferei anfangen. Es ging um eine Musikcassette, die Mick während der Autofahrt hören wollte. Es kam ihm gar nicht in den Sinn, daß er damit vielleicht jemanden stören könnte und drehte die Musik laut auf. Der Fahrer konnte den Lärm nicht mehr ertragen und schaltete das Gerät kurzerhand ab. Mick rastete völlig aus und schrie den Fahrer an, er solle das Band gefälligst wieder einlegen. Der aber weigerte sich beharrlich, und Mick wurde vor Wut absolut ausfällig. Da hielt der Chauffeur plötzlich am Straßenrand an. Die beiden brüllten lauthals aufeinander ein. Wir anderen hatten zuerst über die Angelegenheit gelacht, aber jetzt wurde uns mulmig zumute, und wir warteten darauf, wer als erster zuschlagen würde. Mick war der Meinung, daß die Band für die Fahrt und den Wagen bezahlt hatte und er deswegen im Auto machen könne, was ihm beliebte. Der Fahrer verlangte Respekt und Rücksicht, weil er sich bei einem solchen Krach nicht mehr auf den Verkehr konzentrieren könne. Dazu kam noch das Sprachproblem, das eine Weiterführung des Streits schließlich unmöglich machte – keiner der beiden verstand den anderen wirklich. Natürlich mußte Mick das letzte Wort in dieser Angelegenheit haben.

Ein anderes Mal hat sich Mick höllisch aufgeregt, weil auf einem Buffet kein Käse gereicht wurde. Er hat sich angestellt, als müsse deshalb die Welt untergehen. Er hat sogar uns deswegen blöd angeredet. Wir saßen nur da und haben den Sturm über uns ergehen lassen. Er hatte eine absolut cholerische Natur und flippte bei den geringsten Anlässen aus.«

Als *Picture Book* im Oktover 1985 auf den Markt kam, blieben die Kritiken kühl und reserviert. Einige beschuldigten Mick, als Vertreter der Arbeiterklasse seine harten, punkigen Ideale an musikalische Oberflächlichkeiten verraten zu haben. Andere vermißten den Biß und die Härte, die die Band bei Liveauftritten auszeichneten; sie meinten, der Platte fehle die rauhe Seite und das Potential, anzuekken und zu provozieren – was bei den Konzerten der Band ganz anders wäre. Irgend etwas schien die Band auf dem Album gezähmt und zurückgehalten zu haben.

Aber Mick und Elliot waren ausgesprochen glücklich. Stewart Levine hatte ihr Vertrauen gerechtfertigt und das Album so produziert, wie sie es sich vorgestellt hatten.

Micks Beziehung zu Joanne wurde intensiver; die beiden verbrachten gemeinsame Ferien mit dem Fahrrad in der Grafschaft Cork in Südirland. Mick liebte Joanne aufrichtig, aber auch diese Beziehung fiel schließlich seinem ungebremsten Ehrgeiz zum Opfer.

Der finanzielle Erfolg der Band war in Großbritannien zuerst keineswegs so groß, wie ihn sich die Band gewünscht hätte. Die Debutsingle *Money's Too Tight* war gut verkauft worden, doch die Nachfolgeauskopplung *Come To My Aid* stieg gerade noch bis Platz sechsundsechzig der britischen Singlecharts. Einen Monat später wurde die LP veröffentlicht und sprang sofort auf Platz vierunddreißig in den Albumhitlisten. Aber alle Hoffnungen auf einen Supererfolg verflogen, als die Platte nicht über Platz dreiunddreißig hinauskam und die Verkäufe schneller als erwartet zurückgingen.

Im November kam die dritte Singleauskopplung *Holding Back The Years* in die Geschäfte. Diese Aufnahme des Songs war wesentlich langsamer und gedrückter in der Stimmung als jene Version, die die *Frantic Elevators* 1982 gespielt hatten. Mick hatte die Zeile »I'll keep holding on« hinzugefügt und glaubte fest an einen Erfolg des Liedes. Trotz intensiver Werbung der Plattenfirma kam der Song nur bis Platz einundfünfzig, fiel dann auf siebenundsechzig zurück und war bald gar nicht mehr unter den *Top 100*.

Auf dem europäischen Kontinent war der Erfolg der Band dagegen enorm, vor allem in Holland. Im Januar wurde *Picture Book* sogar Nummer eins der holländischen Albumcharts, und *Simply Red* bekamen ihre erste goldene Schallplatte. Mick schenkte die goldene Ehrenscheibe seinem Vater, der sie stolz bei sich zu Hause aufhing. *Holding Back The Years* wurde Nummer drei der Singlecharts. Ab Mitte Februar hatte sich die Band ihren Megastar-Status in Holland gesichert: Ihr Album sollte neun Wochen lang auf Platz eins bleiben.

Leider ließ der Erfolg in Großbritannien vorerst auf sich warten: *Jericho,* der Song, den Mick über seine frühen Erfahrungen im Musikgeschäft geschrieben hatte, blieb auf Platz dreiundfünfzig hängen. Schließlich fiel die LP sogar auf Platz sechsundneunzig zurück.

Die Firma *Elektra* gab trotzdem nicht auf. Im Mai veröffentlichte sie *Holding Back The Years* zum zweiten Mal, und plötzlich wurde die Single angenommen. Der Song kam erst auf Platz fünfundfünfzig, stieg dann auf Platz neunzehn und blieb schließlich drei Wochen lang auf Platz sechs der britischen Charts.

Im Zuge des Singleerfolgs schnellten die Albumverkaufszahlen in die Höhe. Am 7. Juni, einen Tag vor Micks sechsundzwanzigstem Geburtstag, waren sowohl Album wie Single auf Platz zwei der entsprechenden Hitlisten plaziert. Ein schöneres Geburtstagsgeschenk hätte sich Mick kaum wünschen können.

Mick sollte in der BBC-Fernsehhitparade *Top Of The Pops* für das Album werben. Er ahnte nicht, daß er damit eine Kette von persönlichen Ereignissen in Gang setzen würde, die ihn vor eine der schwersten und quälendsten Entscheidungen seines Lebens stellen sollte: Wegen seines kurzen Fernsehauftritts trat nach zweiundzwanzig Jahren unerwartet Maureen wieder in Micks Leben.

Die Show wurde an einem Donnerstag ausgestrahlt. Florence Gibbons saß bei sich zu Hause in Croft und las die Zeitung *The Sun,* als sie einen Artikel über das Album *Picture Book* und den für den Abend geplanten Auftritt eines gewissen Mick Hucknall fand. Florence wurde neugierig: Es gab bestimmt mehrere Menschen dieses Namens in England – aber so weit verbreitet war er andererseits auch wieder nicht... Florence beschloß sicherheitshalber, ihre Tochter Marlene anzurufen.

»Ich erzählte ihr von dem Artikel und bat sie, sich die Sendung auch anzusehen«, berichtet Florence. »Als *Top Of The Pops* lief, saß ich auf meinen Knien ganz nah vor dem Fernseher – und dann starrte ich auf einmal in Michaels Gesicht. Er hielt ein Mikrophon in der Hand.

Für mich sah er aus wie damals als kleiner Junge. Er hatte sich überhaupt nicht verändert: Sein rotes Haar und seine Pausbacken erinnerten mich wieder an den Enkel, den ich Jahre zuvor verloren hatte. Dann begann er zu singen, und mir brach das Herz. Tränen liefen mir übers Gesicht. Ich war innerlich total aufgewühlt, ihn endlich wiederzusehen. Ich hörte auf den Text des Liedes und begriff, daß er von seiner Mutter sang, nach der er sich sehnte. Er meinte Maureen – ich konnte gar nicht mehr aufhören zu weinen.

Nach Michaels Auftritt mußte ich sofort zu Marlene fahren, um mit ihr über ihn zu reden. Als ich vor die Haustür trat, waren meine

Augen immer noch ganz rot. Meine Nachbarn Jim und Shirley stiegen gerade in ihr Auto, als sie bemerkten, wie verheult ich aussah. Shirley fragte mich besorgt, was vorgefallen wäre: ›Alles in Ordnung‹, beruhigte ich sie. ›Ich habe nur gerade meinen Enkel wiedergesehen, von dem ich über zweiundzwanzig Jahre nichts mehr gehört hatte.‹ «

Am folgenden Tag besuchte Florence Maureen, die mittlerweile von ihrem dritten Ehemann, einem dänischen Seekapitän, geschieden worden war und in Warrington mit ihren beiden Kindern aus dritter Ehe lebte.

»Maureen war schockiert, als ich ihr von Mick erzählte«, erinnert sich Florence. »Sie konnte die Neuigkeit zuerst gar nicht richtig verkraften. Langsam begann sie, sich wieder zu fassen und wurde stolz auf ihren Sohn, der ein Star geworden war.

Ich habe ihr von dem Text des Liedes erzählt, das er gesungen hatte. Sie beschloß, sich mit ihm in Verbindung zu setzen. Sie dachte, wenn er solche Worte geschrieben hatte, bräuchte er sie vielleicht.«

Maureen besorgte sich die Adresse von Micks Managementfirma und fragte nach seinem persönlichen Agenten. Elliot nahm das Gespräch an und versicherte Maureen, daß er Mick eine Nachricht hinterlassen würde.

Mick wollte zuerst mit seinem Vater über Maureens Anruf reden, aber Reg war nicht zu Hause. Also rief er June Shaw an, die ihm als Kind, wie zuvor Nellie Spike, die Mutter ersetzt hatte.

Junes Tochter Gaynor erinnert sich an jenes Gespräch: »Mick erzählte meiner Mom, daß seine Mutter versuchte, mit ihm Kontakt aufzunehmen. Er fragte, wie er sich verhalten sollte. Meine Mutter hütete sich grundsätzlich, Menschen vorzuschreiben, was sie tun und lassen sollten, und sie wollte auch nichts Schlechtes über Micks Mutter sagen. Also versuchte sie, diplomatisch zu sein. Ich werde nie vergessen, was sie Mick sagte: Sie meinte, sie selbst hätte ihr Kind unter keinen Umständen im Stich gelassen; sie hätte niemals verstanden, wie Maureen so etwas fertiggebracht hätte.

Meine Mom versuchte, Mick vorsichtig klarzumachen, daß ihn seine Mutter nur angerufen hätte, weil er berühmt geworden war. Warum sollte sie sich sonst gerade zu diesem Zeitpunkt melden?

Mick respektierte meine Mom sehr und war ihr dankbar für das, was sie für ihn getan hatte. Er war froh über ihren Ratschlag. Er wußte, daß meine Mom Maureen gekannt hatte.«

Reg war außer sich, als er von Maureens Anruf erfuhr. Er bekam einen Wutanfall und fragte sich immer wieder, wie sie soviel Unverfrorenheit besitzen konnte und sich nicht einmal schämte. Reg mochte seinem Sohn aber keine Vorschriften machen: Mick sollte seine Entscheidung selbst treffen.

Mick dachte lange nach und entschied, mit seiner Mutter zu sprechen – aber nur übers Telefon. Das Gespräch verlief sehr kurz. Mick war schonungslos offen und ließ seine Mutter wissen, daß er tief verletzt war, weil sie ihn als Kind verlassen hatte.

»Es war ein schreckliches Gespräch für Maureen«, erzählt Florence. »Mick fragte sie, was sie nach all den Jahren eigentlich noch von ihm wolle. Er stellte klar, daß er nichts mehr mit ihr zu tun haben wolle. Er betonte, daß er keine Lust habe, sie zu sehen.

Maureen bemerkte sofort, wie ähnlich Michaels harter Ton dem ihren war. Sie weinte nicht über seine Zurückweisung, sondern ärgerte sich maßlos. Zum Schluß knallte sie sogar den Hörer auf.

Micks Manager rief danach zurück und meinte, sie hätte nicht einfach auflegen dürfen. Ich nahm Maureen den Hörer ab und erzählte dem Mann, was damals vorgefallen war, und wie ich Michael wieder zu seinem Vater zurückgebracht hatte. Maureen stand neben mir und bekam einen Wutanfall: Zum ersten Mal hörte sie die Geschichte von meinem Standpunkt aus. Der Manager hörte zu und sagte schließlich, daß er Mick von all dem nichts erzählen würde – es würde ihm den Rest geben.

Nach einiger Zeit dachte Maureen nicht mehr an Mick. Sie hatte sich mit seiner Entscheidung abgefunden und war der Meinung, wenn er sie nicht sehen wollte, dann mochte sie von ihm nichts mehr wissen. Seit jenem Tag haben die beiden keinen Kontakt mehr miteinander gehabt.«

Während Mick als Superstar in der Welt unterwegs ist, wohnt Maureen mit ihrem vierten Ehemann in Texas. Sie liebt die Musik ihres Sohnes und hat sich damit abgefunden, ihn nie mehr zu sehen. Florence ist traurig über diesen Zustand: »Für mich wird Michael immer der kleine Junge bleiben, den ich verloren habe. Aber ganz egal, wie sehr er Maureen oder unsere Familie verabscheut – er ist dennoch von unserem Fleisch und Blut. Seine harte, entschlossene Art hat er von uns, da bin ich mir ganz sicher.«

Mick hatte die BBC gebeten, den Song *Holding Back The Years* für *Top Of The Pops* live singen zu dürfen. Die meisten Künstler, die in dieser Sendung auftreten, singen Playback. Mick wollte live singen, um ein besseres Feeling rüberzubringen. Er war sich seiner Stimme absolut sicher.

Auch wenn Mick für die meisten Songs offiziell verantwortlich zeichnet, haben fast immer Mitglieder seiner Band an den Liedern mitgearbeitet. Von Mick stammen die grundlegenden Ideen und die Texte – ihm fehlt jedoch die musikalische Übung seiner Musiker. Fritz MyIntyre hat ihm ganz besonders oft geholfen, musikalische Grundkonzepte in fertige Songs umzusetzen. Sogar *Holding Back The Years* mußte von den Musikern ausgearbeitet werden. Sylvan erzählt: »Eines Tages kam er mit diesem Song an und begann, uns die Grundakkorde auf der Gitarre vorzuspielen. Dann fingen wir an zu jammen, um die Melodie für die Band weiterzuentwickeln.«

Seit *Holding Back The Years* am 5. April in den US-Charts auf Platz achtundachtzig eingestiegen war, war der Erfolg der Band in Amerika nicht mehr aufzuhalten. Bis Anfang Juni war die Single bereits auf Platz sechzehn vorgerückt, bis sie endlich am 12. Juli auf Platz eins landete. Damit hatte sich Micks zweiter großer Traum erfüllt! Am Ende der US-Tour stand fest: Mick war *Simply Red*. Das Image der Band war zweitrangig geworden. Micks Stimme und Charisma dominierten vollkommen. Wegen ihm strömten die Fans zu Tausenden in die Konzerte.

Mit der Berühmtheit kamen auch die Gerüchte aus der Sensationspresse. Micks Plattenfirma *Elektra* veranstaltete eine Umfrage, um zu erfahren, was die Fans von Mick und der Band gehört und gelesen hatten. Auf drei Dinge wurde dabei immer wieder Bezug genommen: a) Mick könne Margaret Thatcher nicht ausstehen; b) Mick hätte Andrew Ridgeley die Freundin ausgespannt; c) *Simply Red* seien vergleichbar mit der Band *The Communards*. Mick stellte daraufhin in der Presse klar, daß nur der erste Punkt zutreffe.

Nach einem Jahr im Licht der Öffentlichkeit hatte Mick den Ruf eines vorlauten, mürrischen und arroganten Senkrechtstarters, der sich – herrschsüchtig und ungestüm – selbst für ein Genie hielt. Für die Medien spielte Mick perfekt den launischen Star. Bei einer Fotosession schaffte er es beispielsweise, ein ganzes Studio mit seinen Allüren an den Rand des Nervenzusammenbruchs zu bringen. Mit diesem Verhalten stand er sich jedoch selbst im Weg, denn er verhinderte, daß ihn die Medien als den einfachen, unverdorbenen Arbeitersohn darstellten, wie er es gerne gesehen hätte.

Auf jeden Fall verabscheute Mick jene Falschheit und Verlogenheit, die im Musikgeschäft häufig zu finden ist. Nachdem er gemeinsam mit Lamont Dozier, der für den Tamla Motown Sound verantwortlich zeichnete, am zweiten *Simply Red*-Album gearbeitet hatte, wurde er von einem Journalisten gefragt, ob ihn Dozier eingeschüchtert habe. Mick fragte verwundert zurück, wieso er sich hätte fürchten sollen. Lamont sei ein Musiker, der sein Handwerk beherrsche und es nicht nötig habe, sich aufzuspielen. Er habe gern mit Lamont zusammengearbeitet.

Zu dieser Zeit lief Mick oft mit schwarzem Hut und Spazierstock herum, worin er seinen Lieblingsschauspieler Orson Welles imitierte. Wie sein großes Vorbild schien auch Mick bemüht zu sein, einen Mythos um seine Person zu kreieren.

Man hätte annehmen können, daß die großen Single- und Albumerfolge von *Simply Red* den Erfolg jeder weiteren Veröffentlichung garantiert hätten. Die Band besaß aber kein neues Songmaterial und konnte daher im August nur einen Remix von *Open Up The Red Box* veröffentlichen, der in den Charts nur noch bis Platz einundsechzig kletterte.

Die neuen Songs, die während der *Picture-Book-Tour* geschrieben wurden, waren erst im Frühjahr 1987 fertigproduziert. Im Februar 1987 erschien zunächst die Single *The Right Thing*. Die Band war schon auf Tour, als zwei Wochen später das neue Album *Men And Women* auf den Markt kam. Die LP eroberte sofort Platz zwei der Verkaufshitparaden. Die Platte spiegelt Micks Leben während der vorausgegangenen achtzehn Monate wider: Sie macht seine Gefühle und Erfahrungen in menschlichen Beziehungen deutlich, die unter seinem Beruf stark zu leiden hatten.

Mick gab zu, daß ihm Sex viel Spaß mache, wies aber alle Gerüchte von sich, die besagten, er sei geradezu ein Sexmaniac – was der *New Musical Express* behauptet hatte. Sylvan, der mit Mick zwei Jahre lang eng zusammenarbeitete, berichtet, daß Mick von Frauen besessen war und ihnen ständig nachstellte. Er hatte keine Schwierigkeiten, Frauen für sich zu gewinnen. Sie drängten sich ihm überall auf – ob bei Konzerten hinter der Bühne oder auf Partys. »Wenn ihm eine gefiel«, erzählt Sylvan, »ist er ohne Umschweife sofort zur Sache gekommen. Sein großer sexueller Appetit war allgemein bekannt. Wenn wir in einem Hotel wohnten, hielten wir jeden Abend neugierig Ausschau, in wessen Begleitung er zurückkommen würde. Wer immer sie auch war – er würde mit ihr eine ziemlich laute Nacht verbringen. Mick bekam nie einen Korb, er hätte jeden Tag eine andere haben können. Sie haben sich ihm ja geradezu an den Hals geworfen. Seine Energie und sein Charme wirkten auf jede. Er wußte genau, wie er eine Frau dazu brachte, mit ihm zu schlafen. Na ja, viel Überredung haben die meisten wohl sowieso nicht mehr nötig gehabt.«

Mick war mächtig geworden. Er konnte es sich erlauben, Menschen zu entlassen oder zu engagieren, wie es ihm gerade in den Sinn kam. »Die Mitarbeiter wechselten ständig«, erinnert sich Sylvan. »Mick zeigte keinerlei Skrupel oder Hemmungen. Sobald einer draußen war, hatte er ihn schon vergessen. Mich hat seine Gefühllosigkeit abgestoßen.«

Mick wurde süchtig nach Ruhm und Macht. Er war gewohnt zu bekommen, was er wollte. Sylvan zog sich immer mehr zurück und wurde unfähig, mit Mick normal umzugehen.

Als die Band im Mai im Zuge ihrer Welttournee nach Skandinavien ging, ertrug Sylvan die Zustände nicht mehr. Er wollte in keine Restaurants mehr mitgehen, mied Partys und verabscheute den oberflächlichen Smalltalk mit wildfremden Menschen. Er konnte Micks ewige Phrasendrescherei nicht mehr hören. Er distanzierte sich zunehmend von der Band – und ganz besonders von Mick. Als die Tour in Rotterdam angekommen war, sprachen er und Mick kaum noch ein Wort miteinander. Sylvan rief seine Mutter daheim an und klagte ihr sein Leid. Er war deprimiert und wollte aus der Band aussteigen. Seine Mutter machte sich jedoch Sorgen um seine finanzielle Sicherheit und riet ihm, durchzuhalten, bis er genug Geld verdient hätte. Sylvan hatte Micks Primadonna-Gehabe und die Verlogenheit des Musikgeschäfts satt. Er fühlte sich, als müsse er ersticken.

Zudem war Sylvan zu Ohren gekommen, daß Elliot und Mick sowieso darüber nachdachten, ihn loszuwerden. Ein Freund von Sylvan, Aziz Ibrahim, sollte an seine Stelle treten. Man hatte Sylvan zwar noch nichts direkt gesagt, aber das war auch nicht zu erwarten. Mick und Elliot hatten zuviel Angst, ihren Gitarristen während der Tour zu verlieren, um ihm die Wahrheit ins Gesicht zu sagen.

»Damals verdiente ich fünfzigtausend Pfund im Jahr – ein Vermögen für einen Einundzwanzigjährigen«, erzählt Sylvan heute. »Aber ich war soweit gekommen, lieber auf das Geld zu verzichten, um bloß nicht mehr mit Mick und seinen Managern zu tun zu haben. Ich wollte immer nur gute Musik spielen, mich aber von diesem Scheißgeschäft, soweit es ging, fernhalten. Am Ende der 1987er Tour war ich völlig mit den Nerven fertig. Mein Frust verbesserte die Atmosphäre in der Band nicht gerade. Manchmal saß ich mit den anderen am Tisch, ohne mit ihnen auch nur ein Wort zu wechseln. Ich schloß mich freiwillig aus. Ich war noch zu unreif, um meine Gefühle ausdrücken zu können und über meine Probleme ehrlich zu sprechen. Am meisten machte mir Mick zu schaffen. Ich konnte seine Allüren einfach nicht mehr ertragen.

Heute wünschte ich mir, ich wäre mit meinen Problemen und Mitmenschen besser umgegangen«, gesteht Sylvan. »Ich hätte mich jemandem anvertrauen und über meine Situation sprechen sollen. So habe ich zwei Jahre lang allein meinen Ärger in mich hineingefressen. Erst als ich Mick endlich die Meinung sagte, bin ich meinen Frust losgeworden: Ich hab' ihm gesagt, daß ich keine Lust mehr hätte, weiter mit ihm zusammenzuarbeiten und unter seinen Launen zu leiden. Er antwortete nur, daß jeder im Musikgeschäft seine Spielchen spiele und wunderte sich, warum ich da nicht mitmachen konnte. Ich stellte ihm nur eine Gegenfrage: ›Warum kannst du denn nicht die große Ausnahme sein und ehrlich bleiben?‹ Darauf wollte er mir keine Antwort geben.

Wenn ich jetzt zurückblicke, wird mir klar, daß die Sache für mich nicht anders hätte ausgehen können. Ich war damals einfach zu jung, um mit meinen Problemen fertigzuwerden. Heute würde ich mich ganz anders verhalten.«

Mick und Elliot hatten tatsächlich schon während der Europatournee darüber nachgedacht, Sylvan loszuwerden. Er hatte sich distanziert und schien an der Band nicht mehr sonderlich interessiert zu sein. Früher war Sylvan ein wichtiges Mitglied der Gruppe gewesen, hatte gute Vorschläge beigesteuert und kreativ und engagiert mitgearbeitet. Mittlerweile wirkte er häufig abwesend – als wenn er schon gar nicht mehr zur Band gehörte. Für die Band war es besser, wenn Sylvan ersetzt würde, überlegten Elliot und Mick. Es schien sie nicht zu stören, daß der Ersatzgitarrist, den sie im Auge hatten, ein Freund von Sylvan war: Aziz Ibrahim. Anfang Juni, kurz bevor die Band für eine Woche nach Manchester zurückfliegen sollte, bat Elliot seine Sekretärin Lindy, ihn mit dem vierundzwanzigjährigen Pakistani telefonisch zu verbinden.

Aziz saß gerade in seinem Zimmer daheim bei seinen Eltern, die im berüchtigten Long-Site-Viertel von Manchester wohnten, als der Anruf durchgestellt wurde. Elliot erklärte nur, wer er war und um was es ging: »Wir kommen für eine Woche zurück nach Manchester. Am 24. geht es dann weiter nach Italien. Wir haben uns sagen lassen, daß du zur Zeit der beste Gitarrist bist, der frei ist. Möchtest du mitkommen? Willst du dich *Simply Red* anschließen?«

Aziz traute seinen Ohren nicht und glaubte zuerst, daß an dem Angebot irgendein Haken sein müsse.

Er wollte auch nicht zu begeistert klingen, damit es nicht so aussah, als ob er den Job dringend nötig hätte, und tat so, als müsse er erst seinen Terminkalender studieren. Nach einer angemessenen Pause nahm er den Hörer wieder auf: »Ja, das ließe sich machen«, sagte er cool. »Ich habe noch keine festen Verpflichtungen in nächster Zeit.«

Schließlich machte er ein Treffen mit Elliot aus. Kaum hatte er den Hörer eingehängt, begann er, wie verrückt auf seinem Bett herumzuspringen. Er rief dabei immer wieder laut »Ja! Ja! Ja! Gott sei gedankt!« Für Aziz, einen gottesfürchtigen Moslem, erschien die ganze Geschichte einfach zu schön, um wahr zu sein.

In gewisser Weise war sie das auch.

Als die Band zurück nach Manchester kam, wurde Sylvan entlassen. Mick und Elliot versuchten wie schon so oft, wenn sie jemanden entlassen mußten, die Sache für den Betroffenen mit Beschwichtigungen leichterzumachen. Sie meinten, Sylvan wäre glücklicher ohne die Band. Sie betonten, ihre Entscheidung hätte nichts mit seinem Können zu tun; sie wüßten, was für ein guter Musiker er sei. Sylvan hatte endlich Gelegenheit, seinem Ärger Luft zu machen und zuzugeben, wie sehr er von Micks Getue und Machtspielchen die Nase voll hatte.

Während Elliot die Entlassung mit Sylvan offiziell machte, wanderte Mick zum Fenster des Büros und sah hinaus. Draußen führte die Parade anläßlich des Lord-Mayor-Days vorbei. Gerade zog eine Jazzkapelle durch die Straße, in der Mick auf einmal ein bekanntes Gesicht ausmachte: Es war Mog!

Mick mußte schlucken. Es war ein eigenartiger Zufall, daß er gerade in dem Augenblick, in dem er wieder einmal einen Musiker entließ, Mog wiedersah, den er einst ebenfalls gefeuert hatte. Mick war überzeugt, daß es für die Band das Beste war, wenn Sylvan ausstieg

– so wie es auch bei Mog das Beste gewesen war. Und sicherlich würde er noch viele Musiker entlassen müssen, um mit der Gruppe weiterzukommen, überlegte Mick weiter. Aber als er sah, wie glücklich – wenn auch bescheiden – sein ehemaliger Freund den Tag und das Fest feierte, fühlte er trotzdem einen Stich. Es erinnerte ihn daran, wie hart und skrupellos er seit jenen unbeschwerten Tagen mit den *Elevators* geworden war. In jener Zeit hatte es ihm genügt, für etwas Bier oder ein wenig Geld zu singen – Musik zu machen war für ihn damals vor allem noch ein großer Spaß gewesen.

23

Mit Elliots Anruf veränderte sich Aziz Ibrahims Leben radikal. Aziz, der in einem der berüchtigsten Viertel Manchesters aufgewachsen war, hatte die Chance, die ihm Elliot bot, wirklich verdient. In der Schule hatte er unter den Aggressionen und dem Rassismus der Mitschüler leiden müssen. Während viele seiner Klassenkameraden in die kriminelle Szene abrutschten und nicht selten schon früh im Gefängnis landeten, begann Aziz, Gitarre zu spielen. Schon bald hatte er sich einen Ruf als einer der talentiertesten jungen Gitarristen der Musikszene erworben. Er fand Engagements in hoch angesehenen Jazz-Esembles, bei Rockgruppen und vor allem in Reggaebands, die in den Stadtvierteln Hulme und Moss Side auftraten – Gegenden, die auch Mick gut kannte.

Aziz langjähriges, mühevolles Engagement für die Musik schien sich mit einem Mal auszuzahlen. Nach einem kurzen Gespräch mit Elliot ging Aziz aufgeregt, aber optimistisch ins Büro der Firma *So What,* die extra für *Simply Red* gegründet worden war, und holte sich Bänder von Live- und Studioaufnahmen der Band ab, die er sich zu Hause anhören sollte. Aziz hatte zwei Wochen Zeit, um sich die Songs genau einzuprägen und sich auf das vorzubereiten, was von ihm verlangt werden würde. Als die Band von ihrer Italientour zurückkam, wurde mit Aziz zwei Tage lang geprobt. Er sollte beweisen, ob er zur Gruppe paßte oder nicht.

Obwohl sich Sylvan selbst gewünscht hatte, die Band zu verlassen, nahm ihn seine Entlassung doch ziemlich mit. Er plante deshalb, einige Freunde in den USA zu besuchen und dort in Ruhe über seine

Zukunft nachzudenken. Als ihn Aziz anrief und um Rat und Unterstützung bat, zögerte Sylvan jedoch keinen Augenblick und half seinem alten Freund. Sylvan freute sich aufrichtig über die große Chance, die Aziz bekommen hatte, und gab ihm einige wichtige Tips: Sylvan warnte seinen Freund, wem er vertrauen durfte und wem nicht. Außerdem gab er ihm Hinweise, wie er sich verhalten sollte und was er sich in der Band auf gar keinen Fall erlauben durfte. Sylvan wollte sichergehen, daß *Simply Red* Aziz mehr Glück brachte als ihm selbst.

Aziz wunderte sich, daß Mick am ersten Probentag gar nicht erschien. Trotzdem übte die Band, und Aziz bekam die Gelegenheit, sich mit seinem alten Kollegen Fritz McIntyre erneut bekannt zu machen; die beiden hatten bereits früher gemeinsam in Reggaebands gespielt. Aziz kam auch mit den übrigen Bandmitgliedern hervorragend aus, vor allem mit Ian Kirkham, einem hochtalentierten Saxophonisten aus Liverpool, der sich *Simply Red* 1986 angeschlossen hatte. Aziz schien sich sogar mit Mick sofort gut zu verstehen, der während der Proben des nächsten Tages auftauchte.

Überraschenderweise hatte die erste Frage, die Mick seinem neuen Gitarristen stellte, überhaupt nichts mit Musik zu tun.

»Magst du Currygerichte?« fragte Mick den verblüfften Aziz.

»Natürlich«, gab Aziz lachend zurück, »schließlich bin ich Pakistani!«

»Und gefällt dir Reggae?« fragte Mick weiter.

Aziz nickte.

Schon nach ein paar gemeinsam gespielten Songs machte Mick ein zufriedenes Gesicht: Die Band hatte einen neuen, ausgesprochen guten Gitarristen bekommen, der Reggae und indisches Essen leidenschaftlich gern hatte und vor Energie und Enthusiasmus nur so strotzte – beides hatte Sylvan zuletzt völlig verloren.

»Du bist drin, Aziz«, verkündete Mick. Dann blickte er abschätzig auf Aziz' pink-metallic-farbene Gitarre und meinte: »Du willst doch nicht etwa weiter auf der da spielen, oder?«

Aziz bekam einen Schreck; er fürchtete, doch noch Probleme zu bekommen. »Ich würde ja auf einer der neuen spielen, wenn ich mir eine leisten könnte«, gab er ehrlich zu.

»Okay«, meinte Mick, »wir kaufen dir eine.«

Schon wenige Tage später kaufte Elliot eine neue Gitarre. Außerdem suchte er für Aziz ein angemessenes Bühnenoutfit aus. Er entschied sich für einen schwarzen Designeranzug, der achthundertfünfzig Pfund kostete.

Aziz mußte sich immer wieder kneifen, um sich daran zu erinnern, daß er nicht träumte. Noch vor einer Woche hatte er ein wenig hoffnungsvolles Leben in einem der heruntergekommensten Viertel der Stadt geführt und ab und zu in kleinen Clubs gespielt. Jetzt sollte er mit einer der angesagtesten Bands auf Welttournee gehen und wurde wie ein Star ausstaffiert!

Eine Woche später, am 24. Juni, ging Aziz in Mailand zum ersten Mal mit der Band auf die Bühne und wurde sogleich Zeuge der unglaublichen Hysterie, die Mick bei den italienischen Mädchen auslöste; manche von ihnen bekamen schon Schreikrämpfe, bevor ihr großes Idol auch nur einen Ton gesungen hatte.

Mick schwelgte in dem Gefühl, geliebt und verehrt zu werden. Er ließ sich aber trotzdem von niemandem zum Narren halten, auch nicht von Mädchen – wie Aziz noch am selben Abend feststellen sollte:

Ein auffallend schönes junges Mädchen versuchte, Mick hinter der Bühne in einen Raum zu locken, in dem ein Paparazzi – ein italienischer Sensationsfotograf – auf der Lauer lag. Mick merkte schnell, daß man ihm eine Falle gestellt hatte und versuchte, dem Fotografen den Film aus der Kamera zu reißen. Es kam zu einem Handgemenge, und bald tauchten sogar Polizisten auf. Sie begannen, Mick herumzustoßen, aber der ließ sich nichts gefallen und schubste zurück. Erst als die Beamten erfuhren, wer Mick war, reagierten sie und warfen das Mädchen und den Fotografen aus dem Gebäude.

»An jenem Abend hab' ich kapiert, daß sich Mick mit jedem anlegt, wenn er überzeugt ist, im Recht zu sein«, erzählt Aziz.

Im Anschluß an die Italienkonzerte gingen *Simply Red* auf ihre sogenannte *End Of The World Tour,* die die Band in Regionen führte, in denen sie noch nie gastiert hatte: Japan, Australien, Neuseeland, Kanada und Südamerika. Mit der Tour sollte das Album *Men and Women* auch in diesen Ländern populär gemacht werden.

In Japan hatte sich *Picture Book* recht ansehnlich verkauft, aber niemand in der Band hätte geglaubt, dort von einem derartigen Ausmaß an Hysterie empfangen zu werden. Da es sich um ihren ersten Besuch in Japan handelte, mußten *Simply Red* pausenlos Interviews, Fotosessions, Einladungen zum Essen und TV-Auftritte über sich ergehen lassen. Meistens waren sie bis nach ein Uhr nachts beschäftigt. Es war eine sehr anstrengende Zeit. Während eines Interviews erlebte die Band jedoch eine angenehme Überraschung: Eine Journalistin bat die Gruppe, sich in traditionellen japanischen Kostümen ablichten zu lassen. Mick und die anderen gingen gerne darauf ein, worauf ihnen die kostbaren Gewänder, die man für sie vorbereitet hatte, zum Geschenk gemacht wurden. Diese ausgesprochene Großzügigkeit ist typisch für Japan und seine Fans – insbesondere für die weiblichen. Sämtliche Bandmitglieder bekamen im Verlauf der Tour noch mehrere Seidenhemden geschenkt. Eine besonders glühende Verehrerin schenkte Mick sogar einen handgearbeiteten Hochzeitskimono, der – wie Mick später herausfand – siebenhundert Pfund wert war!

Doch die japanische Gastfreundschaft beschränkte sich nicht nur auf materielle Gaben. Mick stellte sehr bald fest, daß ihm die Frauen auch sexuell sehr entgegenkamen.

Aus dem rothaarigen Jungen, den die Mädchen so häßlich gefunden hatten, daß sie ihn nicht einmal hatten küssen wollen, war ein Mann geworden, dem sich einige der schönsten Frauen der Welt anboten. Sie setzten alles daran, um in seine Nähe zu gelangen – egal ob auf Partys oder in Clubs. Mick ließ sich nie zweimal bitten und erfreute sich an ihrer Gesellschaft – und an ihren Körpern. Er erwartete dabei nicht mehr als die Leidenschaft einer Nacht.

Aber dann traf er Dee. Durch sie sollte sich alles ändern.

Dee stammte aus Dallas, Texas, und arbeitete als Modell. Sie war Anfang zwanzig, schlank und besaß ein hinreißendes Lächeln. Als Mick sie in Tokio kennenlernte, beeindruckte sie ihn so sehr, daß er ihr versprach, sie wiederzusehen, wenn die Band mit der Tour nach Texas kommen sollte. Dee mag vielleicht geglaubt haben, daß das Versprechen eines notorischen Frauenhelden nicht ernstzunehmen sei – aber da sollte sie sich täuschen. Dees herzliches Lachen und ihre einnehmende Persönlichkeit hatten Mick tief berührt. Die starke, ernstzunehmende Beziehung, die Mick mit Dee aufbauen sollte, inspirierte sogar mehrere Songs des nächsten *Simply Red*-Albums. Doch während der vier Monate, bevor er nach Texas kam, lebte Mick das Leben, das für ihn, seit er auf Tour gegangen war, typisch war: jeden Tag eine andere Stadt, ein anderes Hotel – und eine andere Frau. Kurz nachdem Mick Dee kennengelernt hatte, zog die Band nach Osaka. Dort vergnügte sich Mick mit zwei jungen Frauen gleichzeitig in seinem Hotelzimmer.

An jenem Abend quatschten Fritz und Aziz noch miteinander in ihrem Zimmer, als sie das Stöhnen einer Frau hörten. Da das Geräusch zunahm, traten die beiden neugierig auf den Flur, um herauszufinden, was es damit auf sich hatte: Das Stöhnen kam aus Micks Zimmer. Schließlich wurde es so laut, daß auch noch Chris Joyce aus seinem Zimmer kam: Die drei standen kichernd vor Micks Zimmertür, als aus dem Raum die Stimme eines zweiten Mädchens drang, das lautstarke Kommandos zu geben schien. Dann war auf einmal Micks verärgerte Stimme zu hören: »Verdammt, geht das denn nicht leiser bei euch!« Fritz, Aziz und Chris konnten sich nicht mehr halten und brüllten vor Lachen.

Nach Japan war Neuseeland an der Reihe. Auch hier absolvierte die Band ein dicht gedrängtes Programm aus Interviews, Fotosessions und Konzerten. Australien wurde wegen der enormen Entfernungen zwischen den einzelnen Städten noch anstrengender. In Melbourne versuchte nochmals ein weibliches Duo, von Mick abgeschleppt zu werden, doch diese Nacht verlief nicht so angenehm für alle Beteiligten.

Aziz hatte Mick versprochen, sich um eines der Mädchen zu kümmern, während Mick mit dem anderen im Hotelzimmer verschwand. Nach kurzer Zeit kam sie aber schon wieder heraus und beschimpfte Mick mit extrem unanständigen Worten. Aziz erinnert sich, daß die beiden gerade im Bett zugange waren, als Mick dem Mädchen sagte, er wolle sie oben haben. Sie weigerte sich, woraufhin Mick sie aus dem Zimmer warf. Sie erzählte Aziz später, daß sie Mick für einen schrecklichen Kerl hielt.

Aziz berichtet weiter: »Die meisten Musiker blieben nach den Gigs im Hotel, aber Mick hatte immer Lust auszugehen. Ich war auch Single und wollte mir das Nachtleben in den verschiedenen Städten ansehen, so gingen wir oft gemeinsam aus. Vor meiner Zeit mit *Simply Red* mußte ich stets draußen bleiben, aber nun öffneten mir alle Clubs und Partys Tür und Tor. Mit Mick kam ich überall hinein. Und ständig drängten sich Mädchen um uns; wir mußten uns nur an eine Bar setzen, und schon machten sie sich an uns heran. Mick konnte gar nicht genug von ihnen kriegen. Deswegen nannten wir ihn in der Band auch bald *»Dick Fuck All«*.

Mick hatte sich bis zu diesem Zeitpunkt nie von einem Manager und Pressesprecher begleiten lassen, der ihm in der Öffentlichkeit beistehen und ihn unterstützen konnte. Mick war überzeugt davon, mit jeder Situation allein fertig zu werden, sei es bei Autogrammsitzungen, Interviews oder Fototerminen, selbst wenn Leute offensichtlich nur auf Ärger aus waren und Mick provozieren wollten. Normalerweise benahm sich Mick charmant und freundlich zu Fremden. Wenn er aber schlechte Laune hatte, konnte er absolut rücksichtslos sein.

Eines Abends während der Kanadatour kam in einem Club eine junge Frau zu Mick hinüber und gestand ihm, wie toll sie ihn und seine Band fände. Mick bedankte sich und ging; für ihn war die Angelegenheit damit erledigt. Die Frau kehrte beleidigt zu ihrem Freund zurück: »Da bin ich nett zu ihm, und er ignoriert mich einfach, als wär' ich Luft«, beklagte sie sich.

Aziz berichtet, wie sich Mick, der diese Bemerkung mitangehört hatte, nach der Frau umdrehte und versuchte, sich zu rechtfertigen: »Hören Sie, ich hab' Sie nicht ignoriert, sondern mich bedankt. Ich will bloß nicht reden, das ist alles.«

Jetzt griff der Freund der jungen Frau ein, der Micks Benehmen für arrogant und ungehobelt hielt und ihm Anstand einbleuen wollte. Zum Glück verhinderte ein weiterer Gast, daß es zu einer tätlichen Auseinandersetzung kam.

In diesem Fall ist Micks Bewunderin noch glimpflich davongekommen. Mick wurde für seinen manchmal rabiaten Umgang mit Fans berüchtigt – man mußte ihn nur in der falschen Stimmung erwischen, und schon war es passiert.

Aziz beschreibt Mick sogar als einen der rücksichtslosesten Menschen, den er je gesehen hat. »Er schert sich wenig um die Gefühle anderer«, meint Aziz. »Ich habe tatsächlich erlebt, daß er Fans, die ihm Komplimente machten, mit den Worten ›Verpißt euch endlich!‹ anschnauzte.«

Aber nicht nur Fans, sondern auch die Musiker der Band mußten sich von Mick solche Reden gefallen lassen.

»Meistens ist es sehr schwer, mit Mick zu reden«, erzählt Aziz. »Du sprichst mit ihm, aber er bringt es fertig, dich völlig zu ignorieren. Wenn man dann fragt: ›Hey Mick, hörst du mir eigentlich zu?‹, antwortet er nur so etwas wie: ›Laß mich, ich bin beschäftigt.‹ Danach reagiert er überhaupt nicht mehr, und man sitzt wie ein Trottel da.«

Das »Talent«, andere vor den Kopf zu stoßen, hat Mick von seiner Mutter geerbt. Er hat sich schon als Kind so benommen und konnte nie besonders diplomatisch oder einfühlsam mit Menschen umgehen. Durch den großen Druck, der seit dem Erfolg von *Simply Red* auf ihm lastet, wurde er noch unduldsamer und immer weniger gewillt, mit anderen Nachsicht zu üben. Mick ist sich bewußt, daß die Massen wegen ihm und seiner Stimme in die Arenen strömen. Und er weiß, daß ihn die Presse für jeden Fehler und jeden schlechten Song der Band allein verantwortlich machen wird.

Mick hat in den langen Jahren, die er inzwischen im Musikgeschäft ist, festgestellt, daß Erfolg nicht nur mit Talent, sondern auch mit der inneren Einstellung eines Menschen zu tun hat: Wer sich nicht hundertprozentig einsetzt, wird keinen Erfolg haben. Waren die *Frantic Elevators* nicht genau aus diesem Grund gescheitert? Um das zu erreichen, wovon er geträumt hatte, mußte Mick hart bleiben und den anderen unmißverständlich klarmachen, wer in der Band das Sagen hatte. Dabei scheute er nicht davor zurück, die Gefühle anderer zu verletzen. Mick hatte von seinem Vater gelernt, daß man hart arbeiten und Opfer bringen muß, um seine Träume zu verwirklichen. Mick nahm sich diese Worte zu Herzen – und erreichte, was er sich vorgenommen hatte. Zu den notwendigen Opfern zählten Micks zwischenmenschliche Beziehungen. In der Band hatten ihm alle bedingungslos zu gehorchen. Wenn es jemandem bei der *»Mick Hucknall-Show«* nicht mehr gefiel, dann mußte er gehen.

Aziz meint, Mick hätte sich an James Brown ein Beispiel genommen – aber nicht nur auf der Bühne, sondern auch im Privatleben. »Brown regiert seine Band mit eiserner Faust, und Mick machte es ebenso«, erzählt Aziz. »Er ließ nichts durchgehen, vor allem keine Unpünktlichkeiten. Wenn jemand zu spät kam, flippte er aus. Jeder in der Band kannte seine Ansichten und Launen, und die meisten machten sein Theater widerspruchslos mit, nur um Ruhe vor ihm zu haben. Wenn Mick seine Meinung änderte, änderten auch sie die ihre. Langsam hörten sich manche sogar an wie Mick.

Wenn ich zum Beispiel mal etwas spät zum Soundcheck kam, brüllten mich die anderen sofort an: ›Wieso zum Teufel bist du zu spät dran?‹ Ich dachte mir nur, daß sie schon genauso reden wie er.

Einmal wollten wir in Washington in einen Club gehen, um uns eine tolle Band anzuhören, die für ihr hervorragendes Bläserensemble bekannt war. Aber als Mick keine Lust mehr hatte, sind auch die anderen nach und nach abgesprungen. Jeder hatte plötzlich eine andere Ausrede, warum er nicht mehr hingehen wollte.

Wir durften uns James Brown, Miles Davis, die *Rolling Stones* und ein paar andere Künstler anhören, aber sonst niemanden. Einmal saß ich hinten in unserem Tourbus und hörte mir den bekannten Gitarristen Larry Carlton an, als Mick mich anfuhr, was ich mir da eigentlich für einen Scheiß anhören würde. Er machte mir einfach mein Gerät aus. Ich sagte nichts; die Sache war zu läppisch, um deswegen Streit anzufangen. Aber es ist unglaublich, daß ich mir nicht anhören durfte, was ich wollte. Mir gefiel rockigere Musik, die Mick haßte. Er ließ sogar einige Firmenmotive von Lautsprechern entfernen, weil sie ihn an das Image von Hardrockbands erinnerten.

Auch auf musikalischem Gebiet mußte er immer das letzte Wort haben, selbst wenn er gar nicht wußte, wovon er sprach. Aber das war nicht ganz so schlimm, denn eine Band kann nur funktionieren, wenn sie gut organisiert und straff geführt wird. Einer muß entscheiden. Aber Mick hat einem das Leben nicht gerade leichtgemacht. Jeder hatte das Gefühl, ständig von ihm beobachtet zu werden, besonders beim Spielen. Dadurch fühlte man sich immer unbehaglich. Manchmal kam er nach Gigs zu mir und wies mich zurecht, ich hätte mich zu sehr in den Vordergrund gedrängt. Ich durfte nur das spielen, was vorher ausgemacht worden war. Ian Kirkham hat öfter dasselbe zu hören bekommen.

An einem Abend hatten Ian und ich auf der Bühne soviel Spaß an unseren Soli, daß wir länger als sonst improvisierten. Es ging uns doch gar nicht darum, Mick die Schau zu stehlen. Das Publikum war super und die Stimmung toll – da hat uns unsere Musik einfach mitgerissen. Es war ein wunderbarer Moment.

Mick hat hinterher getobt und uns angeschrien: ›Wer hat euch das erlaubt? Die Show gehört nicht euch, sondern *mir*! Wenn ich so 'nen Mist will, dann geb' ich euch Bescheid!‹

Ich hab' es ohne Widerspruch geschluckt, aber Ian war so wütend, daß er aus der Garderobe stürmte und die Tür hinter sich zuschlug. Mick brüllte ihm hinterher: ›Verdammt, was fällt dir eigentlich ein, mir die Tür vor der Nase zuzuknallen?‹ Dann ist er Ian nachgehetzt. Mir grauste allein vor der Vorstellung, was sich Ian jetzt wieder von Mick würde anhören müssen.

Wenn Elliot sich Gigs angesehen hatte, kritisierte er ebenfalls, daß ich zu lange spielte oder zu breitbeinig dastünde, wenn ich meine Soli gab. Man wurde ständig daran erinnert, daß nur einer in der Band im Rampenlicht stehen durfte – nämlich Mick.«

Seit Mick zum Superstar geworden war, öffneten sich ihm alle Türen. Er wurde von Organisatoren und Betreuern gehätschelt und verwöhnt. Mick bestimmte, worauf zu achten war und worauf nicht; schließlich war er es, der die Rechnungen bezahlte.

Sein Mountain Bike war ihm ganz besonders wichtig. Er nahm es überall hin mit. Es wurde mit dem Equipment der Band transportiert. Manchmal ging es unterwegs verloren. Dann begann Mick jedesmal wild herumzuschreien. Er jagte den Angestellten meist soviel Schreck ein, daß sie wie aufgescheuchte Hühner umherliefen und fieberhaft nach einer Lösung suchten.

Mick liebte sein Fahrrad. Er besaß noch immer keinen Führerschein. Aziz erinnert sich, daß Mick während der Tour einmal auf dem Parkplatz einer großen Konzertarena Fahrrad fuhr und ihn Hunderte von Fans dabei verwundert beobachteten.

Aziz ist sich nicht sicher, ob es am Streß der Welttournee lag oder grundsätzlich an Micks schlechter Laune und Ungeduld – jedenfalls gab es schon bei kleinsten Anlässen Ärger. Als die Band auf ihrem Flug von Kanada nach den USA warten mußte, wollte Mick unbedingt mit einem Videoautomaten in der Wartehalle spielen, konnte ihn aber nicht starten.

»Aziz«, rief er hilfesuchend, »wo ist denn hier der Starthebel?«

Aziz drückte den richtigen Knopf.

Mick war völlig überrascht, als das Spiel sofort startete, und er versuchte angestrengt, seine Kampfhelikopter heil durch die Spielrunden zu bringen. Doch schon bald hatte er alle Hubschrauber verloren, und das Spiel war zu Ende, ohne daß er viele Punkte gemacht hätte.

Wütend gab Mick Aziz die Schuld an dem verlorenen Spiel: »Du blöder Kerl«, schimpfte Mick drauflos, »wieso hast du sofort den Startknopf gedrückt? Ich hatte überhaupt keine Zeit, mich richtig vorzubereiten!«

Aziz stand zuerst wie gelähmt da. »Mick war völlig außer sich. Sein Gesicht war vor Wut puterrot angelaufen«, erinnert er sich. »Mick regte sich so sehr auf, daß es schon lächerlich war. Ich gab ihm eine Münze, damit er noch mal spielen konnte. ›Dann fang doch von vorne an, wenn dir das Scheißspiel so wichtig ist‹, brummte ich. Es war das erste Mal, daß ich auf einen seiner Anfälle reagiert habe.«

Als *Simply Red* ihre Amerikatour starteten, nahm Mick wieder Kontakt mit Dee auf, die er während der Japantournee kennengelernt hatte. Aus der Affäre wurde eine Beziehung. Bald reiste das blonde Modell im Tourenbus der Band mit und wohnte in Micks Hotelzimmer. Wenn sie selbst arbeiten mußte, flog sie zwischen ihren Terminen zu den Konzerten nach.

Es war außergewöhnlich, daß Mick längere Zeit mit demselben Mädchen verbrachte. Sie war überall mit ihm zusammen, im Hotelzimmer, während der Konzerte hinter der Bühne oder auf Partys. Tagsüber schwammen sie oft gemeinsam im Hotelpool. Die beiden Turteltauben wurden bald unzertrennlich, hielten Händchen und küßten sich in der Öffentlichkeit. Mick war verändert; es gab keinen Zweifel – er hatte sich verliebt.

Als die Band in New York ihre Welttournee beendete, war Dee immer noch dabei. Sie gehörte mittlerweile ganz selbstverständlich zum Troß.

Kurz darauf flog Mick zurück nach Manchester, um den britischen Teil der Tour vorzubereiten. Aber vom ersten Augenblick an schien das Unternehmen wie verhext zu sein. Für den Bühnenaufbau des ersten Konzerts in der Brixton Academy waren bereits die Scheinwerfermasten falsch konstruiert worden, so daß sich der Vorhang der Bühne nicht mehr schließen ließ. Mick bekam einen seiner schlimmsten Wutanfälle überhaupt. »Ich habe noch nie jemanden so aufgebracht gesehen«, behauptet Aziz. »Er brüllte, man hätte sein Geld zum Fenster hinausgeworfen. Dann suchte er wutschnaubend nach jemandem, dem er dafür an den Kragen gehen konnte.«

Die Probleme mit dem Bühnenaufbau waren schnell vergessen, als der Auftritt am Abend zu einem großartigen Erfolg wurde: Mick begann die Show mit einem mitreißenden Solo aus vier Songs, darunter *Holding Back The Years* und *Lady Godiva's Room,* zu dem er sich nur auf seiner Akustikgitarre begleitete. Kurz darauf bekam Mick eine schwere Grippe. Er mußte alle Termine für das Londoner Wembley Stadion absagen und für März neu ansetzen.

Dee flog über Weihnachten nach England, um die Feiertage mit Mick zu verbringen. Mick hatte endlich Gelegenheit, ein paar ruhige Tage zu Hause mit seiner Freundin zu verbringen. Er stellte Dee seinem Vater und seiner Tante Nellie vor. Dann zeigte er ihr die Pubs, die er als Schüler und während seiner Zeit mit den *Frantic Elevators* besucht hatte. Er nahm sie sogar mit nach Barrow-in-Furness, um sie seiner Tante Barbara und den anderen Verwandten aus Regs Familie vorzustellen.

Mick konnte Dee gar nicht oft genug sehen. Sie begleitete ihn sogar, als er wieder auf Tour ging – diesmal nach Brasilien. Auch dort unternahmen die beiden alles gemeinsam. Im Video zu *I Won't Feel Bad,* einer Singleauskopplung von *Men and Women,* ist Dee kurz im Hintergrund zu sehen. Die Aufnahmen entstanden vor einem Konzert in Rio de Janeiro.

In Rio traten *Simply Red* beim *Hollywood Rock Festival* auf, für das Gruppen wie *Duran Duran,* die *Simple Minds,* die *Pretenders* oder *Supertramp* engagiert worden waren. Micks Band stahl den anderen die Schau, obwohl ihnen ein Tropensturm dazwischenfunkte. Dieses Konzert fand im Morumbi Stadion von Rio vor sechzigtausend Zuschauern statt! In Sao Paolo spielten sie sogar vor hunderttausend Menschen! Mick und Dee waren immer noch zusammen.

Anfang 1988 begann Mick damit, ein neues Album zu planen. *Men and Women* kam in Großbritannien unter den bestverkauften Platten des Jahres 1987 auf Platz neunzehn. Durch den Erfolg der LP kehrte sogar *Picture Book* in die Charts zurück. Die Plattenfirma erwartete von Mick natürlich, daß er diese Erfolge mit dem nächsten Album wiederholen würde.

Mick hatte nie besondere Schwierigkeiten beim Schreiben von Texten oder Kompositionen gehabt. In seinen Songs hatte er stets eigene Erlebnisse und Erfahrungen verarbeitet: *Picture Book* handelte von den ärmlichen Tagen in Hulme und Micks frühen Versuchen, im Musikgeschäft den Durchbruch zu schaffen; *Men and Women* verarbeitete seine ersten Erfahrungen als Superstar und das Leben auf Tour.

Jetzt hatte sich Mick in Dee verliebt, und seine Liebe inspirierte auch jenen Song, welcher der dritten *Simply Red*-LP ihren Titel geben sollte: *A New Flame.*

Die Band kam von Brasilien zurück nach England, um sich vor den Wembley-Gigs noch einmal auszuruhen. Nach diesen Konzerten machten alle für kurze Zeit Urlaub, um danach den Rest des Jahres in Italien zu verbringen, wo die Bandmitglieder im Steuerexil lebten. Sie hatten sich alle Italien als Exildomizil ausgewählt, weil Tony Bowers mit einer Italienerin verheiratet war. Antonella hatte kurz zuvor ein Baby bekommen und wollte aus diesem Grund ihren Mann bei sich haben. Es war natürlich unmöglich, das Album ohne Tony aufzunehmen, also zog die vollständige Band mit nach Italien um.

Mick beschloß, sich dort ein Haus zu kaufen. Er entschied sich nicht für ein luxuriöses Anwesen, wie man es von einem Superstar erwartet hätte, sondern für ein bescheidenes Apartment, fünfundzwanzig Kilometer außerhalb von Mailand.

Da Aziz nur als Sessionmusiker für die Tour engagiert worden war, kam er nicht mit nach Italien. Er bekam aber immer noch sein Gehalt gezahlt und sollte sich weiterhin zur Verfügung halten, bis er neue Instruktionen erhielt. Aziz wußte, daß die Band an einer neuen LP arbeitete, und wartete, daß man ihm Bescheid gab, seine Gitarrenparts einzuspielen.

Mick und die Band waren mit Stewart Levines Arbeit zu *Picture Book* zufrieden gewesen und baten ihn, auch das neue Album zu produzieren. Er kam für zwei Wochen in die Studios von Gallarate, nahe bei Mailand und arbeitete mit der Band die geplanten Songs für *A New Flame* durch. Micks Liedtexte machten deutlich, was er gerade empfand. Sie hießen *Love Lays Its Tune, To Be With You, More* oder *A New Flame*. All diese Songs erzählten von Micks Liebe zu Dee. Im Gegensatz zu den gelegentlichen Rohheiten auf der LP *Men and Women* sollte die neue Scheibe sehr romantisch werden.

Aziz saß zu Hause und wartete auf seinen Telefonanruf. Er wußte nicht, daß beschlossen worden war, ihn nicht mehr zu beschäftigen. Er war ein außerordentlich talentierter Musiker, doch Mick und das Management hatten entschieden, daß er nicht zur Band paßte. Er unterschied sich zu sehr von den übrigen Musikern, und sein Gitarrespiel war etwas zu prominent und auffällig für Micks Geschmack. Aber niemand gab Aziz Bescheid. Wenn er im Büro anrief, wurde er stets auf später vertröstet.

Er würde nie wieder für *Simply Red* spielen.

Stewart Levine war zwar nicht der Personalchef der Band, hatte jedoch einen Ersatzmann für Aziz im Auge: einen gutaussehenden Brasilianer mit Namen Heitor TP.

Levine hatte mit Heitor schon einmal zusammengearbeitet, als er ein Album für den brasilianischen Superstar Ivan Lins produzierte. Heitors warme, begeisterungsfähige Persönlichkeit, seine Energie und sein Engagement hatten Levine stark beeindruckt.

Im Juli stieß Heitor zur Band, die sich auf der kleinen Karibikinsel Montserrat in den Air Studios daransetzte, ein neues Album aufzunehmen. Levine hatte die Insel wegen ihrer Abgelegenheit und Stille ausgewählt. Hier konnte sich die Band voll und ganz auf die Aufnahmen konzentrieren und wurde nicht abgelenkt. Bald stellten die Musiker fest, daß die Hitze und die Feuchtigkeit des Klimas sich auch wohltuend auf die Haut auswirkten und in der Lage waren, Ausschläge zu heilen. Der Privatkoch der Band, George Henry Morgan, wurde angewiesen, eine strenge Diät aus Huhn, Fisch und Gemüsen einzuhalten; Fleisch sollte in jedem Fall vermieden werden.

Mick hatte zwei weitere Songs gemeinsam mit Lamont Dozier geschrieben: *You've Got It* und *Turn It Up*. *Enough* schrieb Mick zusammen mit einem Freund Levines, dem Jazzmusiker Joe Sample. Mick war zwar zufrieden mit den Songs, weil sie das Potential hatten, die bisherigen Erfolge zu wiederholen. Doch er bezweifelte, daß sie ausreichen würden, um ihm den absoluten Megastarstatus zu verleihen, den er sich so sehr wünschte.

Unterdessen wurde Aziz in England allmählich ungeduldig. Sein wöchentliches Gehalt war eingestellt worden. Als Begründung hatte man ihm die Steuerflucht der Band nach Italien genannt. Aziz rief schließlich bei *So What* an, um nachzufragen, wann er endlich gebraucht werde. Er nahm an, die Band würde immer noch in Italien arbeiten.

Wieder wurde er auf später vertröstet.

Den gesamten Juni hindurch versuchte Aziz, die Band zu kontaktieren, bis er endlich seinen besten Freund in der Gruppe, Ian Kirkham, an den Apparat bekam. Der eröffnete ihm, daß die Band schon längst zu Studioaufnahmen in die Karibik geflogen sei.

Aziz traute seinen Ohren nicht.

Aufgebracht stürmte er in die *So What*-Büros und machte Andy Dodd eine Szene. »Hör mal«, warnte ihn Aziz, »ich will jetzt keinen Unsinn mehr hören. Sag mir nur, ob ich noch drin bin oder nicht!«

Aziz erinnert sich heute: »Andy hielt mir erst eine kleine Ansprache und redete um den heißen Brei herum – ich sei grundsätzlich wohl nicht der richtige für die Band, es gäbe mit mir auch einige musikalische Probleme und diesen ganzen Schmus.

Damit ist die Sache mit *Simply Red* für mich wohl erledigt, dachte ich. Doch dann machte mir Andy ein Angebot: Er sagte mir, ich sei ein sehr guter Sessionmusiker; deswegen wolle mich *So What* auch weiterhin managen.«

Aziz schlug dieses Angebot aus. Er wollte lieber allein weitermachen. Er hatte keine Lust, jemandem Anteile seines Verdienstes abzugeben. Nach dem Gespräch trat er hinaus auf die Princess Street – und war frei. Seine Zeit mit *Simply Red* hatte achtzehn Monate gedauert und war nun endgültig vorbei.

Aziz gibt gern zu, enttäuscht zu sein, daß er die Band so schnell wieder verlassen mußte. Es war ein gut bezahlter Job gewesen, und Aziz weiß, daß er es noch viel weiter hätte bringen können, wenn er geblieben wäre. Er sieht sich selbst im Umgang mit anderen als einen ehrlichen Menschen, der sagt, was er denkt, und dieselbe Haltung von seinen Mitmenschen erwartet.

»Aber es war schon eigenartig, mit dieser Band zusammenzuarbeiten«, meint Aziz. »Es war so wie im Filmbusiness, wo man den Vorgesetzten die Stiefel lecken muß, um weiterzukommen. Man mußte immer mit den richtigen Typen zusammensein und die richtigen Dinge sagen. Ich hatte stets darauf zu achten, wann ich besser den Mund hielt und Mick lieber aus dem Weg ging.

Mick besteht aus lauter Gegensätzen«, meint Aziz. »In der einen Minute hat er noch alles unter Kontrolle, benimmt sich vernünftig und fällt wichtige Entscheidungen über die Band und die Tour – und schon im nächsten Moment führt er sich auf wie ein verwöhntes, verzogenes Balg. Er besitzt viel Talent, ist ein hervorragender Sänger und schreibt gute Songs. Außerdem arbeitet er äußerst professionell. Hier liegen seine Stärken und positiven Eigenschaften.

Aber seinen Charakter finde ich mies. Immer wieder sagen mir Freunde, wie sehr sie Mick lieben und verehren. Sooft ich das höre, denke ich mir nur, daß sie nie mit ihm zusammenarbeiten mußten; würden sie ihn kennenlernen, dächten sie ganz anders über ihn. Wenn man mit Mick länger zu tun hat, verbrennt man sich nach einiger Zeit garantiert die Finger.«

Das neue Album *A New Flame* wurde im August in Los Angeles gemischt. Mick erzählte in dieser Zeit einem befreundeten Zahnarzt, wie ihn schon als Jugendlichen der diamantbesetzte Zahn des Gitarristen Buddy Guy fasziniert hatte. Der Zahnarzt bot Mick an, ihm ebenfalls einen solchen Edelsteinbesatz anzufertigen – ohne die Arbeitszeit zu berechnen. Dieses Angebot konnte Mick nicht ausschlagen. Er entschied sich jedoch für einen Rubin, den er für sich – als Leadsänger von *Simply Red* – angemessener fand als einen Diamanten.

Die Prozedur im Zahnarztstuhl dauerte über sechs Stunden. Der Doktor nahm Mick einen schief gewachsenen Eckzahn heraus und ersetzte diesen durch einen perfekt passenden künstlichen Zahn, in den der funkelnde Rubin eingelassen worden war.

Der Edelstein kostete tausend Pfund. Mick nahm diesen Preis und die langen Stunden beim Zahnarzt aber gern in Kauf, um sich einen langgehegten Traum zu erfüllen.

Einige Zeit später – Mick war wieder zurück in Manchester – traf er zufällig den Vater seines alten Freundes Gary Hulston. Brian Hulston bemerkte den Rubin und fragte Mick sofort: »Wozu hast du dir denn das machen lassen?«

Mick lachte und meinte: »Wenn man so reich ist wie ich, dann kann man sich auch solch verrückte Sachen leisten!«

Als die Band im Winter genügend Werbung für die neue Platte gemacht hatte, tourte sie durch neun Städte in Spanien und Portugal, um ihr neuestes Material vor einem Publikum zu testen, das *Simply Red* noch nie live erlebt hatte. Der Erfolg war phänomenal. *Simply Red* hatten sich ein ganz besonders schwieriges Terrain erobert.

Erschöpft kehrte Mick über die Feiertage nach Hause zurück. Er verbrachte Weihnachten bei seinem Vater in Denton und traf sich mit Tante Nellie und anderen alten Freunden, mit denen er noch Kontakt hatte. Eines Abends sprach Mick mit einigen Mädchen im Britannia Hotel im Zentrum von Manchester, als ihm plötzlich eine blonde Frau auf die Schulter klopfte und ihn begrüßte: »Hi, Michael!«

Da Mick sie nicht erkannte, drehte er sich wieder um.

»Hey, Michael«, sagte die Frau und faßte ihn wieder an der Schulter. Mick sah sie nochmals an, und seine Irritation verschwand, als er sie endlich erkannte: Es war Freda Gagey, eine von Tante Nellies ältesten Freundinnen, deren Mutter das Gardener's Arms Pub in Denton geführt hatte. Mick umarmte sie herzlich.

»Ich war an diesem Abend mit einigen Freundinnen aus, mit denen ich einen Fitnesskurs besuchte«, erzählt Freda. »Michael spendierte eine Flasche Champagner und setzte sich ein bißchen zu uns, um zu plaudern. Er fragte mich: ›Na, Freda, es erstaunt dich bestimmt nicht besonders, was ich erreicht habe, oder?‹

Ich mußte an den kleinen Jungen zurückdenken, der bei uns auf der Theke gestanden und vorgesungen hatte. ›Nein, mein Lieber‹, gab ich zurück, ›das erstaunt mich wirklich kein bißchen!‹ «

Mick kaufte sich ein alleinstehendes Haus nahe des Old Trafford Stadions von Manchester mit drei Schlafzimmern. Aber er hatte keine Zeit, sich dort einzuleben. Zuerst mußte er mit der Band auf achtzehnmonatige Tournee gehen. Als die Tour in Irland begann, war die LP *A New Flame* bereits auf Platz zwei der Charts.

Jene Liebe aber, die Mick zu vielen Songs auf diesem Album inspiriert hatte, war leider zu Ende gegangen. Micks Talent, ruhelose Energie und ehrgeizige Entschlossenheit, die aus dem unbekannten jungen Mann aus Manchester einen Weltstar gemacht hatten, trieben ihn jedoch stärker an als je zuvor.

24

Am Ende der *New-Flame-World-Tour* war die Zeit zum Nachdenken gekommen. Die drei Alben und sämtliche Singles von *Simply Red*, insbesondere *Holding Back The Years*, hatten mehr als zwanzig Millionen Pfund eingebracht. Mick war inzwischen Multimillionär geworden. Aber er hatte für den Erfolg auch einen entsprechenden Preis zahlen müssen. Normalerweise sollte Reichtum einem Menschen individuelle Freiheit und Unabhängigkeit garantieren, doch Mick war über vier Jahre hinweg in einem anstrengenden, nie endenwollenden Teufelskreis aus Plattenaufnahmen, Tourneen und PR-Auftritten eingespannt gewesen, der ihm keinen Augenblick der Ruhe und der Beschäftigung mit sich selbst gegönnt hatte. Das zehrt an der Substanz eines Menschen.

Mick liebte es, Musik zu machen und in der ganzen Welt aufzutreten. Andererseits erkannte er aber, daß er nicht wie viele andere Superstars den Sinn für die Realität verlieren und ein Leben im Elfenbeinturm führen wollte, das nur aus extravaganten Limousinen und luxuriösen Hotelzimmern bestand. Mick begann, sich Sorgen zu machen. Wie würde ihn ein permanentes Leben auf Tour menschlich verändern? Und welche Wirkung würde dies auf seine Fähigkeit, Songs zu schreiben, haben? Wie konnte er weiterhin frische, überraschend neuartige Kompositionen schaffen, wenn er immer dasselbe Leben führte? Wie sollten die Texte eines Menschen, der kein normales Leben mehr kannte, für einen Durchschnittsbürger überhaupt von Bedeutung sein?

Nach fünfzehnmonatiger Tour durch Osteuropa, den Fernen Osten und Indien war Mick erschöpft. Er freute sich auf die wohlige Gemütlichkeit seines Zuhauses in Manchester. Er hatte festgestellt, wie sehr ihm die Bequemlichkeit seines eigenen Bettes, die Besuche in seinen alten Lieblingspubs und die Einkaufsbummel in vertrauten Geschäften fehlten. Er wollte sich auch endlich wieder Zeit nehmen, selbst zu kochen. Überall, wo er gewesen war, hatte er wie ein König gelebt; Mick wollte aber nicht mehr ständig bedient werden und von untertänigen Angestellten jeden Wunsch erfüllt bekommen. Er wollte endlich wieder allein sein, seine Mahlzeiten selbst zubereiten und sein Zimmer selbst sauber machen müssen.

Micks Haar spiegelte seinen seelischen Zustand nach der letzten Welttournee wider: Er hatte es monatelang nicht mehr richtig schneiden lassen, so daß es völlig außer Kontrolle geraten war. Es war zu einer unbändigen Masse langer, roter Locken, Knoten und wirrer Strähnen geworden, die mindestens vierzig Minuten täglich gekämmt werden mußten – doch dazu hatte Mick meist gar keine Zeit.

Von Micks altem Haarschnitt – kurzes Haar an den Seiten und am Hinterkopf, langes Deckhaar – war schon lang nichts mehr übrig geblieben. Der Zustand der Haare wurde schließlich so schlimm, daß Mick vor der Entscheidung stand, sie sich abschneiden zu lassen, um dem Chaos endlich ein Ende zu machen. Doch er brachte es nicht über sich, sein kostbares, liebgewonnenes Markenzeichen zu verlieren. Also fragte er eine Freundin um Rat, die in einem der bekanntesten Friseursalons der USA arbeitete. Sie brauchte Stunden, um alle Haarknoten aufzulösen und das strapazierte Haar entsprechend zu pflegen. Danach band sie die Spitzen mit künstlichem Haar zu geordneten Strähnen zusammen, damit sich die Locken nicht wieder verknoten konnten. So konnte Mick sein Haar sorglos weiterwachsen lassen.

Das war der Anfang von Micks wilden *Dreadlocks,* die inzwischen fest zu seinem Image gehören. Seit jenem Tag sind Micks Haare nicht mehr geschnitten worden – sehr zum Amüsement seines Vaters, der als ehemaliger Friseur gerne zugibt, seinem Sohn endlich wieder einen anständigen Haarschnitt verpassen zu wollen.

Nach Beendigung der Tour im März 1990 beschloß Mick, für ein ganzes Jahr eine Pause einzulegen, um sich wieder mit alten Freunden in Manchester zu treffen, Zeit in seiner Wohnung in Mailand zu verbringen und einen großen Entspannungsurlaub zu machen, den er sich früher nie hätte leisten können. Er wollte endlich wieder zum Luftholen kommen und ein normales Leben führen – so weit dies für ihn möglich war.

Bald gewöhnten sich die Menschen in den Läden und Häusern in Micks Nachbarschaft an den Anblick des Superstars, der ihnen täglich begegnete. Mick behält die schweren Sicherheitsrolläden seines Hauses immer geschlossen, auch wenn er daheim ist. Einzig die Musik, die aus dem Haus dringt, weist darauf hin, daß er da ist.

Seine unmittelbaren Nachbarn, Munaver Rasul und seine Frau, haben zu Mick ein ganz normales Verhältnis wie zu ihren anderen Nachbarn auch. Oft tauschen sie mit Mick Rezepte und scharf zubereitete Gerichte aus. Für den Sohn der Familie ist der bekannte Popstar einfach Onkel Mick, von dem er schon viele *Simply Red*-T-Shirts oder selbstgemachte Pizzas geschenkt bekommen hat. Mick hat den Jungen gern und würde nie etwas sagen, wenn er wieder einmal durch das Loch im Zaun klettert, um auf Micks Grundstück zu spielen.

»Er ist ein netter Mensch, und wir behandeln ihn ganz normal«, erzählt Rasul. »Wir kommen mit ihm deswegen so gut aus, weil wir nicht zu den Leuten gehören, die neugierig am Fenster stehen, um einen Star in seinem Haus zu beobachten oder Fotos von ihm zu machen. Wir sehen ihn oft zufällig, zum Beispiel, wenn er in der Küche beim Kochen ist; manchmal steht er dort bis elf Uhr nachts.

Die Fans, die hier vorbeikommen, sind in der letzten Zeit zwar etwas mehr geworden, aber ansonsten bekommt er kaum Besuch. Wenn er ausgeht, sorgt er dafür, daß man sein Gesicht nicht so schnell erkennt.«

Nach einer Zeit der Ruhe und Zurückgezogenheit in Manchester fuhr Mick wieder nach Mailand, um dort in seinem bescheidenen, aber mit allem Notwendigen eingerichteten Apartment zu kochen, fernzusehen oder sich über die Veränderungen und Ereignisse in der Welt auf dem laufenden zu halten. Hier erlebte er den Fall der Berliner Mauer mit.

In Mailand machte Mick endlich den Führerschein. Er holte die Prüfung auch für Großbritannien nach und tauschte sein geliebtes Mountain Bike für einen roten Mazda MX_5 ein, den er in Italien fährt. Für England kaufte er sich den gleichen Wagen in Blau, mit dem er gern seinen Vater in der West Park Avenue besucht. Dabei fährt er durch dieselben Straßen, die er schon als Kind mit dem Fahrrad durchstreift hat.

Die Menschen, die Mick aufwachsen sahen und miterlebten, wie aus dem eigenwilligen Rotschopf zuerst ein Punk und dann ein Popstar wurde, heißen ihn auch heute noch herzlich willkommen. Ihre Kinder nehmen sich an Mick ein Beispiel und träumen davon, wie er aus der Anonymität der Vorstadt zu Weltruhm zu gelangen.

Mick mußte feststellen, daß viele seiner Kameraden von der Polytechnischen Universität inzwischen geheiratet und Familien gegründet haben. Während er sich mit den Problemen einer Weltkarriere beschäftigte, mußten sie nachts aufstehen, um ihre Babys zu füttern und sich mit dem Familienalltag herumschlagen. Dies vollkommen andere Leben seiner ehemaligen Freunde inspirierte Mick zu dem Song *For Your Babies*.

Als sich das Jahr 1990 dem Ende zuneigte, begann Elliot Rashman, einen neuen Plattenvertrag für *Simply Red* auszuhandeln. In der Branche hatte sich Elliot mittlerweile wegen seines hitzigen Temperaments und seiner rasch wechselnden Stimmungen den Spitznamen »The Shouter« eingehandelt. Aber durch sein raffiniertes Taktieren und oftmals kleinliches Verhalten hat er alles erreicht, was er sich für Mick, die Band und seine Firma vorgenommen hatte.

Im Jahr 1985 hatte Elliot jedem stolz die Fotokopie des Schecks über sechzigtausend Pfund gezeigt, den er zum Abschluß des ersten Plattenvertrages für *Simply Red* bekommen hatte. Begeistert hatte er damals verkündet: »Wir haben's geschafft! Wir haben's geschafft!« Zu solchen Freudenausbrüchen ließ er sich nach Abschluß des vierten Deals für das neue Album *Stars* nicht mehr hinreißen, obwohl die Vorschußsumme diesmal eine glatte Million Pfund betrug!

Elliot hatte sich soviel vorgenommen, daß ihm Dave Rowbotham, der Gitarrist aus der Erstbesetzung der Band, seinerzeit den Spottnamen »Harry Paranoid, Top Rock Manager« verliehen hatte. Dave lebt leider nicht mehr; er kam bei einem Überfall ums Leben, bei dem Drogen eine Rolle spielten. Wäre er noch hier, würde ihm die Ironie seines Spruches bestimmt gefallen: Denn aus dem bleichgesichtigen, jüdischen Organisationstalent ist tatsächlich einer der mächtigsten Spitzenmanager im Rockbusiness geworden. Allerdings bleibt zu bezweifeln, ob Elliot durch den Erfolg seine überdrehte und manchmal hysterische Art verloren hat.

Sicherlich kann er ebenso wie Mick kalt, unsensibel und skrupellos sein, wenn er Entscheidungen zu treffen hat. Nach der *New Flame-Tour* wurde sogar Tony Bowers, Elliots alter Kumpel aus *Mothmen*-Tagen, gefeuert. Nach bitteren Auseinandersetzungen kehrte Tony aufgebracht zu seiner Frau nach Mailand zurück.

Als die Band im April 1991 zusammenkam, um das neue Album *Stars* einzuspielen, war der Schlagzeuger Chris Joyce an der Reihe zu gehen. Auch er wurde auf jene feige Art entlassen, wie sie für das Management von *Simply Red* typisch ist. Wieder brachte niemand den Mut auf oder besaß Charakter genug, Chris ehrlich die Wahrheit zu sagen. Elliot ließ seinen früheren Mitbewohner sogar noch nach Paris zu den Studioaufnahmen fliegen, obwohl schon längst ein japanischer Drummer mit Namen Gota an seiner Stelle für die Aufnahmen engagiert worden war. Die Situation wurde unerträglich für Chris. Wenige Wochen später war er schon nicht mehr dabei.

Im Mai 1991 nahm die Band Micks neue Songs in einem Studio auf, das in einer Renaissancevilla am Rande Venedigs untergebracht war. Mick wußte, daß die Platte zehn seiner bisher besten Kompositionen enthalten würde. Elliot war derselben Meinung, nachdem er sich die Demobänder angehört hatte. Er beschrieb den Moment, als er die Aufnahmen zum ersten Mal hörte, als einen großartigen Augenblick.

Niemand hatte jedoch mit einem solch sensationellen Erfolg des Albums gerechnet. Die Single *Something Got Me Started* wurde am 9. September veröffentlicht. Schon zwei Wochen später stieg sie auf Platz sechzehn in die Charts ein. Das Album kam am 30. September sofort auf Platz eins der Verkaufslisten. Vor Weihnachten verkauften sich pro Woche durchschnittlich hunderttausend LPs! Schon nach sechzehn Wochen wurde die LP zur meistverkauften Platte des Jahres 1991 und übertrumpfte damit sogar Michael Jacksons *Dangerous*-Album.

Auch die Kritik lobte *Stars*. *Simply Red* gewannen verschiedene britische Auszeichnungen: Zusammen mit *KLF* wurde die Band im Frühjahr 1992 mit dem BRIT-Award zur besten Gruppe des Jahres gekürt. Mick bekam als »Songschreiber des Jahres« den Ivor-Novello-Award, einen Preis der Musikindustrie, auf den Mick ganz besonders stolz ist.

Die Band ging anschließend wieder auf Tour und bereiste hundertfünfzig Städte. Unter den Auftritten waren zwei triumphale Open-

Air-Konzerte im Londoner Wembley-Stadion und ein Auftritt vor fünfzigtausend Zuschauern im Lancashire Cricket Club Ground von Old Trafford. Damit war auch Micks dritter langgehegter Wunsch in Erfüllung gegangen.

Bis die *Stars*-Tour im Februar 1992 in Birmingham zu Ende ging, hatte die Band zwei weitere BRIT-Awards verliehen bekommen; das Album hatte sich mittlerweile weltweit mehr als sieben Millionen mal verkauft. Es wurde zur meistverkauften CD Großbritanniens: mehr als drei Millionen Exemplare gingen über die Ladentische. Von ihren drei ersten Alben hat die Band insgesamt über zwölf Millionen Stück verkauft.

Der rothaarige Sechsjährige, der seinen Freunden auf einer Gartenmauer vorsang, ist mittlerweile auf allen Bühnen der Welt zu Hause.

Der Schuljunge, der Bleiplatten stehlen mußte, um sich seine wöchentlichen Bierchen leisten zu können, besitzt heute soviel Geld, daß er sämtliche Pubs aufkaufen könnte, in die er einst unerlaubt trinken ging.

Der scheue Teenager, den die Mädchen nicht küssen mochten, weil sie ihn für häßlich hielten, umgibt sich heute mit den schönsten Frauen der Welt.

Der mittellose Student, der sich hoch verschulden mußte, um den Song, an den er glaubte, aufnehmen zu können, beschäftigt inzwischen eigene Musiker und fährt in die Karibik, um Studioaufnahmen zu machen.

Der Punk, der mit dem Bus zu seinen Konzertauftritten fahren mußte, fährt heute nur noch in Limousinen zu seinen Gigs und übernachtet in Fünf-Sterne-Hotels.

Micks Karriere stellt einen erstaunlichen Beweis für Entschlossenheit, Ehrgeiz und unerschütterliches Selbstvertrauen dar. Seine Kindheit und Jugend spielten dabei sicherlich eine ganz entscheidende Rolle. Er mußte sich mit einem Elternteil zufriedengeben und lernen, ohne Mutter auszukommen. Man mag dies als Nachteil ansehen, doch hier liegt wahrscheinlich der entscheidende Grund, wieso Mick so sehr an seinen Träumen festhielt und sich bis zur Spitze hocharbeitete.

Das Gymnasium stellte den entscheidenden Einschnitt in Micks Leben dar. Die Erfahrungen, die Mick dort nach der behüteten Sicherheit zu Hause, bei Nellie Spike und June Shaw, machen mußte, haben ihn für später vorgeprägt. Nicht nur die strenge Ordnung der Schule machte Mick zu schaffen, sondern auch seine Unfähigkeit, im akademischen Bereich mitzuhalten und zu den Besten zu gehören. Sein rebellisches Auftreten in jener Zeit wurde durch ein Gefühl der Entmutigung und Ohnmacht hervorgerufen und lag keinesfalls in seinem destruktiven Charakter begründet. Mick fühlte sich allein, unglücklich und wußte nicht, wohin ihn die Zukunft führen würde. So begann er, sich an das zu erinnern, was ihm schon immer am meisten Spaß gemacht hatte – das Singen. Er vertraute auf das einzige, dessen er sich sicher war: seine außergewöhnliche Stimme.

Es ist fraglich, ob er sich so fest an seine Träume geklammert hätte, wenn er von der dominanten Persönlichkeit seiner Mutter beeinflußt worden wäre. Sie hätte ihn wahrscheinlich gedrängt, mehr Zeit in die Schule zu investieren, um später einen guten Job zu bekommen.

Mick hat sich im bekanntermaßen harten, bisweilen brutalen Musikgeschäft durchgesetzt. Die Kraft und Entschlossenheit, seinen Willen durchzusetzen, hat er von seiner Mutter geerbt. Seine unermüdliche Energie und Charakterstärke machten ihn zum Gewinnertyp.

Die meisten Menschen, die es weit gebracht haben, besitzen im Umgang mit ihren Mitmenschen eine ausgesprochene Rücksichtslosigkeit – und Mick macht da keine Ausnahme. Er hat sich mit seiner harten, unbarmherzigen Art, mit der er Menschen auf seinem Weg nach oben verletzte, schon viele Feinde gemacht. Doch diese Blindheit gegenüber den Gefühlen anderer gründet im Streben nach noch mehr Perfektion und größerem Erfolg – und nicht in einem bösartigen Charakter. Das kann natürlich kein Trost für diejenigen sein, die während Micks steiler Karriere auf der Strecke blieben. Ihre verletzten Gefühle werden dadurch auch nicht schneller heilen.

Einer dieser Musiker, für den Mick keine Verwendung mehr sah, wirft Mick vor, keine Dankbarkeit gegenüber denjenigen zu zeigen, die ihn mit an die Spitze gebracht haben. Doch Mick hat nicht alle vergessen: Zur Goldenen Hochzeit von Alf und Nellie Spike gab er eine große Champagner-Überraschungsparty in einem Restaurant in Manchester. Nachdem Alf gestorben war, leitete Mick den Song *Holding Back The Years* bei seinem Auftritt im G-Mex von Manchester mit folgenden Worten ein: »Dieses Lied ist dir gewidmet, Alf.«

Leider hat sich Mick einen schlechten Ruf als einer der skrupellosesten Männer im Musikgeschäft erworben – aber das war keine Folge seiner plötzlichen Berühmtheit oder seines Reichtums – Mick war schon immer arrogant und hat sich herzlich wenig um die Gefühle anderer gekümmert.

Durch die überlegte und vernünftige Art, die Mick von seinem Vater geerbt hat, ist er mit Ruhm und Reichtum beachtlich gut zurechtgekommen. Reg lehrte ihn, mit Geld sorgsam umzugehen und Wohlstand nicht als selbstverständlich anzusehen. Obwohl Mick Millionen für einen rauschenden Lebensstil ausgeben könnte, hat er sich mit zwei einfachen Domizilen und zwei relativ kleinen Autos beschieden. Mick war das Wohlergehen seines Vaters immer besonders wichtig; doch der lehnte das Angebot seines Sohnes ab, ihm ein größeres Haus zu kaufen. Reg fliegt bis heute lieber mit einem Billigangebot nach Teneriffa als auf Kosten seines Sohnes zum Luxusurlaub in die Tropen.

Nicht die Gier nach Geld, sondern die Liebe zur Musik hat Mick vorwärtsgetrieben. Er macht nie das, was andere von ihm erwarten, und stellt es allen frei, ob sie ihn mögen und akzeptieren wollen oder nicht.

Für seine Mitmenschen mag Mick Hucknalls unsensible und arrogante Art schwer zu ertragen sein. Aber man muß diesen jungen Mann neidlos für seinen großen Erfolg bewundern, den er sich selbst mit Talent und Ausdauer schwer erarbeitet hat.

DANKSAGUNG

Bei den Recherchen zu diesem Buch erhielten wir außerordentliche Unterstützung: Viele opferten bereitwillig ihre Zeit, um uns von Mick zu erzählen, nach alten Fotos zu suchen oder neues Informationsmaterial herbeizuschaffen. Leider ist es unmöglich, allen namentlich zu danken, auch wenn wir das gerne täten.

Ein spezielles »Dankeschön« geht an diejenigen, die wir in unserem Buch zitieren durften oder die uns entscheidendes Hintergrundmaterial lieferten. Ausdrücklich möchten wir auch jenen danken, welche uns mit wichtigen Informationen versorgten, aber lieber anonym bleiben wollten.

Einigen möchten wir an dieser Stelle ganz besonders danken (die Reihenfolge der Erwähnung ist dabei unbedeutend): Florence Gibbons und Imre Kozarits, die auch von schmerzhaften Erinnerungen offen berichteten; Gary und Gaynor Shaw, die so engagiert auf unsere Fragen eingingen; Frank Ollerenshaw und Gary Hulston für ihr Vertrauen; dem ehemaligen Schuldirektor Ken Exley und seinen Kollegen, die für uns in ihrem Gedächtnis kramten; Julie Garcia für die frühzeitige Unterstützung; Steven Howarth, Paul Sutcliffe und Harry Bradbury für ihren Humor; Ian Moss, Pete Dervin, Steve Tansley und Mark Reeder, die geduldig blieben, wenn uns die Verzweiflung packte; Dave Fryman, Mog, Sylvan und Aziz für ihre Aufrichtigkeit.

Darüber hinaus danken wir Paul Genty, einem Journalisten des *Oldham Chronicle* für seine »Detektivarbeit«; Terry Neilan für seine Hilfe in New York; Declan Allen von *National Discography*; Christine Morey für ihre bereitwillige Unterstützung – sie ist eben ein echter Fan; und ganz besonders herzlich Reg, der auch in den peinlichsten Situationen immer höflich blieb.

Unser persönlicher Dank gilt, wie schon so oft, Micky Moynihan; außerdem John und Vicky Scotchmer, die alle Namen gegencheckten; Vanessa Perry, die uns nicht nur mit ihren hilfreichen Kommentaren zur Seite stand, und schließlich Allegra und Elizabeth von Weidenfeld für ihren großen Enthusiasmus und ihre unschätzbare Hilfe.

Vor allem danken wir Sue, die die Idee zu diesem Buch hatte und sich unermüdlich dafür einsetzte, daß es termingerecht fertiggestellt werden konnte.

Register